Was hält Gesellschaften zusammen?

Stefan Köppl (Hrsg.)

Was hält Gesellschaften zusammen?

Ein internationaler Vergleich

Herausgeber
Dr. Stefan Köppl
München, Deutschland

ISBN 978-3-531-16335-2   ISBN 978-3-531-93216-3 (eBook)
DOI 10.1007/978-3-531-93216-3

Die Deutsche Nationalbibliothek verzeichnet diese Publikation in der Deutschen Nationalbibliografie; detaillierte bibliografische Daten sind im Internet über http://dnb.d-nb.de abrufbar.

Springer VS
© Springer Fachmedien Wiesbaden 2013
Das Werk einschließlich aller seiner Teile ist urheberrechtlich geschützt. Jede Verwertung, die nicht ausdrücklich vom Urheberrechtsgesetz zugelassen ist, bedarf der vorherigen Zustimmung des Verlags. Das gilt insbesondere für Vervielfältigungen, Bearbeitungen, Übersetzungen, Mikroverfilmungen und die Einspeicherung und Verarbeitung in elektronischen Systemen.

Die Wiedergabe von Gebrauchsnamen, Handelsnamen, Warenbezeichnungen usw. in diesem Werk berechtigt auch ohne besondere Kennzeichnung nicht zu der Annahme, dass solche Namen im Sinne der Warenzeichen- und Markenschutz-Gesetzgebung als frei zu betrachten wären und daher von jedermann benutzt werden dürften.

Gedruckt auf säurefreiem und chlorfrei gebleichtem Papier

Springer VS ist eine Marke von Springer DE. Springer DE ist Teil der Fachverlagsgruppe Springer Science+Business Media.
www.springer-vs.de

Inhalt

Vorwort 7

Was hält Gesellschaften zusammen? Ein schwieriger Gegenstand 9
Stefan Köppl

I
Konzepte

Was hält Gesellschaften zusammen?
Gesellschaftstheoretische Integrationskonzeptionen im Vergleich 17
Stefan Hradil

II
Europa

Vom Rütlischwur zum Röstigraben: Der Modellfall Schweiz 35
Dieter Freiburghaus

Belgien: Wie die Einheit von Flandern und Wallonen abbröckelt 53
Dirk Rochtus

Prekäre Grundlagen der Stabilität und Legitimität des „Systems Putin"
in Russland 73
Margareta Mommsen

Die EU und die Integrationskraft von Institutionen 95
Maurizio Bach

Was hält die EU-Gesellschaften zusammen? 109
Stefan Immerfall

III
Außereuropäische Gesellschaften

Schmelztiegel USA? 125
Rüdiger Wersich

Der kanadische Multikulturalismus:
Ein Erfolgsmodell sozio-politischer Integration? 139
Rainer-Olaf Schultze unter Mitarbeit *von Nina Gerstenkorn*

Politische Integration eines Milliardenvolks: China 173
Saskia Hieber

Von der Kastengesellschaft zum Staatsbürgertum:
Die Widerstandsfähigkeit der indischen Gesellschaft
aus vergleichender Perspektive 191
Subrata Kumar Mitra

Autorinnen und Autoren 221

Vorwort

Die Frage, was Gesellschaften zusammenhält, ist das zentrale Thema der Sozialwissenschaften. Worauf gründet sich die Bereitschaft zu Solidarität und gegenseitiger Hilfe, und wie stark ist das Zusammengehörigkeitsgefühl zwischen Menschen ausgeprägt, die zwar in demselben Staat leben, aber nicht durch Verwandtschaft und meist nicht einmal durch persönliche Bekanntschaft miteinander verbunden sind?

Unsere modernen Staatswesen mit ihren ausgefeilten Umverteilungs- und Sozialsystemen bedürfen auch des gesellschaftlichen Zusammenhalts, um akzeptiert zu werden und funktionsfähig zu bleiben. Gleichzeitig erscheint es immer schwieriger, diesen Zusammenhalt herzustellen. In allen modernen Gesellschaften zeigen sich zunehmend Tendenzen der Desintegration. Das Auseinanderdriften von Arm und Reich stellt eine beständige Herausforderung dar. Und es ist zu befürchten, dass Interessenkonflikte zwischen Älteren und Jüngeren infolge des demographischen Wandels hinzu kommen werden. Dabei sind die klassischen Spannungslinien, wie sie zum Beispiel Stein Rokkan identifiziert hat, nach wie vor virulent; also etwa die Konfliktlinien zwischen Arbeit und Kapital sowie zwischen Zentrum und Peripherie. Den Herausforderungen durch das Zusammenleben unterschiedlicher Ethnien und Kulturen müssen sich fast alle Gesellschaften stellen, egal ob diese Herausforderungen historisch gewachsen oder durch jüngere Migrationsbewegungen entstanden sind. Welche Rolle spielen in diesem Kontext Institutionen, informelle Arrangements und politische Kultur? Wie gehen andere Staaten mit diesen Herausforderungen um?

Die Akademie für Politische Bildung Tutzing thematisiert diese Zusammenhänge in ihren Tagungen und Publikationen. Sie tut dies kontinuierlich und unabhängig von medialen Konjunkturen. Der vorliegende Band resultiert aus dieser Beschäftigung mit der Thematik und will sie mit dem wissenschaftlichen Blick über den deutschen Tellerrand vertiefen und bereichern. An Aktualität verlieren wird die Frage nach dem gesellschaftlichen Zusammenhalt nie.

Prof. Dr. Ursula Münch
Direktorin der Akademie für Politische Bildung Tutzing – im Sommer 2012

Was hält Gesellschaften zusammen?
Ein schwieriger Gegenstand

Stefan Köppl

Der gesellschaftliche Zusammenhalt ist nicht nur ein regelmäßig wiederkehrendes Thema politischer Sonntagsreden. Er ist auch ein schwieriger, weil hoch komplexer Forschungsgegenstand in den Sozialwissenschaften. Die universelle Antwort darauf, was Gesellschaften zusammenhält, ist ebenso wenig gefunden wie ein Konsens darüber, welche Faktoren bei der Beantwortung der Frage mit einzubeziehen wären. Die Liste wäre ohne Zweifel lang. Sie könnte beginnen bei Institutionen wie der Verfassung, dem Rechts- und politischen System, föderalen Regelungen und Autonomierechten. Sie könnte fortgesetzt werden mit kollektiven historischen Erfahrungen („Schicksalsgemeinschaft"), Symbolen, Mythen und Narrativen. Kultur, Bräuche, Sprache müssten ebenso Eingang finden wie reale oder imaginierte Bedrohungen von außen, Wohlstand sowie integrierend wirkende Eliten. Diese kurze und erratische Aufzählung von Beispielen mag genügen, um die Komplexität der vorliegenden Fragestellung zu illustrieren. Bezeichnend ist dabei, dass man um just jene Faktoren kaum herum zu kommen scheint, die am schwersten fassbar sind, nämlich gemeinsam geteilte Vorstellungen und Deutungen, die für den politischen Bereich mit dem Terminus der „politischen Kultur" benannt, aber nur in engen Grenzen konkret erfasst werden können.

Öffentliche Brisanz gewinnt die Frage nach dem gesellschaftlichen Zusammenhalt auf dem Hintergrund, dass dieser nach einhelliger Meinung in den modernen Gesellschaften bedroht, zumindest aber herausgefordert sei: Ethnische Spannungen durch Migration, Generationenkonflikte aufgrund des demographischen Wandels, das Auseinanderklaffen von Arm und Reich wegen Auswüchsen des Kapitalismus oder auch nur generelle Auflösung sozialer Strukturen durch Individualisierung und Säkularisierung. Dies sind lediglich beispielhaft genannte Topoi, die in der medialen Öffentlichkeit je nach Themenkonjunktur mit wechselnder Intensität diskutiert werden. Dabei ist es für die Konsequenzen nur begrenzt erheblich, ob es sich um tatsächliches, objektiv an „harten" Daten festzumachendes, oder primär so empfundenes Auseinanderdriften der Gesellschaft handelt. Denn die Konflikte, die sich an wahrgenommenen Differenzen entzünden können, sind ebenso real wie die Ängste, die sie bei manchen hervorrufen. Beides zu erkennen, zu entschärfen und möglichst sogar präventiv an der Entstehung zu hindern, ist Aufgabe des politischen und des Bildungssystems ebenso wie zivilgesellschaftlicher Akteure und letztlich jedes Einzelnen.

In diesem Band wurde der Ansatz gewählt, aus gleichsam großer Flughöhe den vergleichenden Blick auf das große Ganze zu wagen. Der Vergleich sehr unterschiedlicher Gesellschaften auf mehreren Kontinenten soll dabei den Blick über die Grenzen locken und der Versuchung einer allzu nahe liegenden Nabelschau vorbeugen. Wichtig war hier, der Leserschaft den Blick zu öffnen für Integrationsherausforderungen und auch Lösungswege, die gänzlich anders geartet sind als diejenigen, mit denen sich die deutsche Debatte regelmäßig wiederkehrend beschäftigt.

Die Europäische Union als Gebilde sui generis fällt etwas aus dem Rahmen, konnte aber gerade in diesen Zeiten, da das „Projekt Europa" erneut einer großen Belastungsprobe ausgesetzt ist, nicht ignoriert werden. Zudem scheint es gerade bei der Frage nach der zukünftigen, vielleicht finalen Ausgestaltung der europäischen Institutionenordnung sinnvoll, sich nach eventuell nutzbaren Erfahrungen im nationalen Rahmen umzusehen, statt allzu sehr darauf zu beharren, dass hier etwas völlig Neues und absolut Unvergleichbares – eben sui generis – im Entstehen sei.

Gleichzeitig wurde nach ersten Überlegungen schnell auf ein einheitliches Untersuchungsraster verzichtet. Es hätte entweder sehr lang sein müssen oder wäre zu einem verengenden Prokrustesbett geraten, das letztlich in manchem Fall den Blick auf wesentliche Punkte verstellt hätte. Den methodisch strengen Ansprüchen spezialisierter Komparatisten genügt der Band damit freilich nicht, doch will er auch mehr einem breiteren Publikum als Anstoß zu weiterer Beschäftigung mit dem Thema dienen. So sind die Unterschiede zwischen den Ansätzen und Schwerpunkten, die die Länderexperten hier gewählt haben, ebenso groß wie zwischen den untersuchten Gesellschaften, ihren Eigenheiten und Herausforderungen selbst.

Als konzeptioneller Ausgangspunkt des Bandes untersucht *Stefan Hradil* unterschiedliche Konzepte, die gesellschaftlichen Zusammenhalt erklären und die wesentlichen Faktoren hierfür ausmachen wollen. Dabei lassen sich Ansätze, die auf einen grundlegenden Konsens in der Gesellschaft setzen, von Ansätzen unterscheiden, die die Überbrückung von bestehenden Differenzen in den Mittelpunkt stellen. Eine dritte Gruppe sieht Konflikte zwischen innergesellschaftlichen Gruppen als unvermeidlich an, setzt aber darauf, dass diese Konflikte sich durch richtiges Vorgehen regulieren lassen und letztlich gar diese wiederholte und dauerhafte regulierte Konfliktaustragung integrierend wirken kann. Auf dem Hintergrund der Analyse dieser Ansätze und der ihnen implizit zugrunde liegenden Annahmen kommt Hradil zu dem Schluss, dass in sich unvermeidlich weiter ausdifferenzierenden Gesellschaften den allseits akzeptierten Spielregeln eine wesentliche, aber nicht hinreichende Rolle zukommt. Darüber hinaus bedürfe es einer gemeinsam geteilten Utopie, für die unter den Rahmenbedingungen moderner Gesellschaften die der Chancengleichheit am aussichtsreichsten sei.

Die Schweiz gilt gemeinhin als paradigmatischer Fall gelungener Integration und eröffnet die Reihe der Fallstudien. *Dieter Freiburghaus* zeichnet die Vor- und Entstehungsgeschichte des Modellfalls Schweiz nach, die letztlich zu dem oft beneideten friedlichen Zusammenleben unterschiedlicher Gruppen mit verschiedenen Sprachen und Konfessionen unter einem gemeinsamen Dach führte. Dabei arbeitet er aber auch die Eigenheiten und ganz spezifischen Bedingungen heraus, die dieses Modell hervorgebracht haben, die es zum Funktionieren benötigt – und die letztlich ein großes Fragezeichen hinter seine Übertragbarkeit setzen: Denn weder der ganz spezifische Weg durch die Geschichte noch die politisch-institutionell abgesicherte „Lust auf Differenz" sowie das Zusammenspiel der unterschiedlichen Faktoren lassen sich ganz oder teilweise in anderen Kontexten reproduzieren.

Belgien fungiert hier gleichsam als Antipode zur Schweiz: Wie *Dirk Rochtus* in seinem Beitrag zeigt, scheinen die desintegrierenden Faktoren zwischen Flandern und Wallonen eine zentrifugale Dynamik zu entfalten, die auch durch mehrfache institutionelle Reformen bislang nicht eingefangen werden konnte. Regelmäßig wiederkehrende Regierungskrisen lassen folglich tiefere Verwerfungen offenbar werden, die kaum überwindbar scheinen, zumal sich selbst das Parteiensystem entlang der Sprachengrenze getrennt hat. So verweist Belgien zum einen auf die wichtige Rolle politischer Eliten und zum anderen auf das zweischneidige Schwert der Föderalisierung, zumal wenn sie auf ein Trennsystem hinausläuft.

Russland fällt in Vergleich zur Schweiz und Belgien schon der Größe wegen aus dem Rahmen. Gleichzeitig handelt es sich um ein Land, das sich nach dem Systemwechsel aus der kommunistischen Diktatur heraus nach wie vor in einem Übergangsstadium der „gelenkten Demokratie" zu befinden scheint. *Margareta Mommsen* legt hier den Schwerpunkt ihrer Analyse auf das „System Putin", das politisch die Fäden der Macht im größten Land der Erde zusammenhält. Hier zeigt sich die wesentliche Bedeutung der Eliten bzw. Seilschaften unter den Bedingungen schwacher Institutionen. So konnte die Staatsmacht quasi gekapert und als Repressionsapparat zur Ausschaltung der Opposition in Stellung gebracht werden. Die Beschwörung der russischen Groß- bzw. Weltmachtidee, die Stilisierung des starken Mannes an der Spitze sowie die Gegenüberstellung der aktuellen Stabilität mit den Transformationswirren dienen hierbei als Legitimitätssubtrate für das Regime.

Im ersten von zwei Beiträgen zur Europäischen Union konzentriert sich *Maurizio Bach* auf die besondere Institutionenordnung der europäischen Ebene, die sich in wesentlichen Punkten von dem im nationalstaatlichen Rahmen Bekannten abhebt, intergouvernementale mit supranationalen Elementen verknüpft und somit auf einer dualen Legitimation fußt. Das daraus resultierende System institutionalisiert Interessendivergenzen und Konfliktregelung, entfaltet aber auch eine die Integration vorantreibende Eigendynamik. Die Idee der europäischen Bürger bzw. einer europäischen Gesellschaft bleibt dagegen zurück und ist auch nicht durch eine europäische Verfassung zu installieren.

Stefan Immerfall zeichnet ebenfalls die europäische Integration als vorauseilendes Elitenprojekt. Einstellungen und Haltungen haben dagegen noch nicht das oft beschworene europäische Bewusstsein erreicht. Auch das gemeinsame Fundament an Werten und Überzeugungen, das die Gemeinschaft der Europäer begründen soll, ist weit schwächer ausgeprägt als dass hier in absehbarer Zeit wesentliche Veränderungen zu erwarten wären.

Die Analyse außereuropäischer Gesellschaften eröffnet *Rüdiger Wersich* mit seinem Beitrag über die USA, die ähnlich wie die Schweiz vielen als Modell gelten. Das entsprechende Motiv des Schmelztiegels hält allerdings einer Konfrontation mit der heutigen Wirklichkeit nicht stand. Vielmehr erweisen sich die USA als Labor verschiedener Integrationskonzepte, in dem die Funktionsfähigkeit eines kulturellen Pluralismus auf dem Prüfstand steht und die gemeinsame Leitidee, die alle Gruppen des Einwanderungslandes hinter sich versammeln könnte, noch zu finden ist.

Der zweite Fall auf dem nordamerikanischen Kontinent, bei dem die Integration von Einwanderern im Mittelpunkt steht, ist Kanada. *Rainer-Olaf Schultze* und *Nina Gerstenkorn* portraitieren die kanadische multikulturelle Gesellschaft und die entsprechenden Konzepte der Einwanderungs- und Integrationspolitik, die weithin als vorbildlich betrachtet werden. Doch scheint hier auch die grundlegende Frage auf, inwieweit Grundrechte an Individuen oder ethnische Gruppen zu knüpfen sind. Herausgearbeitet werden am kanadischen Fall letztlich drei Dimensionen des gesellschaftlichen Zusammenhalts: Erstens Werte, zweitens Institutionen und Verfahren sowie drittens die soziale Dimension.

Zum Abschluss des Bandes richtet sich der Blick nach Asien auf die Milliardenvölker in China und Indien. Für China sieht *Saskia Hieber* Geschichte und Tradition als zentrale Grundlagen des Zusammenhalts. Auf diesen setzt das aktuelle Regime mit seiner Ideologie und Parteiorganisation auf. Hinzu kommen wirtschaftlicher Erfolg und Prestigegewinne auf der internationalen Bühne als stabilisierende Faktoren.

Subrata Kumar Mitra stellt in seinem Beitrag über Indien die Entwicklung des Staatsbürgertums in den Mittelpunkt, plädiert hier also für die Bedeutung von Recht und Institutionen. Dabei kommt es wesentlich auf die richtige Ausgestaltung an, wie die Analysen zu Verfassung und Verfassungsgebung ebenso zeigen wie die wichtige Rolle, die institutionalisierte Verhandlungsarenen, föderale Strukturen und Parteien spielen.

Diese kurze Zusammenschau der Beiträge zeigt bereits die Bandbreite der Fragen, Überlegungen und Befunde, die in diesem Band versammelt sind. Einen klar eingrenzbaren gemeinsamen Nenner formulieren zu wollen, verbietet sich angesichts der Komplexität der Zusammenhänge ebenso wie aufgrund der unterschiedlichen Herangehensweisen der Autorinnen und Autoren. Diesen sei an dieser Stelle herzlich dafür gedankt, dass sie sich der Herkulesaufgabe gestellt haben. Dank gebührt – last but not least – der Akademie für Politische Bildung Tutzing, an der die Idee zu diesem Buch gereift ist. Sie hat sich als Plattform des Austausches zwischen Wissenschaft, Politik und Gesellschaft beständig dem Thema gesellschaftlicher Zusammenhalt gewidmet und als Beitrag dazu auch die Entstehung dieses Bandes ermöglicht.

I
Konzepte

Was hält Gesellschaften zusammen? Gesellschaftstheoretische Integrationskonzeptionen im Vergleich

Stefan Hradil

1. Wahrnehmungsänderungen: Integration rückt in den Vordergrund

In den letzten zwei bis drei Jahrzehnten haben sich bestimmte Wahrnehmungen und Zielsetzungen der Menschen in modernen Gesellschaften deutlich verschoben. Dafür möchte ich vier Beispiele nennen. Auf den ersten Blick mag es scheinen, dass sie wenig miteinander zu tun haben. Aber das täuscht. Wie ich im Folgenden zeigen möchte, hängen sie eng zusammen.

- Erstes Beispiel: Noch in den 1970er Jahren lebten die Menschen viel seltener als heute in nichtehelichen Lebensgemeinschaften oder gar in gleichgeschlechtlichen Lebenspartnerschaften. Aber damals waren diese Lebensformen nicht nur rarer: Sie wurden in jener Zeit weitgehend als Gegenmodelle zum geläufigen Modell der Normalfamilie gelebt. Die Menschen, die sich vor 30 Jahren in einer nichtehelichen Lebensgemeinschaft oder in einer gleichgeschlechtlichen Lebenspartnerschaft zusammen fanden, wollten oftmals „raus" aus ihrer als eng und spießig empfundenen Gesellschaft. Heute wollen die vielen, die in solchen Formen leben, im Gegenteil meist „rein" in ihre Gesellschaft. Sie beklagen Diskriminierungen und streben eine (auch rechtliche) Gleichstellung an.

- Zweites Beispiel: Als Kern der Armut in reichen Gesellschaften galt noch in den 1980er Jahren ein als unzureichend angesehener Lebensstandard. Dies kommt auch in der bekannten Armutsdefinition der Europäischen Union zum Ausdruck: Sie bezeichnet Menschen dann als arm, wenn sie „über so geringe (materielle, kulturelle und soziale) Mittel verfügen, dass sie von der Lebensweise ausgeschlossen sind, die in dem Mitgliedsstaat, in dem sie leben, als Minimum annehmbar ist" (zit. n. Hradil 2001: 242). Heute dagegen gilt Exklusion als der Kern der Armut, das heißt eine als unzureichend wahrgenommene Teilhabe am gesellschaftlichen Leben (Kronauer 2002: 76ff.).

- Drittes Beispiel: Noch vor 15 Jahren betrachteten die meisten Menschen ein Leben als Single als eine im Prinzip begehrenswerte Existenzform. Singles dienten bezeichnenderweise als Glamourbild in der Werbung. Viele Menschen beneideten Singles vor allem wegen ihrer Unabhängigkeit. Heute gelten Singles überwiegend als „Defizitwesen", denen mindestens eines fehlt: ein Partner. Singles werden deswegen häufig bemitleidet. Schlimmstenfalls feindet man sie sogar als „Sozialschmarotzer" an, die zu egoistisch seien, um Kinder zu erziehen und sich so am Generationenvertrag zu beteiligen.
- Viertes Beispiel: In den 1980er Jahren zeigten zahlreiche sozialwissenschaftliche Studien, dass vor allem die jungen Menschen ihr Ich zunehmend in den Vordergrund rückten. Ihre zentralen Werthaltungen hatten sich gewandelt. Weniger als ihre Eltern strebten sie damals nach Besitz und Ordnung, stattdessen mehr nach Freiheit und Selbstverwirklichung. Individualisierungstheorien (Beck 1986: 206) und Thesen der Erlebnisgesellschaft (Schulze 1992: 37f.) stellten diese Tendenzen heraus und wurden, da sie dem Zeitgeist entsprachen, sehr populär. Heute zeigen die empirischen Befunde (Hradil 2002: 416) sehr klar, dass immer mehr Jugendliche ihr Ich und das Wir in eine Balance zu bringen versuchen. Gemeinschaft, Familie, Sicherheit und eine verlässliche Ordnung gelten ihnen genauso viel wie ihr Ich und ihre Selbstverwirklichung.

Was haben diese vier Beispiele gemeinsam? Sie alle zeigen, dass die Menschen in zunehmendem Maße die Integration aller Gesellschaftsmitglieder anstreben, auf den Zusammenhalt der Gesellschaft hin arbeiten und die Zugehörigkeit aller zur Gesellschaft für wichtig halten.

Wieso haben sich diese Werte im Denken und Handeln der Menschen so sehr verschoben? Wollen wir zu einer Antwort gelangen, so sollten wir uns daran erinnern, dass Werte in der Regel aus Erfahrungen des Mangels entstehen. In unseren pluralisierten, individualisierten, liberalen Gesellschaften verspürt aber kaum jemand noch Mangel an Freiheit und an Chancen der Selbstverwirklichung. Denn es gibt viele Möglichkeiten, so oder ganz anders zu leben. Sehr viel häufiger verbreiten sich die entgegengesetzten Ängste, unsere in Funktionsbereiche, Klassen, Schichten, Ethnien, Milieus, Lebensstile und vieles andere mehr gegliederten Gesellschaften könnten auseinander fallen. Die Sorgen wachsen, dass so immer mehr Beziehungen zwischen Menschen zerstört werden und immer mehr Ausgestoßene zurückbleiben.

2. Problematische Fakten: Zerreißproben unserer Gesellschaft

An Beispielen, die diese Sorgen begründen können, ist kein Mangel. Einige Belege sind die folgenden:

- Armut und Reichtum nehmen zu. Auch wenn man nicht alles Armut nennen mag, was derzeit so bezeichnet wird, dann bleibt auf jeden Fall das Faktum, dass die Ungleichheit der verfügbaren Einkommen und der Lebensbedingungen wächst (OECD 2008: 38). Das treibt die Gesellschaft auseinander. Da nützt es wenig, wenn man zur Kenntnis nimmt, dass die Spreizung in vielen anderen Ländern noch weiter auseinander geht als in Deutschland und dass die Einkommensungleichheit in Deutschland immer noch unterdurchschnittlich im Vergleich der EU- und der OECD-Länder ist (OECD 2008: 25). Das ist vor allem der wohlfahrtsstaatlichen Umverteilung hierzulande zu verdanken. Die Primäreinkommen (vor Umverteilung) sind wesentlich weiter auseinander gegangen als die verfügbaren Sekundäreinkommen (Hradil 2008: 141ff.). Allerdings ist die Befürchtung groß, dass der Sozialstaat diese Umverteilung nicht durchhalten kann und die zentrifugalen Kräfte so weiter zunehmen werden.

- Auch die Chancenungleichheit nimmt zu. Im Bildungswesen haben einheimische Unterschichtkinder im Vergleich zu besser gestellten Kindern eher geringere, auf keinen Fall bessere Chancen als noch vor Jahren. Für Kinder aus Migrantenfamilien gilt das gleiche (Prenzel 2008: 26ff.). Mit geringer Bildung und Ausbildung lässt sich auf dem Arbeitsmarkt jedoch immer weniger erreichen. Es drohen Arbeitslosigkeit und Ausgrenzung (Kalina/Weinkopf 2005: 3). Was das relative Arbeitslosigkeitsrisiko der gering Qualifizierten im Vergleich zu besser qualifizierten Fachkräften betrifft, nimmt Deutschland eine internationale Spitzenstellung ein (OECD 2005: 250ff.).

- Ein anderer Aspekt drohender Spaltung ist die anstehende Generationenungleichheit. Die heute älteren Menschen befinden sich in einer historisch extrem günstigen Situation. Sie können schon aus demographischen Gründen einen frühen Renteneintritt zusammen mit hohen Rentenzahlungen genießen. Viele zahlen Sozialversicherungsbeiträge für wenige Rentenempfänger. Die Situation der nächsten Generation wird wesentlich ungünstiger sein. Es werden wenige sein, die viele finanzieren müssen. Sie müssen zudem ihre eigene Zukunft mitbezahlen. Obendrein schwinden die familiären Möglichkeiten gegenseitiger Unterstützung (Dallinger/Liebig 2004: 100f.).

- Nach den verfügbaren Indikatoren (Sprache, einheimische Bekannte, schulische und berufliche Lage) kommt die Integration großer Migrantengruppen in Deutschland nicht nur nicht voran, sie ist sogar rückläufig. Zudem dürfte die Heterogenität ethnischer Kulturen in nächster Zeit eher noch wachsen. In der Bevölkerung weicht die Lust auf kulturelle Vielfalt der Angst vor Parallelgesellschaften. Die Bedenken wachsen, die finanziellen Belastungen zur Finanzierung leistungsunfähiger Migranten könnten überhand nehmen.

- Über Jahrzehnte hinweg wurde in unseren Städten die schichtspezifische und die ethnische Segregation des Wohnens bekämpft. Stadtverwaltungen und städtische Wohnungsbaugesellschaften versuchten anhaltend, eine soziale Mischung in ihren Quartieren zu erreichen. Genützt hat es wenig. Die Segregation wuchs trotzdem. Der Wegfall von Belegrechten für Sozialwohnungen und die Privatisierung der städtischen Baugesellschaften erschwerten Mischungsaktivitäten immer weiter (Häußermann 2008: 341f.). Die Schichten und die Ethnien werden in Zukunft wohl noch mehr noch als derzeit unter sich wohnen.
- Die Lebensstile der Menschen unterscheiden sich zunehmend, vor allem in der Freizeit. Auch hier verschiebt sich die Bewertung allmählich. Dominierte in den 1980er und 1990er Jahren die Freude an der Freiheit und der Vielfalt, so gewinnen heute gegenseitige Fremdheit und Verständnislosigkeit, zum Teil auch schon Konflikte zwischen den einzelnen Freizeitkulturen an Raum. Wer es nicht glaubt, der betrachte das Verhältnis von Wanderern und Mountainbikern in unseren Wäldern, die Konflikte von Spaziergängern und Golfern bei der Landschaftsgestaltung und so weiter (vgl. Opaschowski 2008).
- Vor allem die Mittelschichten zerfallen in immer unterschiedlichere Wertesphären und soziale Milieus. Eine Spaltung fällt dabei vor allem auf: Die immer zahlreicheren Profiteure des technologischen Wandels und der Globalisierung erzielen immer höhere Einkommen. Sie entwickeln eine dementsprechend optimistische, liberale, der Politik zugewandte Mentalität und stellen ihr Selbstvertrauen geradezu plakativ zur Schau. Aber auch die Verlierer nehmen an Zahl zu. Sie geraten in zunehmend pessimistische, aggressive, an der Politik verdrossene Werthaltungen und Einstellungen (Hradil/Schmidt 2007: 219f.).

Für alle diese gesellschaftlichen Zerreißproben gibt es gute empirische Belege. Dennoch lässt sich trefflich streiten, ob unsere Gesellschaft wirklich in „objektiv" unterschiedliche oder gar einander feindlich gesinnte Gruppierungen und Sphären zerfällt, ob sie gar auseinanderzubrechen droht. Diese Streitfrage ist spektakulär, aber meines Erachtens nicht vordringlich. Sicher ist nämlich, dass das „subjektive" Gefühl wächst, die Gesellschaft treibe auseinander (Anhut/Heitmeyer 2006: 154f., 164). Auch verbreitet sich der Eindruck, „die Politik" treibe Flickschusterei, habe kaum Konzeptionen an der Hand, um die Gesellschaft zusammenzuhalten. Es sind diese Wahrnehmungen drohender Desintegration, die hinter der zu Anfang des Beitrags erwähnten Aufwertung all dessen stehen, was den Menschen zur Integration beizutragen scheint.

In dieser Situation besteht die Gefahr, dass von Politikern und anderen Entscheidungsträgern eilig aufgegriffene Therapievorschläge in Anwendung gebracht werden, um unsere Gesellschaft zusammenzuhalten. So hastig ergriffene Maßnahmen laufen aber Gefahr, ungeeignete bis kontraproduktive Wirkungen zu entfalten und so zum Auseinandertreiben der Gesellschaft erst recht beizutragen. Angesichts dieser aktionistischen Aussichten erscheint es angebracht, bedächtiger vorzugehen. Wir sollten unsere Geschichte und die vorliegenden sozialwissenschaftlichen Theorien nach den Mechanismen befragen, die moderne Gesellschaften zusammen halten können. So besteht Hoffnung, Gesellschaft und Politik in ihrem Bemühen um Integration und Zusammenhalt Orientierung zu vermitteln.

3. Theorien und Thesen: Was hält Gesellschaften zusammen?

Im Folgenden werden die vielfältigen, sehr kontrovers diskutierten Theorien und Thesen zu den Bindungskräften moderner Gesellschaften in drei Gruppen gegliedert. Diese drei Abteilungen bauen in einer bestimmten Reihenfolge aufeinander auf. Innerhalb jeder der drei Gruppierungen finden sich zahlreiche Spielarten.

3.1 Konsens

Der Grundgedanke der ersten Gruppe von Integrationstheorien ist den meisten Menschen vertraut. An ihn denken wir vermutlich zuerst, wenn die Frage nach den gesellschaftlichen Bindekräften entsteht: Es ist ein weit reichender kultureller Konsens, der Gesellschaften zusammenhält.

3.1.1 Überkommener Konsens

Dieser Konsens, so die gängige Vorstellung vor allem strukturfunktionalistischer Theorien, wird getragen durch eine gemeinsame *überkommene* Kultur. Hiernach halten eine gemeinsame Religion, eine gemeinsame Sprache, gemeinsame Sitten etc. Gesellschaften zusammen. Diesem Grundgedanken folgten auch zahlreiche soziologische Klassiker, von Émile Durkheims „conscience collective" (Durkheim 1930) bis hin zu Talcott Parsons „common values" (Parsons/Shils 1962).

Diese Vorstellung ist keineswegs nur auf vormoderne Gesellschaften gemünzt und sie ist auch nicht nur in soziologischen Büchern zu finden. Diese Auffassung liegt zum Beispiel auch der aktuellen These von einer nationalen „Leitkultur" zu Grunde, die bis zuletzt in der politischen Diskussion um die Integrationsanforderungen an Menschen mit Migrationshintergrund eine wesentliche Rolle spielte. Auch hier bestand die Vorstellung, es bedürfe einer traditionalen gemeinsamen Kultur, um Gesellschaften zusammenzuhalten.

Wer eine gemeinsame traditionelle Kultur für unerlässlich hält, um Gesellschaften zu einen, der wird zur Einsicht kommen, dass dieses Band einer ererbten gemeinsamen Kultur in modernen Gesellschaften vielfach brüchig geworden wird. Wenn mehr als drei Millionen Menschen in Deutschland Muslime sind, kann das Christentum wohl kaum mehr als einendes kulturelles Fundament gelten. Wenn in Universitäten, Laboratorien und geschäftlichen Verhandlungen die englische Sprache die deutsche zunehmend verdrängt, so trägt auch die nationale überkommene Sprache zur Integration immer weniger bei. Ganz abgesehen davon, dass zahlreiche Länder (wie Spanien, die Schweiz, Belgien, Kanada etc.) offiziell seit langem mehrsprachig sind. Woraus die deutsche „Leitkultur" bestehe, konnten zuletzt selbst ihre glühendsten Verfechter nicht konkret sagen.

3.1.2 Hergestellter Konsens

Konstruktivistischen Integrationstheorien zu Folge kann nicht nur überkommener, sondern auch bewusst *hergestellter* Konsens eine Gesellschaft zusammenhalten. Verfechter dieser Vorstellung verweisen auf eine Fülle von historischen Beispielen ganz unterschiedlicher Art.

- So waren es im Zeitalter der Aufklärung die Hoffnungen auf eine rationale Gestaltung von Gesellschaft und Politik, die beispielsweise die französische Gesellschaft einten.
- In der Romantik integrierte die bewusst politisch eingesetzte Vorstellung von der Gemeinschaft gebildeter, kultivierter Bürger die Gesellschaft.
- Das bedeutendste Beispiel stellt sicher die Entstehung vieler europäischer Nationalstaaten dar: Einigung wurde geschaffen durch die durchaus konstruierte Vorstellung von einer gemeinsamen Nation samt dementsprechender staatlicher machtpolitischer Maßnahmen (so etwa in Deutschland durch Preußen). Oder Einigung wurde (zum Beispiel in Frankreich) erreicht durch die Einrichtung eines Verfassungsstaats und die Kreation des Staatsbürgers.
- Weiterhin sei an die Vorstellung eines melting-pots in den USA erinnert. Auch sie stellt im Grunde ein hartnäckig betriebenes Konstrukt dar. Selbst wenn es heute dabei ist zu verblassen, so vermittelte diese Utopie, nicht selten gegen

die Fakten, stets die Zuversicht, dass aus der Vielfalt von Einwanderern ein gemeinsames Ganzes entstehen werde.

Es ist im Übrigen nicht nur der soziologische Konstruktivismus, der an die Herstellung von Konsens erinnert. Auch das utopische Konzept der Kritischen Theorie von einer idealen Kommunikationsgemeinschaft weist darauf hin, dass ein hergestellter Konsens in der Lage sein sollte, Gesellschaften zu einen. Hiernach sollten Gesellschaft und ein mehr oder minder weit reichender Konsens aus einer herrschaftsfreien Kommunikationsgemeinschaft mündiger Bürger erwachsen (Habermas 1981: 225-228).

Schließlich vertraten Vertragstheoretiker von Thomas Hobbes (Hobbes/Mayer 1976: 155f.) über John Locke (Locke 1967: 256f.) und Jean-Jacques Rousseau (Rousseau 1977: 17) bis hin zum modernen Kontraktualismus (Rawls 1979: 203) seit je die Vorstellung, Staat und Gesellschaft entstünden im Grunde aus einer Übereinkunft zwischen Bürgern. Auch dies ist die Idee eines hergestellten Konsenses, der in der Lage ist, die Gesellschaft zusammenzuhalten. Allerdings richtet sich diese Idee bereits auf eine reduzierte gesellschaftliche Integration, wenn man sie mit der zuvor dargestellten Konzeption einer Integration mittels überkommener gemeinsamer Kultur vergleicht. Denn ein Kontrakt zwischen Bürgern und ein so hergestellter Konsens wird sich kaum auf die gesamte Kultur beziehen. Die Kehrseite dieser reduzierten Konsensvorstellung ist jedoch ein höherer Grad an Liberalität. Es ist denkbar, dass Bürger sehr unterschiedlicher Kulturen sich per Kontrakt zusammenschließen.

3.1.3 Grundlegende Moral

Wo Vorstellungen von den Bindekräften einer überkommenen Kultur unter anderem an der Pluralität von Zuwandererkulturen und Lebensstilunterschieden heutiger Gesellschaften scheitern, wo selbst reduzierte Konzeptionen eines durch Kontrakt hergestellten, minder weit reichenden Konsenses nicht länger realisierbar scheinen, bietet sich ein weiterer Rückzug an. Ihm zu Folge ist zur Integration nurmehr ein Konsens notwendig, der sich auf grundlegende, universalistisch verstandene und rechtlich durchgesetzte Moralelemente bezieht. Insbesondere die Beachtung demokratischer Spielregeln sowie der Menschen- und Grundrechte ist hiernach geeignet, aber auch ausreichend, um Gesellschaften zusammenhalten. Innerhalb des Normbereichs, der auf der Basis grundlegender Moralvorstellungen errichtet ist, wendet sich dieses, im Vergleich zu den vorgenannten nochmals reduzierte Integrationskonzept allerdings gegen jede Relativierung. Menschenrechte sind für die Verfechter einer grundlegenden integrierenden Moral keine Frage von Religion, Nation oder Kultur. Ansonsten aber ist es Sache der Einzelnen oder der einzelnen Nationen, wie sie ihr Leben und Zusammenleben gestalten. Diese Integrationsvorstellung ist von hoher Aktualität. Wenn zum Beispiel die Instanzen der Europäischen Union das vielgestaltige Europa einen und gleichwohl in seiner Unterschiedlichkeit erhalten möchten, kommen sie nahezu zwangsläufig zur Konzeption, Konsens mittels grundlegender Moral herzustellen: Die Bejahung und Beachtung der Menschen- und Grundrechte sollen die Europäische Union einigen (Schwarze 2009: 55, 90). Nicht zufällig ist auch der neuere Liberalismus, der gerade in der Bewahrung individueller Unterschiede und Freiheiten sein Ziel sieht, auf diese Konzeption der Einigung von Menschen in Gesellschaft verfallen (Hayek 2002: 114ff.).

Allerdings kann selbst diese Vorstellung, die den Zusammenhalt von Gesellschaften lediglich durch einen Minimalkonsens im Hinblick auf moralisch fundierte Grundregeln sicher stellen will, bestimmten Konflikten nicht aus dem Weg gehen. Denn es handelt sich um moderne, westliche, universalistische und insofern rigorose Moralvorstellungen. Wenn im eigenen Land zum Beispiel die Grundrechte von Frauen durch traditionelle ethnische Minderheitenkulturen verletzt werden, bleibt nur Repression. Wenn sie in anderen Ländern nicht eingehalten werden, moralischer Imperialismus.

3.1.4 Lokale Gemeinschaften

Kommunitaristische Theoretiker widersprechen den zuvor skizzierten universalistischen Integrationskonzepten liberaler Theorien. Kommunitaristen zu Folge enthalten lokale und religiöse Kulturgemeinschaften die Wurzeln gesellschaftlichen Zusammenhalts. Es wird erwartet, dass von diesen Gemeinschaften eine Transformation in universale Orientierungen stattfindet und davon Impulse ausgehen, die die gesamte Gesellschaft zusammen halten (Bellah 1985; Walzer 1990). Unklar bleibt freilich, wie dies im Einzelnen geschehen soll. Ausgeblendet bleibt oft auch, dass lokale Gemeinschaften selbst zu Konflikten und Desintegration viel beitragen können.

3.2 Überbrückung gesellschaftlicher Ausdifferenzierungen

Die bisher skizzierten Vorstellungen liefen darauf hinaus, Einigkeit zu bewahren oder herzustellen und so den Zusammenhalt von Gesellschaften zu sichern. Diesen Ehrgeiz haben die folgenden Integrationsvorstellungen, was Gesellschaften zusammenhalten könne, nicht. Sie gehen aus von gesellschaftlichen Ausdifferenzierungen und stellen diese in Rechnung. Integration besteht für sie jedoch nicht in deren Beseitigung, wohl aber in deren Überbrückung.

3.2.1 Gegenseitige Abhängigkeit spezialisierter Einheiten

Recht optimistisch waren da noch die frühen Modernisierungsvorstellungen. Herbert Spencer (1975: 90f.) und auch noch Talcott Parsons (1961; 1964) waren der Auffassung, dass aus der funktionalen Ausdifferenzierung moderner Gesellschaft eine gegenseitige Abhängigkeit dieser ausdifferenzierten Strukturen entsteht. Wenn sie einander brauchen, hält das moderne Gesellschaften zusammen. So ist auch das berühmte Diktum von Herbert Spencer zu verstehen, dem zufolge Modernisierung eine Entwicklung „von unverbundener Gleichartigkeit zu verbundener Ungleichartigkeit" darstellt (1876: § 223).

3.2.2 Kommunikative Überbrückung durch Verfahren

Die moderne Systemtheorie ist da weniger optimistisch. Niklas Luhmann (Luhmann 1987: 574ff.) etwa sieht funktional spezifische Subsysteme mit jeweils eigener Logik und eigenem Kommunikationszusammenhang. Dies macht Kommunikation und Verflechtung über Systemgrenzen hinweg schwierig. Die kommunikative und koordinierende Integration zum Beispiel des politischen, wirtschaftlichen und wissenschaftlichen Subsystems gelingt ihm zufolge nur durch besondere Verfahren, Instanzen und Spezialisten. Es bleibt nach Luhmann also nur eine „Systemifizierung" des gesellschaftlichen Zusammenhalts.

Moral oder andere Formen des Konsenses sind also, folgt man der modernen Systemtheorie, durch technische Maßnahmen im Gefolge der Funktionalisierung zu ersetzen.

3.2.3 Sozialer Ausgleich

Systemtheoretiker sind der Auffassung, dass moderne Gesellschaften in mehrere, prinzipiell gleichrangige Einheiten gegliedert sind. Soziale Differenzierung wird also „horizontal" gesehen. Viele Ungleichheitstheoretiker betonen dagegen (anders als etwa Niklas Luhmann), dass „vertikale" Untergliederungen maßgebend seien. Moderne Gesellschaften werden nicht vorrangig als funktional, sondern primär als hierarchisch differenziert gesehen.

Wie oben erwähnt verschärften sich in letzter Zeit wesentliche soziale Ungleichheiten: So wurden in den letzten beiden Jahrzehnten in fast allen OECD-Ländern die Verteilung der (primären) Brutto-Markteinkommen ungleicher. In vielen modernen Ländern spreizte sich auch die (sekundäre) Verteilung der verfügbaren Haushaltseinkommen (OECD 2008). Die Risiken der Arbeitslosigkeit der einzelnen Qualifikationsstufen gehen in Deutschland immer weiter auseinander (Schmid 2006: 7). Die Bildungschancen der Kinder verschiedener Schichten und Ethnien sind so ungleich wie vor Jahrzehnten (Prenzel 2008: 26ff.). Diese Entwicklungen bestärken Ungleichheitstheoretiker in ihrer „vertikalen" Sichtweise. Sie tragen auch dazu bei, dass die Bevölkerung in Deutschland und in vielen anderen Gesellschaften Verteilungsprozesse immer häufiger als ungerecht ansieht (Vehrkamp/Kleinsteuber 2007: 286f.). Das Gefühl, in einer ungerechten Gesellschaft zu wohnen, schwächt den Zusammenhalt einer Gesellschaft.

Für Soziologen, die das Oben und Unten in der Gesellschaft betonen, sind Klassen und Schichten angesichts der skizzierten Entwicklungen keineswegs verschwunden. Im Gegenteil, Klassen und Schichten scheinen wieder klarer hervorzutreten. Aufgrund der jeweiligen Stellung der Menschen im Wirtschaftsleben, auf dem Arbeitsmarkt und im Berufsleben ergeben sich in zunehmendem Maße (un)vorteilhafte Lebensbedingungen. Innerhalb und zwischen sozialen Klassen und Schichten finden sich immer klarer erkennbare wirtschaftliche Interessengegensätze sowie kulturelle Grenzen der Respektabilität und Distinktion (Vester 1993: 40, 45ff.).

Angesichts dieser Gegebenheiten wird es als Aufgabe der Sozialpolitik angesehen, sozialen Ausgleich zu schaffen und sich verschärfende Gegensätze im Sinne größerer sozialer Gleichheit, zunehmender Chancengerechtigkeit oder wachsender Bedürfnisgerechtigkeit zu überbrücken. Vor allem sozialpolitischen Maßnahmen fällt die Aufgabe zu, das Gerechtigkeitsempfinden der Bevölkerung positiv zu beeinflussen und so (die) Gesellschaft trotz der dargestellten zentrifugalen Entwicklungen zusammenzuhalten.

3.3 Regulierung von Konflikten

Zweifellos können Konflikte Gesellschaften auseinander treiben. Konflikttheoretiker sind jedoch der Ansicht, dass Konflikte auch integrieren können. Aus dieser Sicht können die permanente Regulierung von Konflikten und die Schaffung einer entsprechenden Kultur des Konfliktmanagements Gesellschaften nicht nur vor dem Zerreißen bewahren, sondern auch durchaus dauerhaft zusammen halten (Sander/Heitmeyer 1997: 448; Dubiel 1997: 425). Damit ist das Bild einer Zivilisierung der Gesellschaft verbunden, die es versteht, miteinander in verträglicher Form immer wieder Ausgleiche zu suchen.

Auch wenn diese Konzeption gelegentlich den Eindruck einer konzeptionslosen Sisyphusarbeit vermitteln mag, bleibt sie angesichts systematisch zunehmender Konflikte und geschwächter traditioneller Bindeglieder nach Ansicht ihrer Verfechter ohne Alternative.

4. Ein neues Gesellschaftsmodell?

Eine umfassende kritische Würdigung der dargestellten Integrationsvorstellungen mit dem Ziel, die heute „beste" herauszufinden oder gar eine theoretische und praktische Integration der skizzierten Integrationsvorstellungen zu entwerfen, geht über die Möglichkeiten eines einleitenden Beitrags weit hinaus. Er soll stattdessen mit einigen thesenhaften Bemerkungen und persönlichen Stellungnahmen schließen.

Die dargestellten Integrationskonzeptionen markieren nicht nur bestimmte Integrationsstrategien mit jeweils eigenen Zielsetzungen. Sie unterstellen zugleich auch unterschiedliche bzw. unterschiedlich gestaltbare Zustände moderner Gesellschaften:

- Konsensvorstellungen gesellschaftlicher Integration implizieren, dass auch in modernen Gesellschaften in mehr oder minder großem Ausmaß soziokulturelle Einheit bestehen muss oder aber (wieder)herzustellen ist.
- Vorstellungen zur Überbrückung von Differenzierungen unterstellen, dass bestimmte Auffächerungen moderner Gesellschaften nicht rückgängig zu machen sind, wohl aber überbrückt werden können.
- Vorstellungen zur Regulierung von Konflikten beinhalten, dass die Auseinanderentwicklungen moderner Gesellschaften vielfach Konfliktcharakter annehmen werden. Zahlreiche dieser Konflikte seien zwar mittelfristig oder endgültig nicht lösbar, wohl aber regulierbar. Und gerade aus diesen Fertigkeiten könne gesellschaftlicher Zusammenhalt erwachsen.

Keine dieser Unterstellungen ist völlig falsch. Aber die zweite, die Differenzierungsunterstellung, wird in absehbarer Zukunft wohl den größten Realitätsgehalt besitzen und die größten Herausforderungen mit sich bringen. So viel ganz kurz zur Diagnose. Und welche Therapie empfiehlt sich?

Eine sich ausdifferenzierende Gesellschaft ist auf verbindliche Spielregeln in besonderem Maße angewiesen. Deshalb geht wohl an der Integrationsstrategie kein Weg vorbei, grundlegende Forderungen der Moral in Gestalt von Menschenrechten und Grundrechten für verbindlich zu erklären. Ohnehin laufen auch die meisten Vorstellungen von einer integrationsnotwendigen gemeinsamen Kultur bzw. von einer „deutschen Leitkultur" im Kern auf die Durchsetzung dieser moralischen Grundprinzipien hinaus.

Spielregeln sind notwendige Voraussetzungen gesellschaftlichen Zusammenhalts, gerade in differenzierten Gesellschaften. Sie zeigen, welche Wege gangbar sein sollen und welche nicht. Solche grundlegenden Moralvorstellungen und Normen sind aber meines Erachtens nicht ausreichend, um moderne Gesellschaften zusammenzuhalten. Jenseits ihrer wenigen Ver- und Gebote lassen sie vieles zu. Freiheit allein integriert eine Gesellschaft jedoch nicht. Auch die vollständige Beachtung grundlegender Moral in Gestalt von Menschen- und Grundrechten sagt den Menschen nicht, wohin die gangbaren Wege führen könnten oder sollten, was in der Ferne locken oder drohen kann, wofür es sich lohnt einzutreten. Moderne Gesellschaften benötigen daher zum gesellschaftlichen Zusammenhalt auch Zielvorstellungen, die über den gegenwärtigen Zustand hinausführen. Zum Zusammenhalt moderner Gesellschaften bedarf es also auch Utopien, verstanden im Sinne der wörtlichen Übersetzung als „ortlose" Vorstellungen, die über das Gegebene hinausweisen. Eine noch so heterogene und konflikthafte Gesellschaft kann durchaus zusammenhalten, wenn sie einen Traum hat. Insofern braucht sie durchaus ein Stück Konsens.

Die beiden wichtigsten Zielvorstellungen, die meines Erachtens für differenzierte moderne Gesellschaften in Frage kommen, wurden bereits im Zusammenhang mit der sozialpolitischen Überbrückung sozialer Ungleichheit angesprochen: die beiden Utopien sozialer Gerechtigkeit im Sinne von wachsender Gleichheit oder von zunehmender Chancengleichheit.

Die derzeitigen Bedingungen machen es jedoch sehr schwer, der Bevölkerung eine einigende Zielvorstellung wachsender sozialer Gleichheit der Menschen und einen entsprechenden Traum zu vermitteln. Es ist zu offenkundig, dass es aufgrund des technologischen Wandels und der Globalisierung auf absehbare Zeit noch nicht einmal gelingen wird, den derzeitigen Zustand sozialer Ungleichheit (zum Beispiel ungleicher Einkommen) zu erhalten. Es ist unübersehbar, dass schon beim Versuch, den derzeitigen Abstand zwischen Arm und Reich (zum Beispiel durch Mindestlöhne und die forcierte Besteuerung von Wohlhabenden) zu vermindern, viele „Flurschäden" entstehen. Wer derzeit die Löhne gering Qualifizierter anhebt, riskiert Arbeitsplatzverluste im Bereich unterer Schichten. Wer die gut Verdienenden stärker belastet, provoziert deren Auswanderung.

In dieser Situation erscheint es viel aussichtsreicher, die Zielvorstellung *einer chancengleichen Gesellschaft* zu propagieren und diese Utopie als Bindemittel unserer Gesellschaft einzusetzen. Zu Verbesserungen besteht in dieser Hinsicht viel Anlass. Sie erscheinen aber auch möglich. Derzeit finden sich in den mittleren und oberen Berufsschichten nur wenige Frauen, noch weniger Kinder der unteren Schichten und kaum Menschen mit Migrationshintergrund. Eine Gesellschaft, die auch diesen Gruppierungen beispielsweise durch geeignete Bildungswege realistische Aufstiegschancen eröffnet, und so deutlich macht, wie hoch die Freiheitsgrade für die Tüchtigen hierzulande sind, stellt eine wesentlich aussichtsreichere und produktivere Utopie als jene der Angleichung dar. Die Vorstellung einer chancengleichen gerechten Gesellschaft bejaht Statusunterschiede (bis zu einem gewissen Grade) und bekämpft sie nicht, sie nutzt den individuellen Aufstiegswillen als Motivation, sie erzeugt keine Flurschäden, sondern Produktivität, Innovation und persönlichen Sinn. Ein Wettkampf um Aufstieg, der als fair empfunden wird, und mithin die Idealvorstellung der Chancengleichheit können eine Gesellschaft durchaus einen.

Literatur

Abendroth, Wolfgang et al. (Hrsg.) (1967): Politische Texte. Frankfurt am Main: Europäische Verlagsanstalt u. a.

Anhut, Reimund/Heitmeyer, Wilhelm (2006): Folgen gesellschaftlicher Entsolidarisierung. In: Bremer/Lange-Vester (2006). 141-165

Bayer, Michael/Mordt, Gabriele/Terpe, Sylvia/Winter, Martin (Hrsg.) (2008): Transnationale Ungleichheitsforschung. Eine neue Herausforderung für die Soziologie. Frankfurt/New York: Campus Verlag

Beck, Ulrich (1986): Risikogesellschaft. Auf dem Weg in eine neue Moderne. Frankfurt am Main: Suhrkamp

Bellah, Robert Neely et al. (1985): Habits of the Heart. Individualism and Commitment in American Life. Berkeley, Los Angeles, London: University of California Press

Bremer, Helmut/Lange-Vester, Andrea (Hrsg.) (2006): Soziale Milieus und Wandel der Sozialstruktur. Die gesellschaftlichen Herausforderungen und die Strategien der sozialen Gruppe. Wiesbaden: VS Verlag für Sozialwissenschaften

Dallinger, Ursula/Liebig, Stefan (2004): Gerechtigkeit zwischen den Generationen in der wohlfahrtsstaatlichen Alterssicherung. In: Liebig/Lengfeld/ Mau (2004). 97-131

Dubiel, Helmut (1997): Unversöhnlichkeit und Demokratie. In: Heitmeyer (1997). 425-444

Durkheim, Emile (1930): De la division du travail social. Paris: Presses Universitaires de France.

Empter, Stefan/Vehrkamp, Robert B. (Hrsg.) (2007): Soziale Gerechtigkeit – eine Bestandsaufnahme. Gemeinschaftsinitiative der Bertelsmann Stiftung, Heinz Nixdorf Stiftung und Ludwig-Erhard-Stiftung. Gütersloh: Verlag Bertelsmann Stiftung

Habermas, Jürgen (1981): Theorie des kommunikativen Handelns. Band 2. Zur Kritik der funktionalistischen Vernunft. Frankfurt am Main: Suhrkamp

Häußermann, Hartmut (2008): Wohnen und Quartier. Ursachen sozialräumlicher Segregation. In: Huster (2008). 335-349

Hayek, Friedrich A. von (2002): Grundsätze einer Liberalen Gesellschaftsordnung. Aufsätze zur Politischen Philosophie und Theorie. Tübingen: Mohr Siebeck

Heitmeyer, Wilhelm (Hrsg.) (1997): Was hält die Gesellschaft zusammen? Frankfurt am Main: Suhrkamp

Herbert-Quandt-Stiftung (Hrsg.) (2007): Zwischen Erosion und Erneuerung. Die gesellschaftliche Mitte in Deutschland. Ein Lagebericht. Frankfurt: Societäts Verlag

Hobbes, Thomas (1976): Leviathan. 1. und 2. Teil. Stuttgart: Reclam

Hradil, Stefan (2001): Soziale Ungleichheit in Deutschland. (8. Aufl.) Wiesbaden: VS Verlag für Sozialwissenschaften

Hradil, Stefan (2002): Der Wandel des Wertewandels. Die neue Suche nach Sicherheit, Ordnung und Gemeinschaft in einer individualisierten Gesellschaft. In: Gesellschaft-Wirtschaft-Politik (GWP) 4/2002. 409-420

Hradil, Stefan/Schmidt, Holger (2007): Angst und Chancen. Zur Lage der gesellschaftlichen Mitte aus soziologischer Sicht. In: Herbert-Quandt-Stiftung (2007). 163-226

Hradil, Stefan (2008): Wachsende Einkommensungleichheiten und was wir dagegen tun können: Eine Aktualisierung der Theorie Simon Kuznets'. In: Bayer/Mordt/Terpe/Winter (2008). 135-155

Huster, Ernst-Ulrich/Boeckh, Jürgen/Mogge-Grotjahn, Hildegard (Hrsg.) (2008): Handbuch Armut und soziale Ausgrenzung. Wiesbaden: VS Verlag für Sozialwissenschaften

Liebig, Stefan/Lengfeld, Holger/Mau, Steffen (Hrsg.) (2004): Verteilungsprobleme und Gerechtigkeit in modernen Gesellschaften. Frankfurt am Main: Campus Verlag.

Locke, John (1967): Zwei Abhandlungen über die Regierung. In: Abendroth et al. (1967). 50-366

Luhmann, Niklas (1987): Soziale Systeme: Grundriss einer allgemeinen Theorie. Frankfurt am Main: Suhrkamp

Kalina, Thorsten/Weinkopf, Claudia (2005): Beschäftigungsperspektiven von gering Qualifizierten. Gewinne in einigen Dienstleistungsbereichen bei negativem Gesamttrend. IAT-Report 2005/10. WWW-Dokument: http://www.iaq.uni-due.de/iat-report/2005/report2005-10.pdf (06.03.2009)

Kronauer, Martin (2002): Exklusion. Die Gefährdung des Sozialen im hochentwickelten Kapitalismus. Frankfurt am Main: Campus Verlag

Nikles, Bruno W./Weiß, Johannes (Hrsg.) (1975): Gesellschaft. Organismus-Totalität-System. Hamburg: Hoffman und Campe

OECD (2005): OECD Employment Outlook 2005. Statistical Annex. WWW-Dokument: http://www.oecd.org/dataoecd/36/30/35024561.pdf (06.03.2009)

OECD (2008): Growing Unequal? Income Distribution and Poverty in OECD Countries. OECD publishing

Opaschowski, Horst W. (2008): Einführung in die Freizeitwissenschaft. Wiesbaden: VS Verlag für Sozialwissenschaften

Parsons, Talcott (1961): An Outline of the Social System. In: Ders. u. a. (1961): Theories of Society, 2 Bde., New York: Free Press of Glencoe

Parsons, Talcott/Shils, Edward (1962): Towards a General Theory of Action. Cambridge, Massachusetts: Harvard University Press.

PISA-Konsortium Deutschland (Hrsg.) (2008): PISA '06. PISA 2006 in Deutschland. Die Kompetenzen der Jugendlichen im dritten Ländervergleich. Münster, New York, München, Berlin: Waxmann

Prenzel, Manfred (2008): Ergebnisse des Ländervergleichs bei PISA 2006 im Überblick. In: PISA-Konsortium Deutschland 2008. 15-30

Rawls, John (1979): Eine Theorie der Gerechtigkeit. Frankfurt am Main: Suhrkamp

Rousseau, Jean-Jacques (1977): Vom Gesellschaftsvertrag oder Grundsätze des Staatsrechts. Stuttgart: Reclam

Sander, Uwe/ Heitmeyer, Wilhelm (1997): Was leisten Integrationsmodi? Eine vergleichende Analyse unter konflikttheoretischen Gesichtspunkten. In: Heitmeyer (1997). 447-481

Schmid, Günther (2006): Strukturwandel des Arbeitsmarktes und seine Folgen für Übergänge aus dem Bildungssystem. Diskussionsbeitrag für den Workshop zum Schwerpunktthema des Nationalen Bildungsberichts 2008 am 4. Dezember 2006 in Berlin. WWW-Dokument: http://www.bildungsbericht.de/daten/schmid-txt.pdf (06.03.2009)

Schulze, Gerhard (1992): Die Erlebnisgesellschaft. Kultursoziologie der Gegenwart. Frankfurt am Main, New York: Campus Verlag.

Schwarze, Jürgen (Hrsg.) (2009): EU-Kommentar. Baden-Baden: Nomos

Spencer, Herbert (1975) [1876]: Die Prinzipien der Soziologie, §§ 212-223. In: Nikles/ Weiß (Hrsg.). 80-91

Vehrkamp, Robert B./Kleinsteuber, Andreas (2007): Soziale Gerechtigkeit – Ergebnisse einer repräsentativen Parlamentarier-Umfrage. In: Emter/Vehrkamp (2007). 283-302

Vester, Michael et al. (1993): Soziale Milieus im gesellschaftlichen Strukturwandel: zwischen Integration und Ausgrenzung. Köln: Bund Verlag

Walzer, Michael (1990): Kritik und Gemeinsinn: Drei Wege der Gesellschaftskritik. Berlin: Rotbuch Verlag

II

Europa

Vom Rütlischwur zum Röstigraben: Der Modellfall Schweiz

Dieter Freiburghaus

1. Gedanklicher Rahmen

„Was hält Gesellschaften zusammen?" Eine große Frage, faustisch. Als er, Faust, erkennen wollte, „was die Welt im Innersten zusammenhält", wandte er sich der Magie zu. Und wir sollen nun ganz ohne Magie, dafür im sauren Schweiß der Wissenschaft, eine Antwort finden! Doch welcher Wissenschaft? Kaum eine, welche dazu nichts beizutragen hätte: von der Soziologie über die Sozialpsychologie bis zur Ethnologie, von der Politologie über die Philologie bis zur Philosophie, vom Recht über die Ökonomie bis zur Geschichte. Nun, da Universalgenies aus der Mode gekommen sind, halten wir uns wohl am besten an das, was wir gelernt haben: Politikwissenschaft, ökonomisches Basiswissen und einige Kenntnisse der Geschichte.

Philosophen, Soziologen und Ethnologen können es allenfalls wagen, über „Gesellschaft als solche" zu sprechen, über menschliche Großgruppen, in denen alle Glieder „füreinander kommunikativ erreichbar" (Luhmann 2005: 186) sind. Dem Politologen dagegen stehen Gesellschaften nur als politisch verfasste zur Verfügung. Was das nun genau heisst, ist schwierig zu sagen, denn das Phänomen des Politischen ist schillernd und historisch in permanentem Wandel begriffen (Sternberger 1983). Während die einen Politik mehr oder weniger mit Herrschaftsausübung gleichsetzen, hat der Begriff für die anderen eine normative Dimension: Die Verwirklichung einer guten, dem Menschen gemäßen Ordnung. Seit dem Aufkommen des Staates im modernen Sinn nach der Renaissance und der Durchsetzung dieser politischen Struktur in Europa im 17. Jahrhundert – man spricht vom „westfälischen System" (Durchhardt 1999) – gewinnt das Politische eine besser fassbare Form: Dieser Staat eignet sich zunächst das Monopol der legitimen Gewalt und das Monopol der Setzung von allgemeinverbindlichen Normen an. Er entwickelt sich in der Folge zum (Menschen-) Rechtsstaat, zur Demokratie und zum Sozialstaat. Regelnd und steuernd dringt er zunehmend in alle Lebensbereiche ein.

Staat und Gesellschaft entwickeln von da an ein so inniges Verhältnis, dass die Frage nach dem gesellschaftlichen Zusammenhalt nun weitgehend mit der Frage nach der Stabilität des Staates gleichgesetzt werden kann: Solange letzterer die ihm zugedachten und jeweils zeitgemäßen Funktionen erfüllt, wird in aller Regel „seine" Gesellschaft, also das „Staatsvolk", nicht auseinanderbrechen. Nur unter diesem Aspekt kann der Politologe zur hier aufgeworfenen Problematik einen sinnvollen Beitrag leisten. Er muss sich also auf Staaten beschränken, die den eben beschriebenen Weg zurückgelegt haben. Zur Mogulherrschaft in Indien, zum chinesischen Kaiserreich unter der Ming-Dynastie, zu den kurdischen Stammesgesellschaften und den nachkolonialen afrikanischen „Staaten" hat er kaum etwas beizutragen. Diesbezüglich müsste man eher bei den soziologischen Herrschaftstheorien anklopfen (etwa Breuer 1998).

Ohne Zweifel also ist in den von uns betrachteten politischen Systemen der Zusammenhang zwischen der Funktionsfähigkeit des Staates und der Stabilität seiner Gesellschaften äußerst eng. Alle Konfliktlinien und Spannungsfelder, welche eine Gesellschaft destabilisieren können, sind auch Domänen staatlicher Politik: religiöse Auseinandersetzungen, ethnische Spannungen, Klassenkämpfe, Wirtschaftskrisen, Globalisierungsfolgen. Solche Zerreissproben hat jeder Staat schon erlebt, sie traten historisch nacheinander in den Vordergrund oder überlagerten sich, und im Laufe der Zeit haben die Staaten in der Regel Mittel und Wege gefunden, damit umzugehen und den gesellschaftlichen Zusammenhalt zu garantieren – oder eben nicht.

Ein funktionierender Staat wird also zum entscheidenden Faktor für die Stabilität von modernen Gesellschaften. Das Problem ist nur, dass diese Erklärung mindestens zirkelschlüssig, wenn nicht gar tautologisch ist: Ein guter Staat, in dem Recht und Ordnung herrschen und die Menschen ihrem Glück nachjagen können, wird in der Regel eine Gesellschaft zusammenhalten. Wohlstand und Freiheit haben noch immer die Menschen beruhigt und auf friedliche Bahnen gelenkt. Wohlstand setzt Sparen und Investieren voraus, und dies geschieht nur da, wo der Staat Ordnung, Recht und Eigentum garantiert. Wenn ein politisches System über längere Zeit das friedliche Zusammenleben von verschiedenen Volksgruppen durch Rechtssicherheit und sozialen Ausgleich garantiert, dann werden sich diese aneinander gewöhnen und durchmischen, und damit nimmt die Gefahr ethnischer Konflikte ab. Das alles ist zweifellos richtig und empirisch belegbar, die Krux liegt aber darin, dass wir den funktionierenden, tüchtigen und legitimen Staat dabei voraussetzen. Und da wäre umgekehrt auch gefahren: Kann dieser sich nicht erst da herausbilden, wo die Gesellschaft schon einen bestimmten Grad der Zivilisierung erreicht hat? In diesem Zirkelschluss sind insbesondere diejenigen gefangen, welche in einer „good governance" den Schlüssel zur Entwicklung von zurückgebliebenen Gesellschaften sehen: Man bemüht sich redlich darum, solchen Staaten anständige politische Regime zu verpassen, und muss dabei meist feststellen, dass letztere nicht „anwachsen" – Afghanistan ist dafür die jüngste Illustration. Was hier argumentativ zum Zirkelschluss wird, ist eben realiter zirkulär: Es sind komplexe und miteinander verbundene Entwicklungen auf verschiedenen Ebenen, welche „den Prozess der Zivilisation" und darauf aufbauend den modernen Staat ermöglichen. Und selbst da, wo dies gelungen ist, gibt es keine Ewigkeitsgarantie, wie etwa die Beispiele von Jugoslawien und Belgien zeigen.

Es ist eben noch etwas komplizierter: Die Moderne, auf die wir uns hier beschränken, steht unter dem Zeichen des Fortschritts, des Fortschreitens, der ständigen Veränderung aller Lebensumstände. In diesen Prozessen ist der Staat teils „Täter", treibt also die Entwicklung voran, und teils „Opfer", wird von ihr vorangetrieben. Dabei müssen sämtliche Strukturen, Institutionen, Regeln und Wertesysteme immer wieder angepasst und umgebaut werden. Mit der einmal erreichten Stabilität ist es also nicht getan, ganz im Gegenteil: Ein zu starkes Beharren ist der sichere Weg in den Untergang, wie es etwa die DDR vorexerziert hat. Solche Anpassungsprozesse verlaufen teils in ruhigen, gesteuerten Bahnen, teils aber auch chaotisch, revolutionär und gewalttätig. Dass in solchen Zeiten schon bestehende Spannungen zwischen Regionen, Klassen, Religionen und Ethnien aufbrechen, ist sehr wahrscheinlich, und dann stehen Staaten und Gesellschaften plötzlich vor dem Abgrund. So war es bei der k.u.k. Monarchie nach dem Ersten Weltkrieg, in Deutschland in den 1930er Jahren und in der Sowjetunion in den 1990er Jahren.

Aber es gibt eben auch Staaten, welche seit langer Zeit in denselben Grenzen bestehen und über Jahrhunderte eine wiedererkennbare nationale Identität aufweisen. Nun haben auch diese glücklicheren Staaten ihre Krisen und Revolutionen gehabt, aber offensichtlich gelang es ihnen, sich danach wieder zu finden und zu rekonstruieren: Spanien, Frankreich, Großbritannien, die Niederlande, Dänemark und so weiter. Damit kommen wir nun zu des Pudels Kern des gesellschaftlichen Zusammenhalts: Es geht offenbar nicht vor allem um eine einfache Stabilität, um ein momentan gutes Funktionieren eines Staates, sondern es geht gleichsam um eine Stabilität zweiter Ordnung: Die Fähigkeit von staatlich verfassten Gesellschaften, durch Krisen hindurch eine Kraft, ein Bewusstsein, einen Zusammenhalt zu bewahren, welcher danach den Aufbau einer neuen Ordnung auf einer fortbestehenden Tradition und Identität ermöglicht. „Nichts ist gesünder als eine überwundene Neurose" lautet das psychologische Analogon.

Damit haben wir jedoch den Teufel der ursprünglichen Frage mit dem Belzebuben einer noch komplizierteren ausgetrieben: Ob es überhaupt möglich ist, die „Mechanismen", welche eine solche Stabilität zweiter Ordnung aufrecht erhalten, zu objektivieren und in allgemeinen Termini zu fassen, ist sehr fraglich. Wenn wir von glücklichen oder unglücklichen „Schicksalen" von Völkern sprechen, dann meinen wir damit ja eigentlich nichts anderes, als dass wir mit einer analytisch nicht mehr bewältigbaren Komplexität konfrontiert sind. Und doch gibt es empirische Evidenz dafür, dass einiges mehr zu erkennen ist als die Einzelschicksale: Alle oben erwähnten langfristig stabilen Staaten befinden sich im Westen und Nordwesten des europäischen Kontinents. In der Mitte liegen einige, die erst spät und nach schwersten Verwerfungen zu einer solchen robusten Staatlichkeit gefunden haben, und weiter im Osten sind in den letzten Jahrzehnten nochmals fast alle bestehenden politischen Systeme zusammengebrochen. Das ist natürlich nicht primär ein geographisches Problem, sondern eines des Verlaufs der Modernisierung in der Neuzeit. Aber es kann sein, dass die Nähe zum oder die Ferne vom Meer hierbei eine Rolle gespielt hat. Mit diesen Andeutungen lassen wir jedoch die allgemeine Frage nach der Stabilität zweiter Ordnung auf sich beruhen, denn die entsprechende Forschung ist noch weit von einer akzeptierten Theorie entfernt. Wir wenden uns nun vielmehr einem Land zu, welches offensichtlich über eine solche Stabilität verfügt: Die schweizerische Eidgenossenschaft.

2. Modellfall Schweiz

Da hat einer eine Reise gemacht, und nach der Rückkehr erzählt er von seinen Erlebnissen:

> „Das Land kam mir so fremd vor gegen andere teutsche Länder, als wenn ich in Brasilia oder in China gewesen wäre; da sah ich die Leute in Frieden handeln und wandeln, die Ställe stunden voll Vieh, die Bauernhöfe liefen voll von Hühnern, Gäns und Enten, die Strassen wurden sicher von den Reisenden gebraucht, die Wirtshäuser sassen voll Leute, die sich lustig machten. Da war ganz keine Furcht vor dem Feind, keine Sorge vor der Plünderung und keine Angst, sein Gut, Leib und Leben zu verlieren; ein jeder lebte sicher unter seinem Weinstock und Feigenbaum, und zwar, gegen andere teutsche Länder zu rechnen, in lauter Wollust und Freude, also dass ich dieses Land für ein irdisch Paradies hielt, wiewohl es von Art rau genug zu sein schien." (Grimmelshausen 1943)

Dieses irdische Paradies ist die Eidgenossenschaft, der Erzähler ist Grimmelshausens Simplizius und die Reise fand während des Dreißigjährigen Krieges statt (Grimmelshausen 1943, Original 1686). Heute ist die Schweiz wieder ein beliebtes Reise- und Auswanderungsland für die Deutschen, wenn auch aus etwas anderen Gründen. Und die Beschreibung des Landes könnte immer noch ähnlich lauten, man müsste nur das Vieh im Stall durch den Audi in der Garage und die Wirtshäuser durch Foodcorners ersetzen. Aber das Land ist noch als dasselbe erkennbar: „von Art rau", in ähnlichen Landesgrenzen, mit ähnlicher föderaler Struktur, eine Republik damals wie heute, und selbst der (offizielle) Name ist noch ähnlich: Eidgenossenschaft. Also lauter Stabilität über dreihundertfünfzig Jahre hinweg?

Nichts wäre falscher als diese Vorstellung: Die Geschichte der Eidgenossenschaft strotzt von schweren Konflikten, Bürgerkriegen, Unruhen und Zerwürfnissen. Die politische Hyperstabilität gibt es erst seit einem guten halben Jahrhundert, sie ist ein Resultat der totalitären Bedrohung der 1930er Jahre. Aber ohne solche Umbrüche wäre die Eidgenossenschaft für uns kein lohnendes Beispiel, denn wir interessieren uns ja für die Stabilität zweiter Ordnung. In unserer Stabilitätsgeographie liegt die Schweiz zudem zwischen Deutschland und Italien, also eher in der Mitte als im Westen. Und zusätzliches Interesse gewinnt sie daraus, dass sie unter verschiedenen Aspekten über eher ungünstige Voraussetzungen für ein langes Leben verfügte: Die Herauslösung aus dem Reich war ein äußerst schmerzvoller und blutiger Prozess. Es gab damals verschiedene solche Bündnissysteme, doch bis auf die Eidgenossenschaft sind alle zerfallen. Die Entwicklung der Schweiz war von inneren Konflikten zwischen Stadt- und Landorten, später zwischen katholischen und protestantischen Kantonen geprägt. Dann wurde das Land durch Erweiterung mehrsprachig und „multikulturell": Im Westen kamen französisch-, im Süden italienisch- und im Südosten romanischsprachige Gebiete dazu. Bis in die jüngste Zeit lag die Schweiz in der Mitte eines unruhigen, von Kriegen heimgesuchten Kontinents. Sie verlegte sich auf die bewaffnete Neutralität, doch einem ernsthaften Angriff der Großmächte hätte sie wohl nicht standgehalten. Das Land war zudem „rau", arm an Rohstoffen, gebirgig und ohne Anschluss ans Meer. Das politische System der Alten Eidgenossenschaft war instabil, ein Bündnissystem, in keiner Weise ein Staat im Sinne der sie umgebenden Herrschaftsgebiete. Das einzige gemeinsame Organ, die Tagsatzung, war mehr eine diplomatische Konferenz denn eine Regierung, Beschlüsse mussten einstimmig gefällt werden. Die Modernisierungs- und Vereinheitlichungsprozesse, welche absolutistische Könige im 17. und 18. Jahrhundert durchführten, fanden in der Schweiz nicht statt, eine einheitliche Nation bildete sich nicht heraus. Das ist nicht gerade der Stoff, aus dem die Träume von einer stabilen Gesellschaft sind!

Aber vielleicht wird anders herum ein Schuh daraus: Hätten etwa gerade die Prekarität und das Bewusstsein der Verletzlichkeit die Schweizer dazu gebracht, dem gesellschaftlichen Zusammenhalt eine Beachtung zu schenken, welche „robustere" Nationen nicht nötig zu haben glaubten? Hätte die Schweiz also aus ihren Schwächen ihre Stärke gemacht – analog zu Gehlens „Mängelwesen" Mensch? Oder noch anders gesagt: Wenn die Schweizer einmal gelernt hatten, wie ein aus ihren vielen Schwächen entstehendes Problem gelöst werden konnte, dann bewahrten sie daran die Erinnerung und bauten so einen „ewigen" Satz oder Schatz von Konfliktbewältigungsmechanismen auf. Das hieße aber, sie wäre doch eher ein Sonderfall denn ein Modellfall, interessant vielleicht als exotisches Wesen, doch kaum lehrreich für andere. Oder gibt es Bedingungen, unter denen ein Sonderfall doch zum Modellfall wird? 1976 hatte Karl Deutsch in Zürich einen Vortrag gehalten, welcher unter dem Titel „Die Schweiz als ein paradigmatischer Fall politischer Integration" bei Haupt in Bern publiziert wurde. Was kann nun dieses „paradigmatisch" bedeuten? Sicher nicht dasselbe wie „Paradigma" bei Kuhn, also ein zu einer bestimmten Zeit in der Wissenschaft vorherrschendes Denkmuster. Auch normativ war es wohl nicht gemeint – die Schweiz als nachahmenswertes Vorbild –, denn das hätte nicht der philosophischen Position Deutschs entsprochen. Wenn wir aber beachten, dass er ein hervorragender Theoretiker der sozialen und politischen Integration war, dann kann „paradigmatisch" nur bedeuten, dass die Schweiz seine Ansichten und Erkenntnisse in deutlicher Weise illustrierte, dass sie dafür als Muster dienen konnte. Auch wenn wir hier im Übrigen nicht Deutschs Integrationstheorie folgen, so meinen wir doch „Modellfall" ähnlich wie er: Dass die Schweiz trotz aller Spezifika und Idiosynkrasien für bestimmte Erfahrungen steht, welche in ihrem Kern verallgemeinerbar sind. Oder nehmen wir die Aussage noch etwas weiter zurück: Es kann für andere Länder lehrreich sein, deren eigenen Erfahrungen und Geschichte mit der Schweiz zu vergleichen.

Wir werden einen kurzen Abriss der Geschichte der Eidgenossenschaft geben, indem wir auf einige Episoden eingehen, welche für ihre langfristige Stabilität wichtig sind, also Wirkungen bis in die Gegenwart entfalten. Und dies nicht nur hinter dem Rücken der Akteure: Es handelt sich durchaus um „lessons learnt", die den Eidgenossen als solche bewusst geworden sind und regelmäßig wieder aufgerufen oder aktualisiert werden. Was aber lernbar ist, kann nicht der reine Sonder- und Ausnahmefall sein.

2.1 Vorgeschichten

Wir haben gesagt, dass uns der Staat eigentlich erst ab dem 17. Jahrhundert interessiert. Doch es gibt wohl auch die „longue durée" im Sinne von Braudel und der Ecole des Annales. Deswegen, in aller Kürze, einige Anmerkungen zur Vorgeschichte der neuzeitlichen Eidgenossenschaft.

Da wollten die Helvetier, ein keltisches Volk, eben nach Südfrankreich auswandern, denn ihr Land war nach Art rau, doch bei Bibrakte trat ihnen Cäsar entgegen, siegte und drängte sie in ihr abgestammtes Land zwischen Jura und Alpen zurück. Dann war da weiter östlich noch das eigenartige Volk der Räter oder Rätier, deren Gebiet ebenfalls von den Römern erobert wurde. Für einige hundert Jahre war also die spätere Schweiz Teil des damals am höchsten entwickelten politischen Systems. Schon im Altertum wurden also die keltischen Stammesgesellschaften überwunden, indem diese Völker unter das römische Recht kamen – im Gegensatz zu großen Teilen des späteren Germanien. In der Spätantike wanderten dann die germanischen Völker der Alemannen und der Burgunder in diese Gegend ein. Schon im vierten Jahrhundert begann die Christianisierung. Später kam das Gebiet unter fränkische Herrschaft. Das Territorium der Eidgenossenschaft hat also von der Antike bis ins Mittelalter ein, wenn man so will, „normales" westeuropäisches Schicksal durchlaufen.

Die Gegend lag nach den Reichsteilungen im 9. Jahrhundert in der „Schütterzone" zwischen dem deutschen und dem französischen Reich: Teils lotharingisch und später burgundisch, teils alemannisch und schwäbisch. Von 1291 stammt ein wichtiges Abkommen zwischen den drei Waldstätten Uri, Schwyz und Unterwalden, und im selben Jahr soll nach der Sage der Rütlischwur stattgefunden haben. Im Laufe von drei Jahrhunderten – vom 14. bis zum 16. – haben sich die Eidgenossen dann aus dem deutschen Reich gelöst, indem sie gegen die Habsburger und mit ihnen verbündete Fürsten einige Schlachten gewannen. Die ersten Bewährungsproben des Bündnisses waren also militärischer Art, und weil es dabei erfolgreich war, wollten sich ihm immer mehr kleine, republikanische Städte- und Landorte anschliessen. Mitte des 14. Jahrhunderts bestand die Eidgenossenschaft schon aus acht Kantonen. Als Karl der Kühne von Burgund im 15. Jahrhundert nochmals ein großes Mittelreich errichten wollte, stieß er mit den Eidgenossen zusammen und unterlag in drei Schlachten. Von da erstreckte sich die Schweiz auch auf Französisch sprechende Bevölkerungen mit erheblich anderen Mentalitäten als die Innerschweizer Bauern. Mit dem „Schwabenkrieg" von 1499 verlor der Kaiser seine Herrschaft über diese Territorien faktisch vollständig, auch wenn sie „de jure" noch zum Reich gehörten. Anfang des 16. Jahrhunderts waren dann schon dreizehn Kantone im eidgenössischen Bündnissystem zusammengeschlossen. Im Westfälischen Frieden entstand, wie erwähnt, das moderne europäische Staatensystem. Obwohl der Eidgenossenschaft fast alles fehlte, was frühabsolutistische Staaten auszeichnete, wurde sie als souveränes Herrschaftsgebiet anerkannt. Soweit diese kurze Vorgeschichte. Nun kommen wir zu den „lessons learnt".

2.2 "Stille sitzen"

Für die erste solche Episode, deren Lehren bis heute weiterwirken, müssen wir kurz noch einmal ins 16. Jahrhundert zurückgreifen. Die Schweizer hatten sich im Spätmittelalter einen guten Ruf als Soldaten erworben: Gegen Landvögte, Herzöge, gegen König und Kaiser. Der Anteil der „waffenfähigen" Männer war wohl größer als in jedem anderen Land. Da nun der Boden karg war, stellten sich viele junge Schweizer den europäischen Fürsten und dem Papst als Söldner zur Verfügung – gegen gutes Geld natürlich. Von daher kommt der Spruch: Ni argent – ni Suisses! Doch im 15. Jahrhundert begann nun die Eidgenossenschaft selbst, Machtpolitik zu betreiben, und das damalige „grand jeu" fand in der Lombardei statt. Es zeigte sich aber, dass die Zürcher andere Interessen hatten als die Berner, und die Innerschweizer nicht dieselben wie die Walliser. Die Tagsatzung war nicht in der Lage, eine gemeinsame Außenpolitik zu entwickeln. Und dann kam es, wie es nicht hätte kommen dürfen: In der Schlacht bei Marignano standen 1515 Schweizer Soldaten auf beiden Seiten und brachten sich gegenseitig um.

Daraus zog die Eidgenossenschaft die Konsequenz, sich nicht mehr in fremde Händel zu mischen, „stille zu sitzen" in allen sie umgebenden Konflikten. In modernen Termini hat sie sich also schon damals der Neutralität verschrieben. Sie hat die Neutralität mit anderen Worten nicht gewählt, weil sie keine starke Armee und keine außenpolitischen Interessen hatte, sondern weil sie aus institutionellen Gründen unfähig war, eine gemeinsame Außenpolitik zu betreiben – oder, anders gesagt, weil Außenpolitik zu internen Spaltungen führte. Neutralität ist somit historisch gesehen vor allem eine Devise zur Wahrung des inneren, nicht des äußeren Friedens. Dieses „Stille Sitzen" bewährte sich dann besonders im Dreißigjährigen Krieg, denn sonst hätte sich Simplizius nicht hierzulande unter Feigenbäumen erholen können und die Eidgenossenschaft wäre vermutlich zerbrochen. Aus allen dynastischen Kriegen des 17. und 18. Jahrhunderts konnte sie sich ebenfalls heraushalten. Schweizerische Söldner kämpften zwar auf verschiedenen Seiten, doch inzwischen handelte es sich dabei um „privaten Dienstleistungsexport". Der erste, der seit 1499 das Land der Eidgenossen angriff, war dann Napoleon. Er hatte leichtes Spiel, denn das völlig veraltete „ancien régime" war nicht in der Lage, eine entschlossene Verteidigung zu leisten. Nach 1815 blieb die Schweiz dann wieder von allen Kriegen verschont.

Vor dem Ersten Weltkrieg kam es allerdings zu inneren Spannungen, denn die Deutschschweizer – und allen voran ihre Offiziere – nahmen eher für Wilhelm Partei, die Welschen dagegen für Frankreich. Man lud den deutschen Kaiser sogar zu Manövern ein, und in der Armee wurde von den höheren Offizieren mehr und mehr Hochdeutsch an Stelle der üblichen Dialekte gesprochen. Dies führte zu gefährlichen Spannungen zwischen der Deutsch- und der Welschschweiz. Carl Spitteler, ein hoch angesehener Schriftsteller und späterer Literaturnobelpreisträger, hielt vor der Neuen Helvetischen Gesellschaft seine berühmt gewordene Rede: „Unser Schweizer Standpunkt". Er rief den Eidgenossen einige Grundlagen unseres Staatswesens in Erinnerung, darunter insbesondere, dass wir uns nicht in fremde Händel mischen sollen. Dies hinterließ einen tiefen Eindruck und versöhnte die verschiedenen Landesteile wieder miteinander. Gemeinsam stand man dann zur Verteidigung an der Grenze. Übrigens: Dass der deutsche Angriff über Belgien und nicht durch das schweizerische Mittelland oder den Jura erfolgte, hat möglicherweise auch mit des Kaisers Manöverbesuch zu tun: Es schien ihm offenbar militärisch einfacher, die „Variante Nord" zu wählen.

Dass also die Schweiz keine aktive Außen- und Bündnispolitik betreiben soll, weil sie sonst die inneren Gleichgewichte gefährdet, wirkt bis heute fort. Nach dem Zweiten Weltkrieg wurde die „integrale Neutralität" zur Leitdoktrin und führte dazu, dass die Schweiz in den ersten Jahrzehnten eine weitgehende politische Isolation wählte. Die Abstimmung über den Europäischen Wirtschaftsraum von 1992 hat zu starken innenpolitischen Spannungen geführt, denn die Westschweiz neigte dieser Annäherung viel stärker zu als die Zentral- und die Ostschweiz. Man sagte, der „Röstigraben" sei weit aufgerissen worden. Wie weit, kann man daran ermessen, dass dieses Kartoffelgericht zu beiden Seiten der Sprachgrenze etwa gleich beliebt ist. Und wenn die Schweiz Mitglied der EU wäre, dann hätten wohl manche ihrer Politiken und Aktionen in der Schweiz zu Spannungen zwischen den Landesteilen geführt – man denke etwa an das Österreich-Bashing im Jahre 2000, die „Old-Europe"-Debatte von 2003 oder die Auseinandersetzung über die Bolkensteinrichtlinie von 2006. Und man stelle sich vor, der Lissabon-Vertrag würde an einem Nein von Appenzell-Innerrhoden scheitern!

2.3 Sprachenfrieden

Das Gebiet der Eidgenossenschaft war seit jeher Kreuzungspunkt von Verkehrs- und Wanderungsachsen und beherbergte verschiedene Völkerschaften. Bei den Reichsteilungen im 9. Jahrhundert gehörte das Gebiet, wie erwähnt, teils zum lotharingischen – später burgundischen – und teils zum deutschen Reich, wobei die Habsburger und die Zähringer eine zentrale Rolle spielten. Letztere starben im 13. Jahrhundert aus. Die Eidgenossenschaft lag zu Beginn ganz auf dem Gebiet des deutschen Reiches, doch durch die Siege gegen Burgund im 15. Jahrhundert kamen nun auch Französisch sprechende Völker dazu. In den „ennetbirgischen Kriegszügen" des 15. Jahrhunderts eroberten die Eidgenossen südliche, Italienisch sprechende und vormals mailändische Alpentäler. Rätoromanisch wurde in den drei Bünden gesprochen, welche „zugewandte Orte" der Eidgenossenschaft waren und erst unter Napoleon ganz zur Schweiz geschlagen wurden.

Dass im eidgenössischen Herrschaftsbereich verschiedene Sprachen gesprochen wurden, war also schon früh eine Selbstverständlichkeit, und die verschiedenen Kulturen und Traditionen wurden respektiert. Es gab nie eine Politik der Durchsetzung einer Einheitssprache – wer hätte solche Maßnahmen auch durchführen sollen? Vom zweisprachigen Freiburg, welches im 15. Jahrhundert in den Bund aufgenommen wurde, verlangte man nur, dass die Ratsprotokolle auch in deutscher Sprache verfasst werden mussten. In den französisch- und italienischsprachigen Untertanengebieten konnten die dortigen Menschen immer in ihrer Muttersprache mit den Behörden und den Gerichten verkehren. In Bern, welches das zuvor savoyische Waadtland beherrschte, sprach die Oberschicht ohnehin Französisch, und die Urner, Schwyzer und Unterwaldner waren des Italienischen aus „handelspolitischen" Gründen mächtig: Sie verkauften Käse und Vieh auf den oberitalienischen Märkten. Und da jeder Deutschschweizer Kanton in seiner Art, Kultur und Sprache selbständig bleiben wollte, versagte man dies auch den Völkern nichtdeutscher Idiome nicht. Im Gegenteil: Die Vielfalt, welche die Schweizer über alles schätzen, wurde damit gesteigert und gefestigt, die Gefahr des Aufbaus einer Zentralmacht vermindert.

Kurzzeitig kam bei der Verfassungsgebung von 1848 auch die Frage auf, welche Sprache denn nun die Nationalsprache sein sollte. Doch hatten die liberalen Staatsgründer dringendere Probleme zu lösen, und sie schrieben dann einfach als Artikel 109 in die Verfassung: „Die drei Hauptsprachen der Schweiz, die deutsche, französische und italienische, sind Nationalsprachen des Bundes". Und damit war insoweit die „nationale Frage" gelöst. Während in andern Ländern die Einheitlichkeit des (Sprach-)Volkes zur Basis des modernen Staates wurde, wurde es in der Schweiz die Verschiedenartigkeit. In schwerer Zeit, 1938, wurde dann auch das Rätoromanische als Landessprache anerkannt. Wenn es zu Sprachkonflikten kommt, dann meistens in den zwei- oder dreisprachigen Kantonen, und sie zu lösen, überlässt man – im Sinne der Subsidiarität – ihnen. Auf Bundesebene wird die Viersprachigkeit fast ausschließlich als Positivum wahrgenommen.

Wir können diese Differenz zu anderen Staaten noch an folgendem Beispiel illustrieren: Die Comunidad autónoma Catalunya war bekanntlich 2007 Gast auf der Frankfurter Buchmesse. Und obwohl es in dieser Provinz viele Schriftsteller gibt, die spanisch schreiben, haben einige Puristen durchgesetzt, dass nur solche, die katalanisch veröffentlichen, an den Main eingeladen wurden. Einer dieser Hohepriester hat sich in „El Pais" wie folgt vernehmen lassen: „Ein Land wie die Schweiz" werde schon deshalb nie und nimmer nach Frankfurt eingeladen, „weil es als mehrsprachige Nation in kultureller Hinsicht nicht existiert." Anstatt drauflos zu schwafeln, kommentierte die NZZ, hätte er leicht in Erfahrung bringen können, dass sich die Schweiz 1998 mit allen vier Landessprachen auf der Buchmesse präsentiert hat. Wenn die Berner in der Waadt die französische Sprache ebenso unterdrückt hätten wie Franco das Katalanische, sähe es in der Schweiz natürlich auch anders aus.

2.4 Lust auf Differenz

Dass die Verschiedenartigkeit das Lebenselement der Schweizer ist, haben wir nun schon deutlich hervorgehoben. Jetzt müssen wir aber noch zeigen, wie dies institutionell abgesichert wurde und wird. Die Alte Eidgenossenschaft war ein Staatenbund, eine Konföderation, mit äußerst schwach ausgeprägten zentralen Einrichtungen. Niemand wollte damals einen „neuen Staat" schaffen – solches wäre im Spätmittelalter ohnehin denkunmöglich gewesen. Man schloss sich zusammen – innerhalb des Reiches –, um die alten kaiserlichen Freiheiten zu verteidigen, oder konkreter, um die Eingliederung in den habsburgischen Herrschaftsbereich zu verhindern. Außerdem sollte das Bündnis Konflikte zwischen den Orten schlichten und die „innere Sicherheit" befördern. Sonst aber blieb jeder Kanton „souverän" und wählte die politische Organisation, die seinen Traditionen am besten entsprach – vorausgesetzt sie war republikanisch.

Allerdings erwies sich dieses unübersichtliche Bündnissystem – eine gemeinsame Verfassung gab es ja nicht – im 18. Jahrhundert zunehmend als ungeeignet, den Anforderungen der Zeit zu genügen. Insbesondere die mit dem Aufkommen der Industrialisierung erforderlichen größeren offenen Wirtschaftsräume waren so nicht zu schaffen. Diese Rückständigkeit im Vergleich zu den absolutistischen Staaten war einer der Gründe, warum Napoleon bei seinem Einmarsch in die Schweiz 1798 leichtes Spiel hatte. Er gab der Schweiz eine neue, einheitsstaatliche aber immerhin republikanische Verfassung. Doch diese „Helvetik" bewährte sich nicht, Napoleon sah ein, dass die Schweizer zu einer „nation une et indivisible" nicht geschaffen waren. Schon 1803 gab er ihnen deshalb die Mediationsakte, welche den Föderalismus restaurierte – was dem politischen Gespür des Korsen kein schlechtes Zeugnis ausstellt.

Nach dem Wiener Kongress begann auch in der Schweiz eine restaurative Phase, doch die Kräfte der Erneuerung wurden rasch wieder stärker und drängten auf Veränderung. Ab den 1830er Jahren arbeiteten liberale und radikale Kräfte an modernen Verfassungen – zuerst in den Kantonen, dann im Bund. Die konservativen und katholischen Stände wollten keine solchen Neuerungen und schlossen sich in einem Sonderbund zusammen, der mit ausländischen Mächten zu paktieren begann. Manu militari wurden sie dann zur Räson gebracht. Doch die neue Bundesverfassung wurde sehr föderalistisch ausgestaltet, sie gab dem Bund nur ein Minimum an Kompetenzen und den Kantonen ein Maximum an Einfluss. Zwei wichtige Ziele wurden allerdings erfüllt: Die Armee war nun weitgehend Sache des Bundes, und die Handels- und Gewerbefreiheit wurde eingeführt – es entstand in Ansätzen ein gesamtschweizerischer Wirtschaftsraum. Mit anderen Worten: Es gelang den Vätern der Verfassung, sich exakt auf der Grenzlinie zwischen dem alten Staatenbund und einem modernen, einheitlicheren Staatswesen zu bewegen.

Um die Selbständigkeit der Kantone zu wahren und gleichzeitig den Gesamtstaat funktionsfähig zu machen, übernahm die Schweiz damals das amerikanische Zweikammersystem: Zwei genau gleichberechtigte Räte, eine Volks- und eine Ständekammer. Im „Nationalrat" sind die kantonalen Völker gemäß ihrer Größe vertreten, im „Ständerat" hat jeder Stand die gleiche Stimmkraft. Der Ständerat besteht nicht aus Mitgliedern der kantonalen Regierungen, sondern aus eigens dafür gewählten Senatoren. Für die Veränderung der Verfassung sind die (einfachen) Mehrheiten des Volkes und der Stände nötig. Dies verschaffte den kleinen und (katholisch-) konservativen Bergkantonen einen überproportionalen Einfluss. Im Laufe der Zeit nahmen die Befugnisse des Bundes zwar zu, doch nicht vor allem deshalb, weil bisherige Kantonskompetenzen an ihn übertragen wurden, sondern weil neue Aufgaben entstanden (Freiburghaus/Buchli 2003). Doch noch heute haben die Kantone eine vollständige staatliche Ausstattung und einige zentrale Aufgaben. Der Bund ist nicht befugt, in ihre Organisationshoheit einzugreifen, und die Erhebung von Steuern ist primär immer noch ihre Sache: Dem Bund werden Einkommenssteuerkompetenzen bis heute immer nur provisorisch gewährt. Außerdem hat der Bund kaum eigene Vollzugsorgane, dafür sind in der Regel die Kantone zuständig, wobei sie meist beachtliche Spielräume genießen. Da es viele kleine und relativ arme Kantone gibt, legt dies jeglichem Gesetzgebungsperfektionismus des Bundes kurze Zügel an. Trotz aller Zentralisierung ist die richtige Antwort auf die Frage des Ausländers, wie dieses oder jenes in der Schweiz geregelt sei, meist: „Das ist von Kanton zu Kanton unterschiedlich."

Dass auf diesem kleinen Gebiet – Bayern, Baden-Württemberg und Nordrhein-Westfalen haben je mehr Einwohner als die Schweiz – der Föderalismus so ausgeprägt geblieben ist, hat teils institutionelle und teils mentalitätsmäßige Gründe. Institutionell ist eine wichtige Differenz zu Deutschland und der EU, dass die kleine Kammer eben nicht aus Mitgliedern der Regierungen der Gliedstaaten zusammengesetzt ist, denn letzteres führt zu Kuhhändeln zwischen den Exekutiven beider Ebenen: Eine Länderregierung ist eben eher bereit, auf eine Prärogative zu verzichten, wenn sie dafür im Bund mehr Macht erhält (Freiburghaus 1995).

Die Präferenz der Eidgenossen für Unterschiedlichkeit haben wir schon erwähnt. Sie wird natürlich nur soweit wirksam, als die Bürger bereit sind, um dieser Differenzen Willen bedeutende Nachteile in Kauf zu nehmen. Wer im einen Kanton wohnt und im anderen ein Ferienhaus besitzt, weiß davon bezüglich Besteuerung ein Lied zu singen! Und es setzt voraus, dass kantonale Steuersatzdifferenzen von zwischen 70 bis 120 Prozent nicht zur Entvölkerung der „Steuerhöllen" führen.

Oft wird der Sprachenfrieden in der Schweiz vor allem mit dem Föderalismus begründet und dann einem Staat wie Bosnien der Rat gegeben, sich ebenso zu organisieren. Doch so ist es eben nicht: Schon als die Eidgenossenschaft noch rein deutschsprachig war, war sie extrem föderal: Es ging um die Bewahrung jeder Form eigenständiger Tradition und Kultur. Und so ist es bis heute: Die Sprache ist ein Element unter anderen, welche man eigenständig im Kanton und nicht gleichförmig im Bund geregelt haben möchte. Immerhin gibt es auch zwei- und dreisprachige Kantone. Diese Lust auf Verschiedenheit – im Gegensatz zum Verlangen nach „Einheitlichkeit der Lebensverhältnisse" – ist wohl die wichtigste Wurzel des schweizerischen Sonderfalls.

2.5 Versöhnlichkeit

Da Streit, wie gesagt, für die Entwicklung einer Gesellschaft notwendig ist, hängt deren Stabilität auch von der Fähigkeit zur Versöhnung ab. Dies gilt nun für ein Land wie die Schweiz ganz besonders, da die verschiedenen Verschiedenartigkeiten natürlich auch immer wieder Anlässe zu Missverständnissen und Streit waren – und sind. Streit kann man aber nur wagen – und förderlich verwenden –, wenn man sicher ist, sich danach wieder an einen Tisch setzen zu können. „Man muss halt reden miteinander" ist ein sehr verbreiteter Wahlspruch, ja ein normativer Anspruch in der Schweiz.

Wie steht es hier mit der „longue durée"? Wir haben gesagt, dass Streitereien bis zum Bruder- und Bürgerkrieg die Geschichte der Schweiz begleiteten. Doch ebenso gibt es Ereignisse, Geschichten, Mythen, welche vom Geist der Versöhnung handeln. Sie reichen bis auf Bruder Klaus, den späteren Heiligen Niklaus von der Flüe zurück, welcher 1482 die Eidgenossenschaft vor dem Zerfall bewahrte, indem er zum Ausgleich zwischen den Stadt- und den Landkantonen aufrief. 1529 fand ein Konfessionskrieg statt, in dessen Verlauf – und während die Anführer verhandelten – das Fußvolk beider Seiten während einer Schlacht eine gemeinsame Suppe kochte und aus einem Topf aß: die Kappeler Milchsuppe. Ob dies auch die Geburtsstunde des „Fondue" war, darf dagegen bezweifelt werden. Doch entscheidend wurde dann diese Tugend der Versöhnlichkeit 1847/48: Immerhin wurden einige katholische Kantone mit militärischer Gewalt an der Bildung ihres Sonderbundes gehindert und in die entstehende moderne Schweiz eingegliedert. Doch alle wussten, dass man danach wieder zusammenleben musste, und so wurde dieser Krieg sehr schonend geführt: Es gab 86 Tote! Dass die Sonderbundskantone anfänglich in steter Opposition zum Bund standen, ist selbstverständlich. Doch binnen eines halben Jahrhunderts wurden sie mit ihm versöhnt, und dafür gab es verschiedene Gründe.

Der erste war natürlich der ausgeprägte Föderalismus, der den Kantonen die meisten staatlichen Kompetenzen beließ – insbesondere die Schul- und Kirchenpolitik. Die Liberalen hätten natürlich gerne eine einheitliche und fortschrittliche Schulpolitik und ein laizistisches Staatswesen gehabt, aber sie opferten diese Anliegen dem inneren Frieden. Wir haben es schon gesagt: Ein starker Nationalismus konnte in der Schweiz nicht gedeihen. Doch musste sich der junge Bundesstaat, umgeben von einheitlicheren Nationen, auch seine nationale Identität schaffen. Und hier wurde nun, wie anderswo auch, auf die Geschichte zurückgegriffen, und zwar natürlich auf die vorreformatorische. Doch in dieser eidgenössischen Frühgeschichte hatten eben die nachmaligen Sonderbundskantone die zentrale Rolle gespielt: Rütli, Tell und die ganzen Helden, Bergbauern allesamt, und eben Niklaus von der Flüe. Das heißt, die Radikalen der Stadtkantone hatten die Herrschaft, die Konservativen der Bergkantone stellten die Mythen, ein deutscher Dichter schenkte den Schweizern ihr Nationalepos und ein italienischer Komponist hat es vertont. So funktioniert Schweizer Nationalismus! „Wie aus den Schwyzern Schweizer wurden" hat Tamara Münger dargestellt (2002).

Die „Versöhnlichkeit" wurde dann mehr und mehr institutionalisiert. Die verschiedenen Parteien (Konservative, Bauern und Gewerbe, Sozialisten) wurden eine nach der anderen in die Bundesregierung aufgenommen. Die Klassenkämpfe waren in den 1920er Jahren noch heftig, doch 1937 wurden sie durch das Friedensabkommen in der Metallindustrie überwunden: Es sorgt bis heute für den sozialen Frieden. Die Bundesregierung blieb ein Kollegialorgan, welches politisch vielfarbiger wurde. Seit 1958 gilt der ungefähre Proporz der großen Parteien – die „Zauberformel" –, was bedeutet, dass ständig über achtzig Prozent der Bevölkerung in der Regierung vertreten sind. Die meisten Bundesgesetze werden im Parlament mit ebenso hohen Ja-Anteilen verabschiedet. Man spricht vom Konkordanzsystem. Der Geologe definiert Konkordanz übrigens als „die ungestörte Lagerung jüngerer Schichten auf älteren".

2.6 Machtbegrenzung

Der moderne Staat hat eine historisch einmalige Machtfülle, und dies ist eine Voraussetzung der Modernisierungsprozesse. Dieser Staat hat Züge eines Leviathan. Damit stellte sich nun die Frage, wie er daran gehindert werden konnte, diese Macht zu missbrauchen. Nur da, wo die Mechanismen der Kontrolle und Einschränkung, der „checks and balances" mit der Zunahme seiner Machtmittel Schritt hielten, wurde dieser Staat ein Segen für die Menschen. Dieses Gleichgewicht steht nie ein für allemal fest, denn es geht um einen Trade-off zwischen Effizienz und Legitimität. Die Schweizer haben nun in der Regel – von Kriegszeiten abgesehen – der Legitimität vor der Effizienz den Vorzug gegeben und die Kontrollmechanismen der Macht bis zum Exzess ausgebaut. Vom Föderalismus und von der Bewahrung der Differenzen haben wir gesprochen, von den äußerst schwach ausgeprägten Institutionen der Alten Eidgenossenschaft ebenfalls. Auch die ständige Große Koalition und die übrigen Elemente der Konkordanz bedeuten die Verhinderung der Entstehung starker Machtzentren.

Die Schweiz war seit jeher eine Republik – wie Venedig – und wollte es bleiben. Gegen alle Formen adliger Herrschaft hat sie sich zur Wehr gesetzt. Es gab zwar städtisches und ländliches Patriziat, doch dieses gründete nicht auf Adelstitel des Reiches, sondern, zumindest den Erzählungen nach, auf Verdiensten um die entsprechenden Gemeinwesen – es war gleichsam meritokratisch. Natürlich waren die Alten Orte keine lupenreinen Demokratien, doch waren hierzulande immer mehr Menschen am „Politikmachen" beteiligt als anderswo. Landbesitz war verbreitet, und die Bauern wurden schon früh zu einem geachteten Stand. Jeder Kanton hatte ein anderes politisches Regime und achtete darauf, es zu erhalten. Das hieß aber auch: Es entstand nie eine Adelshierarchie, es gab keine Königshöfe, es gab keine Hauptstädte, in denen sich Macht, Geld und Kultur konzentrierten. Eine eidgenössische Elite bildete sich erst im 19. Jahrhundert heraus, doch sie blieb immer offen für tüchtige Leute und passte sich in ihrem Habitus dem vorherrschenden Kleinbürgertum an. Sich vom Volk abheben zu wollen, ist der sicherste Weg, politisch keine Karriere zu machen. Wenn es ein Ideal ist, dass jede zufällig ausgewählte Gruppe von Bürgern das Regiment übernehmen können sollte, dann gibt es wohl kein Land, welches ihm so nahe kommt wie die Schweiz.

Wir haben die direkte Demokratie nicht deswegen bisher unerwähnt gelassen, weil wir sie gering achten, sondern weil sie nur ein Ausdruck dieser schweizerischen Vorstellung eines Bürgerstaates ist – ebenso wie wir im Föderalismus nur den Ausdruck der Präferenz für Diversität sehen. Aber natürlich ist die direkte Demokratie, in der letztlich das Volk zu allem und jedem nicht nur seine Meinung abgeben, sondern entscheiden kann, der deutlichste Ausdruck der Machtkontrolle. Dabei ist es keineswegs so, dass die Schweizer meinen, sie könnten sich direkt selbst regieren: Wie anderswo auch, wird der größte Teil dieses mühsamen Geschäfts der „classe politique" überlassen. Nur wird diese eben genauer und wirksamer kontrolliert als anderswo. Das Volk ist eines von vielen Machtzentren, welche sich gegenseitig in Schach halten. Dabei darf nicht vergessen werden, dass die direkte Demokratie nicht nur eine Einrichtung des Bundes ist, sondern zuerst in den 3000 Gemeinden und den 26 Kantonen funktioniert und dort ihre „Kinderstube" hat. Nur deswegen kann sie auch auf der Bundesebene ihre wohltätigen Wirkungen entfalten und die Eliten daran hindern, elitär zu werden (Freiburghaus 2008). Das Volk muss aus kleinen Fehlern in der Gemeinde lernen, die großen auf Bundesebene zu vermeiden.

Diese extrem ausgebauten Kontrollmechanismen haben ihren Preis: Es sind nur langsame, inkrementelle Veränderungen möglich. Jede Gesetzgebung dauert zehn Jahre, und eine größere Strukturveränderung – wie die Föderalismus- und die Totalrevision der Verfassung – fünfundzwanzig (Freiburghaus/Buchli 2003). Darin zeigt sich die Präferenz für Legitimität gegenüber Effizienz. Dass die Schweiz trotzdem funktioniert und in kaum einer Beziehung in ihrer Entwicklung hinter anderen Staaten nachhinkt, hat mit folgenden entgegen wirkenden Elementen zu tun: Was nach langer Debatte beschlossen ist, ist auch schon breit akzeptiert, und man holt bei der Umsetzung die „verlorene" Zeit wieder ein. Der Föderalismus ist ein Labor, in welchem ständig verschiedene Lösungen erprobt werden: Das Neue ist dann nicht neu, sondern eher eine Ausdehnung des schon Bewährten auf das ganze Land. Die Subsidiarität wird in der Schweiz hochgehalten, der Bürger, die Gemeinde, der Kanton wollen sich möglichst wenig unterordnen. Sie sind dann aber auch bereit, verschiedene Lasten der Modernisierungsprozesse selbst zu tragen. Kein Land wird so wenig für die Rettung einer untergehenden Industrie tun wie die Schweiz. Damit wird der Staat aber auch entlastet, er kann sich auf relativ wenige wichtige Aufgaben konzentrieren. Es ist interessant, dass die Schweizer sich zur Globalisierung vergleichsweise positiv einstellen, obwohl sie ihr Staat vergleichsweise am wenigsten vor ihr schützt.

Mit anderen Worten: Diese tiefe Bürgerlichkeit des Schweizerischen Staatswesens hat es jederzeit vor Machtabenteuern geschützt. Dass es damit auch zu großen Schritten und Plänen unfähig ist, ist die Kehrseite der Medaille. Der Europäischen Union beizutreten, gehört offenbar bisher in die Kategorie solcher Unmöglichkeiten.

3. Fazit

Aus diesen Beispielen lassen sich drei generellere Aussagen über die Stabilität der Schweiz destillieren: Es ist in der Tat so, dass es ihr immer wieder gelang, aus Schwächen – im Vergleich zu anderen Staaten – Stärken zu machen: Das rohstoffarme und meerferne Land musste mehr Handel treiben, um zu Wohlstand zu kommen. Der Kleinstaat duckte sich weg, wenn die Großen tanzten. Die ethnische Vielfalt musste vom Problem zur innovativen Ressource gemacht werden. Zweitens ist es gelungen, zwischen Mentalitäten und kulturellen Vorgaben einerseits und den politischen Institutionen andererseits eine Korrespondenz herzustellen: Die Diversitätspräferenz findet im Föderalismus und in der Gemeindeautonomie ihren Ausdruck, die Elitenskepsis in der Republik und in schwachen Regierungen, die Tradition der Versöhnlichkeit im Konkordanzsystem. Und drittens: Diese verschiedenen Elemente stützten sich gegenseitig: Die direkte Demokratie wäre nicht denkbar ohne die Gemeindeautonomie; die Konkordanz und die Zauberformel sind notwendige Gegengewichte zur direkten Demokratie; die Neutralität und der Föderalismus schützen die sprachliche und kulturelle Vielfalt; die Elitenskepsis findet in der Subsidiarität und in der feinen Verteilung der Macht ihre institutionelle Stütze. Dies alles zusammen genommen hat gleichsam Stabilitätsreserven geschaffen, welche es der Schweiz bisher auch nach turbulenten Zeiten ermöglicht haben, sich wieder zu stabilisieren.

Literatur

Bentele, Karlheinz et al. (Hrsg.) (1995): Die Reformfähigkeit von Industriegesellschaften. Festschrift zum 60. Geburtstag Fritz W. Scharpfs. Frankfurt am Main: Campus

Breuer, Stefan (1998): Der Staat. Entstehung, Typen, Organisationsstadien. Reinbek bei Hamburg: Rowohlt

Deutsch, Karl W. (1976): Die Schweiz als ein paradigmatischer Fall politischer Integration. Bern: Haupt

Durchhardt, Heinz (1999): „Westphalian System". Zur Problematik einer Denkfigur. In: Historische Zeitschrift 269. 305-315

Freiburghaus, Dieter (1995): Anmerkungen zum Schweizerischen Föderalismus. In: Bentele et al. (1995). 165-176

Freiburghaus, Dieter (2008): Geschlossene oder aufgeschlossene Gesellschaft? Schweizer Eliten. In: Müller-Jentsch (2008). 227-244

Freiburghaus, Dieter/Buchli Felix (2003): Die Entwicklung des Föderalismus und der Föderalismusdiskussion in der Schweiz von 1874 bis 1964. In: Swiss Political Science Review 9. 29-56

Freiburghaus, Dieter (Hrsg.) (2002): Auf den Spuren des Föderalismus – in der Schweiz und in Europa. Bern: Haupt

Grimmelshausen, Hans Jakob Christoffels (1943): Der abenteuerliche Simplicissimus. Leipzig: Reclam (Original 1686)

Kasper, Wolfgang (2008): Die Kultur des Wohlstands. Gregory Clarks Wirtschaftsgeschichte der Welt lehnt Almosen ab. In: Merkur 62. Heft 12. 1132-1138

Luhmann, Niklas (2005): Soziologische Aufklärung. Aufsätze zur Theorie sozialer Systeme. 7. Auflage. Wiesbaden: VS Verlag für Sozialwissenschaften

Müller-Jentsch, Daniel (Hrsg.) (2008): Die Neue Zuwanderung. Die Schweiz zwischen Brain-gain und Überfremdungsangst. Zürich: Verlag Neue Zürcher Zeitung

Münger, Tamara (2002): „Die Schweizermacher" – oder wie aus Schwyzern Schweizer wurden. In: Freiburghaus (2002). 11-28

Sternberger, Dolf (1983): Das Wort „Politik" und der Begriff des Politischen. In: PVS 24. 7-14

Belgien: Wie die Einheit von Flandern und Wallonen abbröckelt

Dirk Rochtus

1. Einleitung

Wenn sogar belgisch-patriotische Vereine wie die *Belgische Unie-Union Belge* (BUB) den König tadeln, muss etwas schief laufen im Königreich. In seiner jährlichen Ansprache anlässlich des belgischen Nationalfeiertags am 21. Juli 2009 hatte Albert II. für eine Staatsreform plädiert. Über eine solche streiten sich die politischen Parteien seit langem. Die Worte des Königs – der wie ein Bollwerk den belgischen Staat personifiziert – signalisierten, dass es auch dem belgischen Establishment dämmere, dass eine Staatsreform, wie sie von flämischer Seite verlangt wird, notwendig ist. Aber gerade die BUB verstieg sich in ihrer Kritik zur nicht gerade feinsinnigen Aussage, der König benehme sich wie Paul von Hindenburg, der „aus Schwäche heraus unerlaubte Zugeständnisse machte gegenüber Adolf Hitler in den dreißiger Jahren" (De Standaard 28.7.2009; übersetzt, wie alle folgenden Zitate, vom Verfasser).

Dieses Paradoxon illustriert, wie brüchig der Zusammenhalt innerhalb der belgischen Gesellschaft ist. Verschiedene Debatten über die Zukunft Belgiens bzw. Flanderns entfalteten sich im Sommer 2009, z. B. über die Frage, ob es vernünftig sei, dass die Regionen – man denkt dabei insbesondere an das ambitiöse Flandern – sich weltweit neben Belgien als eine eigenständige *brand* promoten wollen. Eine andere Debatte betraf den Aufruf eines flämischen Publizisten, das vom Ursprung her flämische, aber inzwischen stark französisierte Brüssel – ein Symbol der flämischen Nation – preiszugeben, weil es einen Riegel vor die Unabhängigkeit Flanderns schiebe. Anfang September wurde dann die Öffentlichkeit durch ein (nur in Flandern) berühmtes flämisches Sängerduo aufgeschreckt, das mit dem Lied „*Leve België-Vive la Belgique*" seine Liebe für Belgien bekundete und dadurch eine heftige Kontroverse in der flämischen Öffentlichkeit hervorrief – übrigens ein Zeichen dafür, dass die beiden großen Sprachgemeinschaften nicht wissen, was in der jeweilig anderen los ist[1]. Zum gleichen Zeitpunkt erklärte Bart De Wever, der Vorsitzende der flämisch-nationalistischen Partei *Nieuw-Vlaamse Alliantie* (N-VA), in einem Interview mit einer französischsprachigen Zeitung: *„Plus un euro flamand pour le fédéral"* (La Libre Belgique, 3.9.2009). Die flämische Regierung, die zwei N-VA-Minister zählt, solle der notleidenden Föderalregierung nicht zur Hilfe eilen, solange Letztere sich nicht zur Delegierung von mehr Befugnissen an die Regionalregierungen entschlossen habe.

Das Ende Belgiens ist nicht mehr unvorstellbar, nicht einmal mehr für die frankophonen Belgier. Für die Wallonen und die frankophonen Einwohner der Region Brüssel war das Spekulieren über das Zusammenbrechen des belgischen Staates immer ein Tabu. Jetzt aber, nach der äußerst schwierigen Regierungsbildung auf föderaler Ebene und den sich fortschleppenden heiklen *„communautaire kwesties"*[2] beginnen einige frankophone belgische Politiker allmählich zu verstehen, dass eine weitere, eine sechste Staatsreform not täte, sollte Belgien als Staat sich nicht festfahren[3]. Es war den frankophonen Belgiern schon lange klar, dass die Liebe zum Königreich im Norden des Landes, in Flandern, nicht so unbedingt ist wie im Süden, aber das antibelgische oder belgienkritische Ressentiment schrieben sie den sogenannten *Flaminganten*, den Eiferern für mehr flämische Autonomie bis hin zu flämischer Unabhängigkeit – in ihren Augen den „Radikalen" und Separatisten – zu. Einen ersten größeren Schock erfuhren die frankophonen Belgier, als die flämischen Christdemokraten (CD&V) und die N-VA (der demokratische Flügel des flämischen Nationalismus, aber immerhin eine separatistische Partei) am 14. Februar 2004 ein Kartell bildeten, um gemeinsam den Regionalwahlen im Juni 2004 entgegenzusehen. Das hatten die frankophonen Belgier der staatstragenden Partei der flämischen Christendemokraten, die sich immer um das Staatsinteresse gekümmert hatten, nie zugetraut. Das Erstarken des flämischen Nationalismus, dessen Vertreter Geert Bourgeois als Minister für flämische Außenpolitik in die Flämische Regierung (2004-2009) aufgenommen wurde, über das Kartell mit den Christdemokraten, von denen viele einen mehr „flämischen" Standpunkt zu vertreten anfangen sollten, stellte die *„communau-*

---

1 Christian Koecke hatte schon darauf hingewiesen, dass die Belgier im Bereich der Medien und der Bildung „in zwei völlig verschiedenen kulturellen Networks leben" (Koecke 1994: 8).
2 Der Begriff *„communautaire kwestie"* (communitaire Frage) verweist auf alles, was das Zusammenleben der verschiedenen Gemeinschaften in Belgien regelt (vom französischen Wort *communauté* für Gemeinschaft).
3 Für die Flamen sollte die Staatsreform die fünf am 3. März 1999 vom Flämischen Parlament angenommenen Resolutionen zum Ausgangspunkt nehmen, wobei es um fiskalische Autonomie, homogene Befugnisse im Bereich der Gesundheits- und Familienpolitik, um Mobilität, Justiz und die Regionalisierung der Arbeitsmarktpolitik geht.

taire kwestie" ab diesem Zeitpunkt und ganz gewiss ab den Föderalwahlen vom 10. Juni 2007 wieder mehr in den Mittelpunkt der belgischen Politik. Diese Frage findet ihren Ursprung nicht nur in den unterschiedlichen Sprachen, die in Belgien gesprochen werden, sondern auch in den sozio-ökonomischen Unterschieden zwischen den verschiedenen Regionen und in der unterschiedlichen politischen Kultur von Flandern und dem frankophonen Teil Belgiens. Die Konfliktlinien zwischen den beiden größten Sprachgruppen übersteigen die Sprachenfrage, aber ohne diese hätten sie zweifelsohne eine andere Lösung erfahren. Die sozio-ökonomischen Unterschiede und die weltanschaulichen Differenzen sind mit der Existenz unterschiedlicher Sprachgruppen oder „Kulturgemeinschaften" eng verwoben und haben durch sie eine Brisanz erhalten, die es als solche in einem homogenen Staat nicht geben würde. Zum besseren Verständnis dieser vielschichtigen Problematik, die der belgischen Kunst des Kompromisses bedurfte, soll ein historischer Abriss tiefer auf die Entstehung der „Nationalitätenfrage" infolge gewisser Konfliktlinien und auf das belgische Föderalsystem als Lösungsversuch eingehen.

2. Konfliktlinien in Belgien

Die Gründung des belgischen Staates erfolgte 1830 nach einem vom Zweckbündnis liberaler und katholischer Kreise ausgehenden Aufstand gegen die autokratische Herrschaft des protestantischen Monarchen des Vereinigten Königreichs der Niederlande, dem die südlichen Niederlande nach dem Wiener Kongress zugeschlagen worden waren. Es war nicht das erste Mal, dass die südlichen Niederlande (das heutige Belgien) sich im Namen der Freiheit gegen einen Fürsten auflehnten. Schon 1790 waren nach einem Aufstand gegen die Habsburger die sogenannten „Vereinigten belgischen Staaten" gebildet worden, und auch wenn es bei einem kurzfristigen Experiment blieb, sollte es den Revolutionsgedanken weiter anfachen. Belgiens Gründungsväter schufen, inspiriert vom französischen Modell, einen zentralisierten, aus neun (mittlerweile zehn) Provinzen bestehenden Einheitsstaat, der einsprachig französisch in der Verwaltung, in der Justiz und im höheren Unterrichtswesen war. Später sollte sich in den Kreisen der flämischen Nationalisten der Gedanke breit machen, die Gründer Belgiens hätten den Traum eines Anschlusses an Frankreich gehegt. Auch wenn dies mehr Dichtung als Wahrheit ist – die Tatsache, dass dem Niederländischen, der Sprache der Flamen, erst durch das Gleichheitsgesetz 1898 juristische Gleichberechtigung widerfuhr und dass in dieser Sprache erst 1930, hundert Jahre nach der Gründung des belgischen Staates, auf akademischer Ebene (an der Universität Gent) unterrichtet werden durfte, hat eine gewisse Entfremdung verursacht und dafür gesorgt, dass viele Flamen sich mit Belgien nie recht haben identifizieren können[4]. 1893 bzw. 1919 wurden das Allgemeine Mehrfachwahlrecht und das Allgemeine Einfachwahlrecht eingeführt, wodurch das Gewicht der numerisch stärkeren Bevölkerungsgruppe der Flamen im parlamentarischen System zunahm. Das frankophone Establishment musste darauf Rücksicht nehmen, wie sich zum Beispiel aus dem berühmten „*Lettre Ouverte au Roi des Belges*" aus dem Jahre 1912 herausstellte. Darin beschwerte sich der wallonische Sozialistenführer Jules Destrée über den Aufschwung der Flämischen Bewegung, die mit ihren Forderungen nach mehr kulturellen Rechten für den niederländischsprachigen Bevölkerungsteil eigentlich den rein frankophonen Charakter des belgischen Staates in Frage stellte. „*Ils nous ont pris la Flandre*", schrieb Destrée mit Blick auf die „*Flaminganten*", die Eiferer für Zweisprachigkeit im flämischen Landesteil, denn das hieß, dass die in flämischen Städten wie Antwerpen, Gent, Brügge tätigen wallonischen Beamten nun auch Niederländisch zu lernen hatten. Hierin erkennt man schon den Konflikt zwischen Territorial- und Personalprinzip. An frankophoner Seite fehlt auch heute noch die uneingeschränkte Bereitwilligkeit, das die Anpassung an das herrschende Sprachregime erfordernde Territorialprinzip anzuerkennen. Aus dieser Abwehrhaltung heraus lehnte Wallonien 1930 den flämischen Vorschlag ab, die Zweisprachigkeit in ganz Belgien einzuführen. 1963 wurde die der alten römischen Heeresstrasse zwischen Köln und Boulogne folgende Sprachengrenze zwischen Flandern im Norden und Wallonien im Süden festgelegt.

Die territoriale Lösung der Sprachenfrage schuf vier Sprachgebiete in Belgien: Flandern und Wallonien mit Niederländisch bzw. Französisch als einzige offizielle Sprache in Verwaltung, Justiz, Unterricht und Medien, das zweisprachige Gebiet Brüssel mit seinen 19 Gemeinden und das deutschsprachige Gebiet um Eupen-Malmédy. Wenn der Sprachenstreit (worauf die „belgische Frage" im Ausland immer reduziert wird) aufflammt, ist es in der zweisprachigen Hauptstadt Brüssel, wo die Flamen inzwischen eine numerische Minderheit von etwa zehn Prozent bilden, und in den flämischen Gemeinden rings um Brüssel. Obschon diese Gemeinden auf dem Territorium Flanderns, dem niederländischsprachigen Teil Belgiens, liegen, genießen die dort ansässigen frankophonen Einwohner *faciliteiten*, d.h. Vergünstigungen, die darin bestehen, dass Amtshandlungen für sie in französischer Sprache verrichtet werden. Über das Wesen dieser *facilitei-*

---

[4] Eine Studie zum (seitdem relativ konstant gebliebenen) Nationalbewusstsein der Belgier ist Maddens/Beerten/Billiet (1994). Daraus ergibt sich, dass nur eine kleine Gruppe von Flamen sich ausschließlich als Belgier versteht. Bei den Wallonen ist es umgekehrt. Nur eine winzige Minderheit der Wallonen träumt vom Anschluss Walloniens an Frankreich, das *Rassemblement Wallonie-France* (www.rwf.be).

ten wütet eine Kontroverse, die die auf politischer Ebene ausgetragenen Spannungen zwischen Flandern und dem frankophonen Teil Belgiens schürt. Während flämische Politiker diese mit der Festlegung der Sprachengrenze eingeführten „Vergünstigungen" als eine Übergangsmassnahme zur besseren Integration der frankophonen Einwohner interpretieren, gelten sie für frankophone Politiker als eine Errungenschaft auf ewig. Für die Flamen besitzt der flämische Charakter dieser Gemeinden des sogenannten „*Vlaamse Rand*" (um Brüssel herum) mehr als Symbolwert, denn sie befürchten auch eine schleichende Französisierung der Provinz *Vlaams-Brabant*, in deren Mitte Brüssel als eigenständige, provinzfreie Region liegt. Den Frankophonen wird der Traum einer französisierten Landbrücke zwischen Wallonien und dem überwiegend frankophonen Brüssel nachgesagt.

In diesen Rahmen passt der Streit um den Wahlkreis *Brussel-Halle-Vilvoorde* (BHV). Seit der Wahlreform 2002 bildet jede der zehn Provinzen einen eigenen Wahlkreis. Nur die niederländischsprachige Provinz *Vlaams-Brabant* ist in einen Wahlkreis *Leuven* (im Osten) und einen Wahlkreis BHV (im Westen) aufgeteilt worden. Letzterer setzt sich aus den 19 Kommunen der Hauptstädtischen Region Brüssel und 35 flämischen Gemeinden, unter ihnen die sechs *faciliteitengemeenten* des *Vlaamse Rand*, zusammen. Die flämische Politik drängt auf die Spaltung dieses Wahlkreises, d. h. Politiker aus Brüssel – und die meisten gehören frankophonen Parteien an – sollten nicht mehr imstande sein, in diesen flämischen Gemeinden im Umfeld Brüssels Wähler zu gewinnen[5]. Das offizielle Flandern will es den frankophonen Einwohnern der Provinz Flämisch-Brabant jedoch nicht untersagen, frankophonen Parteien, die in *Halle-Vilvoorde* ihre Basis haben, wie die *Union des Francophones* (UF), weiterhin ihre Stimme zu geben[6]. Es will nur nicht, dass frankophone Parteien aus der hauptstädtischen Region Brüssel zur Französisierung der Provinz *Vlaams-Brabant* beitragen. Umgekehrt können flämische Politiker aus Brüssel ja auch nicht in der wallonischen Provinz *Waals-Brabant* für ihr Programm werben. Gegen die Spaltung des Wahlkreises wehren sich die frankophonen Belgier, weil sie darin einen Angriff auf das Personalprinzip sehen, das in ihren Augen bedeutet, dass überall wo Französischsprachige wohnen, sie ihre Sprache auch offiziell verwenden dürfen sollten. Diesem Prinzip wird aber durch die territoriale Festlegung der Sprachengrenze widersprochen.

Der eben skizzierte Sprachenstreit ist nur eine von drei Konfliktlinien oder *fault lines* bzw. *cleavages*, die die politische Geschichte Belgiens prägen. Mit ihm verwoben waren und sind noch immer auch die sozio-ökonomische Kluft

---

5   Der Verfassungsgerichtshof hat in seinem Urteil Nr. 73 vom 26. Mai 2003 die Existenz des Wahlkreises als Verstoß gegen das Gleichheitsprinzip bezeichnet.
6   Die UF ist im Flämischen Parlament vertreten.

sowie die weltanschaulichen Gegensätze zwischen Flandern und Wallonien, wobei Brüssel als Hauptstadt eine Sonderrolle einnimmt. Bis kurz nach dem Zweiten Weltkrieg war Flandern agrarisch und katholisch orientiert, während Wallonien mit seinen großen Stahlwerken ein Zentrum der Schwerindustrie war. Seit den 1950er Jahren hat sich viel geändert: Der Antwerpener Hafen im Norden des Landes zog viele multinationale Unternehmen an, der tertiäre Sektor wuchs in Flandern immer mehr, so dass auch die dortige Dominanz der katholischen Kirche im Zuge der europaweit zu beobachtenden Säkularisierung nachließ. In dieser Periode zeichnete sich auch der Niedergang der Stahl- und Steinkohlesektoren, auf denen Walloniens Wohlstand basierte, ab. Wallonien wurde finanziell abhängig vom reicher gewordenen Flandern; die politische Vorherrschaft der wallonischen Sozialdemokraten blieb aber bis auf den heutigen Tag in der Region bewahrt[7]. Die Französisierung in Brüssel als administratives Zentrum setzte sich weiter durch; das Bürgertum war dort überwiegend französischsprachig und liberal orientiert. Der weltanschauliche Gegensatz zwischen Katholiken und den organisierten Nichtgläubigen oder Freidenkern ist daher auch territorial bestimmt. Während in Flandern die katholische Partei und später die christdemokratische Partei über das zwanzigste Jahrhundert hinweg die stärkste Kraft war und trotz der Säkularisierung noch immer ist, und die Liberalen und Sozialdemokraten an zweiter und dritter Stelle kommen, war und ist die Situation in Wallonien umgekehrt: Dort dominieren die Sozialdemokraten die politische Landschaft; die Liberalen und die Christdemokraten befinden sich in der Minderheit.

Als dem Zusammenhalt in Belgien abträglich kann man auch die in den 1970er Jahren im Zuge der noch zu behandelnden Föderalisierung erfolgten Aufteilung der Parteien nach Sprachgruppen einschätzen. Die ehemals unitaristischen Parteien wurden regionalisiert: Auf flämischer bzw. frankophoner Seite zerfielen die Christdemokraten in CVP (*Christelijke Volkspartij*), heute CD&V (*Christen-Democratisch & Vlaams*), bzw. PSC (*Parti Social Chrétien*), heute CDH (*Centre Démocrate Humaniste*); die Sozialdemokraten in SP (*Socialistische Partij*), heute SP.A (*Socialistische Partij.Anders*), bzw. PS (*Parti Socialiste*), und die Liberalen in PVV (*Partij voor Vrijheid en Vooruitgang*), heute Open VLD (*Vlaamse Liberalen en Democraten*) bzw. MR (*Mouvement Réformateur*). Im föderalen Parlament bildet keine dieser jeweils aus zwei Parteien bestehenden politischen Familien eine gemeinsame Fraktion, mit Ausnahme der Grünen (*Groen!* bzw. *ECOLO*).

---

7   Die *Parti Socialiste* (PS) in Wallonien sitzt überall in der Wallonie, in der Region wie in den Kommunen, an den Schalthebeln der Macht; ihre Vorherrschaft ist ungebrochen. Die PS soll sich laut ihrer politischen Gegner in einer Sphäre von Korruption und Skandalen baden.

Eine weitere Besonderheit der Parteienlandschaft ist die Existenz flämisch-nationalistischer Parteien, während in Wallonien eine eigenständige wallonisch-nationalistische Partei nie den Durchbruch schaffte. Der PS gelang es, regionalistische Bestrebungen in Wallonien zu absorbieren. In Brüssel dagegen entstand eine *Front Démocratique des Francophones* (FDF), die die Interessen der Französischsprachigen im Wahlkreis BHV vehement verteidigt. Die FDF operiert als Teil der MR, aber liefert Letzterer die meisten Stimmen in Brüssel. Der flämische Nationalismus kann auf eine längere Geschichte zurückblicken, auch als sich nach dem Ersten Weltkrieg radikale, antibelgische und gemässigte flämisch-nationalistische Parteien entwickelten. Heute sind zwei flämisch-nationalistische Parteien im föderalen und im Flämischen Parlament vertreten. Sowohl der rechtsextreme *Vlaams Belang* wie auch die als demokratisch eingestufte N-VA sind auf Separatismus, also das Ziel eines unabhängigen flämischen Staates, eingeschworen. Der *Vlaams Belang* wird in Flandern von jeglicher Beteiligung an der Regierung, auf welcher Ebene auch immer, ferngehalten. Auch frankophone Politiker meiden jede Tuchfühlung zum als „faschistisch" verschrieenen *Vlaams Belang*. Auch mit der N-VA tun sie sich wegen deren separatistischen Programms schwer. Da die demokratischen flämischen Nationalisten jedoch an der flämischen Regierungskoalition beteiligt sind und auch an den föderalen Regierungsverhandlungen als vormaliger Kartellpartner der flämischen Christendemokraten teilnahmen, können die frankophonen Parteien nicht um Gespräche mit der N-VA herum. Die flämischen Nationalisten bekleiden eine besondere Rolle in der weltanschaulich zerklüfteten politischen Landschaft Belgiens. Auch wenn die katholische Kirche in Flandern größtenteils mit der „flämischen Sache" sympathisiert hat, fokussieren die Nationalisten an erster Stelle auf die Interessen der flämischen Nation an sich und stehen sogar dem politischen Katholizismus oder der Christendemokratie misstrauisch gegenüber. Flämische Christdemokraten, Nationalisten und Liberale vertreten eher konservative oder rechte Denkbilder, gegen welche flämische Sozialdemokraten und Grüne etwas schwerer mit ihren linken Auffassungen ankommen. Nichtsdestoweniger ist in Flandern die „veröffentlichte Meinung" in den Medien, anders als die öffentliche Meinung, überwiegend links.

Die erwähnte spiegelbildliche Lage führte dazu, dass diejenigen politischen Strömungen, die in einem der beiden Landesteile (abgesehen vom Sonderfall Brüssel) die Minderheit darstellten, immer gute Beziehungen zu ihren „Glaubensbrüdern" auf der anderen Seite der Sprachengrenze suchten. Hinzu kommt die in der Welt des Föderalismus einmalige Tatsache, dass es wegen der Trennung der Parteien nach Sprachgruppen in jeder ideologischen Familie also beiderseits der Sprachengrenze – und auch in der deutschsprachigen Gemeinschaft – eine eigene

Partei gibt, abgesehen von den flämischen Nationalisten. Eine Regierungsbildung auf föderaler Ebene setzt also voraus, dass die Anzahl der regierungsfähigen Parteien verdoppelt werden muss. Obendrein erschwert die Existenz eigenständiger Parteien in jeder der drei Gemeinschaften die die Sprachengrenze übersteigende Kommunikation zwischen den Politikern.

3. Der Föderalisierungsprozess

Ab den 1950er Jahren vertiefte sich der mentale Graben zwischen Flandern und Wallonien weiter. Ein Katalysator im Verlangen flämischer Kreise nach mehr Autonomie für Flandern bildete das Referendum über die Rückkehr des 1944 von den Nazis verschleppten belgischen Königs Leopold III. Dass der König Ende Mai 1940 nach der Kapitulation der belgischen Armee nicht der Regierung ins Londoner Exil gefolgt war, stattdessen im Lande blieb und sogar in Berchtesgaden das Gespräch mit Hitler über die Zukunft des besetzten Belgiens gesucht hatte, war ihm vor allem im staatstragenden frankophonen Milieu schwer angekreidet worden. Obendrein hatte er in seinem 1944 verfassten politischen Testament geschrieben, die ungerechte Behandlung der Flamen als Ursache der die Einheit Belgiens bedrohenden Krise verdanke man einer „egoistischen und bornierten führenden Minderheit, die sich weigere, ihre Sprache zu reden" (gemeint ist die Haltung der frankophonen Elite gegenüber dem Niederländischen, Anm. d. Verf.; Velaers/Van Goethem 2001: 834). Die Königsfrage brachte 1950 das Land an den Rand des Bürgerkriegs. Anhänger und Gegner des verbannten Fürsten bekämpften einander; es gab mehrere Tote. Das Ergebnis des Referendums hätte die Rückkehr von Leopold III. in seiner Eigenschaft als König ermöglichen sollen, hatten doch 72 Prozent der Flamen und 42 Prozent der Wallonen dafür gestimmt. Zählt man die beiden nach Sprachgruppe gezählten Resultate zusammen, kommt man zu einer Mehrheit von 57 Prozent aller Belgier. Trotzdem wurde von frankophoner Seite so viel Druck ausgeübt, dass der „flämische" König Leopold (Velaers/Van Goethem 2001: 996) nicht wieder den Thron besteigen durfte. In diesem Moment wurde vielen Flamen klar, dass ihre Stimme nicht so viel zählte wie die eines frankophonen Belgiers.

Die sozio-ökonomische Kluft zwischen Flamen und Wallonen mit ihren Konsequenzen für Weltanschauung und politische Kultur manifestierte sich auf prägnante Weise im Jahre 1961, als die flämischen Arbeitnehmer sich größtenteils weigerten, dem wallonischen Ruf nach einem Generalstreik gegen die Sparmaßnahmen der damaligen Regierung zu folgen. Der wallonischen Linken dämmerte, dass sie sich in ihrem Abwehrkampf gegen das liberal-konservative Brüsseler Establishment, die „Bourgeoisie", nicht auf die eher konservativen, weniger strikt gewerkschaftlich denkenden Flamen verlassen konnte.

Was 1950 für die Flamen bedeutete, war 1961 für die Wallonen: der Augenblick, in dem ihnen auf unterschiedliche Weise deutlich wurde, dass der Staat eine grundlegende Reform brauche, die ihren unterschiedlichen Auffassungen recht täte. In den 1960er Jahren machte sich sowohl bei den Flamen wie bei den Wallonen der Wunsch nach Regionalisierung breit – das Wort „Föderalismus" war noch tabu und wurde nur von den Wenigsten in den Mund genommen. Die Flamen wollten ihre Sprache und Kultur sicherstellen, die Wallonen ihren ökonomischen Interessen nachgehen. Die unterschiedliche Herangehensweise kulminierte in der Entstehung von zwei Konzepten, die das belgische föderative System zu einem Föderalismus *sui generis* machen: die Gemeinschaft als Gruppe von Personen, die dieselbe Sprache teilen; und die Region, basierend auf dem Territorium als Basis sozio-ökonomischer Begebenheiten, aus dem flämischen bzw. wallonischen Impetus heraus. Die Lösung der *„communautaire"* Frage sollte also „both a ‚communitarization' and a ‚regionalization' of the state structure" sein (van Dyck 1996: 430).

Im Zuge von fünf aufeinanderfolgenden Staatsreformen in den Jahren 1970, 1980, 1988, 1993 und 2001 ist das föderale System immer weiter im zentrifugalen Sinne ausgebaut worden. Belgien besteht, wie es Artikel 1 der Verfassung besagt, aus Gemeinschaften und Regionen. Immer mehr Befugnisse sind auf die regionale Ebene übertragen worden. Die Regionen gliedern Belgien territorial: im Norden die Flämische Region, im Süden die Wallonische Region, und – wie eine Insel in Flandern, aber nur ein paar Kilometer entfernt von der Sprachengrenze – die Hauptstädtische Region Brüssel. Die Regionen sind zuständig für Politikfelder wie Raumordnung, Umweltschutz, Arbeitsbeschaffung, öffentliche Arbeiten. Die Gemeinschaften regeln personenbezogene Angelegenheiten wie Kultur, Unterricht, Medien: Die Flämische Gemeinschaft ist zuständig für das niederländischsprachige Gebiet (die Flämische Region, d.h. die fünf flämischen Provinzen) und die niederländischsprachigen Institutionen (z.B. Schulen) in der Region Brüssel; die Französische Gemeinschaft für das frankophone Gebiet (die Wallonische Region minus die Deutschsprachige Gemeinschaft) und die französischsprachigen Institutionen in der Region Brüssel. Jede dieser Gemeinschaften und Regionen verfügt über ein eigenes Parlament und eine eigene Regierung; nur auf flämischer Seite sind die jeweiligen Parlamente und Regierungen zu einem einzigen Flämischen Parlament und einer einzigen Flämischen Regierung verschmolzen. Damit sollte das „unverbrüchliche" Band zwischen den Flamen aus der Flämischen Region und denen aus Brüssel betont werden. Die Grenzen der Regionen und Gemeinschaften fallen nicht zusammen. Länder mit eindeutigen Grenzen, wie in der Bundesrepublik oder anderen föderalen Staaten, gibt es in Belgien nicht; die Regionen und Gemeinschaften überschneiden einander. Ursache dafür sind einerseits Brüssel, das eine Region, aber keine Gemeinschaft ist, und andererseits die deutschsprachige Entität, die eine Gemeinschaft, aber keine Region ist. Obendrein kennzeichnet sich der belgische Föderalismus durch eine asymmetrische Struktur: Die Flämische Region und die Flämische Gemeinschaft teilen sich die Exekutive und die Legislative, auf frankophoner Seite ist dies nicht der Fall. Aber die Französische Gemeinschaft kann der Wallonischen Region und der Französischen Gemeinschaftskommission, die in Brüssel die Interessen der frankophonen Institutionen wahrnimmt, Befugnisse übertragen. Nun verlangt auch die 73.000 Menschen zählende Deutschsprachige Gemeinschaft mehr Befugnisse, die bisher der Wallonischen Region zukommen, wie Raumordnung und Städtebau[8].

Die Flamen hatten sich die Gestaltungsmöglichkeiten, die sich aus ihrer numerischen Mehrheit ergaben (61 Prozent der Bevölkerung), schon 1970 mit der ersten Staatsreform nehmen lassen, indem sie sich mit in der reformierten Verfassung als „Riegel" bezeichneten institutionellen Garantien gegen die eventuelle Minorisierung der Frankophonen abfanden (Platel 2004: 174). Das föderale Parlament ist in zwei Sprachgruppen aufgeteilt und obwohl die Flamen auf Grund ihrer numerischen Mehrheit die meisten Abgeordneten in die Volksvertretung schicken, benötigen Gesetze, die die Interessen der einen oder der anderen Sprachgruppe als solche berühren – z. B. die Änderung der Sprachengrenze oder die Spaltung eines Wahlkreises wie BHV –, eine besondere Mehrheit: sowohl im Parlament als Ganzes wie auch jeweils in den Sprachgruppen. Eine föderale Entität kann einen Interessenkonflikt herbeirufen, wenn sie meint, ihren Interessen werde durch Maßnahmen einer anderen Entität geschadet.

Das Gleichgewicht zwischen den beiden großen Sprachgruppen beruht auf dem Kompromiss, dass als Gegenleistung für die Vertretung der Brüsseler Flamen in der Brüsseler Regionalregierung auch die Französischsprachigen (aus Brüssel und Wallonien) paritätisch in der föderalen Regierung vertreten sind. Der 15köpfige Ministerrat wurde paritätisch zusammengesetzt, um den frankophonen Belgiern die Angst vor Minorisierung in einem numerisch von den Flamen dominierten Staat zu nehmen: Es gibt sieben flämische und sieben französischsprachige Minister in der Föderalregierung; der Premier gehört einer der beiden Sprachgruppen an. Wenn frankophone Politiker gelegentlich die „Überrepräsen-

---

8 www.nieuws.be/nieuws/Duitstalige_Gemeenschap_wil_extra_bevoegdheden_0ad72dfb.aspx

tation" der Brüsseler Flamen beanstanden, spielen sie mit dem Feuer: Die Flamen könnten dann als Gegenreaktion die Parität auf föderaler Ebene in Frage stellen. Die Staatsreform von 1980 war ein großer Schritt nach vorne, auch weil damit auf die Normenhierarchie verzichtet wurde. Jede Ebene, die föderale genauso wie die regionale, hat eigene Befugnisse, die, wenn sie exklusiver Natur sind, sich nicht mit denen der anderen Ebene überschneiden. Das Dekret eines Regionalparlaments hat denselben juristischen Stellenwert wie das föderale Gesetz. Bundesrecht bricht nicht Landesrecht wie in Deutschland. Die Einsicht, dass der Tatbestand der exklusiven Befugnisse den zentrifugalen Charakter und den „Alleingang" der Regionen und Gemeinschaften ermutigen und so letztlich die Stabilität des belgischen Staates gefährden könnte, führte zur Gründung eines Beratungsausschusses, in dem sich Minister der föderalen wie der regionalen Ebene treffen, um potentielle Konflikte beizulegen. Auch das *Grondwettelijk Hof/Cour constitutionelle* (Verfassungsgerichtshof) wacht über die Kompetenzabgrenzung zwischen der Föderation und den föderalen Entitäten.

4. Desintegrierende Faktoren

4.1 It's the economy, stupid!

Den Flamen genügen kulturelle Autonomie und Schutz der eigenen Sprache längst nicht mehr, auch wenn sie den flämischen Charakter der Provinz *Vlaams-Brabant* mehr bedroht sehen als je zuvor. Worauf es ihnen wirklich ankommt, ist *Good Governance*, und das setzt selbstverständlich auch eine gesunde Volkswirtschaft voraus. Flandern hat sich zu einer der wirtschaftlich stärksten Regionen in Europa entwickelt, während Wallonien noch immer auf jährliche Milliardentransfers aus dem Norden des Landes angewiesen bleibt. Mit 61 Prozent der Bevölkerung generiert der flämische Teil Belgiens fast 80 Prozent des gesamtstaatlichen Exportvolumens. Die Arbeitslosigkeit liegt in Flandern bei sieben Prozent, in Wallonien bei siebzehn Prozent. Diese unterschiedlichen Zahlen sind kein Anlass für flämischen Triumph, im Gegenteil. Das darin zum Ausdruck kommende Nord-Süd-Gefälle bedroht den inneren Zusammenhalt Belgiens, auch weil Flandern sich in zweifacher Hinsicht frustriert fühlt: Einerseits muss es die Bürde der Transfers von jährlich etwa sechs Milliarden Euro nach Wallonien tragen, andererseits verfügt es politisch-institutionell nicht über genügend Instrumente, um seine Wirtschaftskraft und seine Dynamik für die Zukunft abzusichern. Die Forderung der flämischen Politiker nach einer Regionalisierung z. B. des Arbeitsmarktes im Rahmen einer Staatsreform stieß nach den Föderalwahlen vom 10.

Juni 2007 auf Ablehnung bei den Frankophonen, weil sie hierin, genauso wie in anderen Elementen der von den Flamen verlangten Staatsreform, die Gefahr einer Konkurrenz erblickten, der Wallonien nicht gewachsen wäre.

Mit der Staatsreform von 1980 hatten die Gemeinschaften und die Regionen einen Teil der nationalen Steuereinkommen, die sogenannten *dotaties*, erhalten. Die mit der Staatsreform von 1988/89 fortgesetzte Dezentralisierung hätte eine auf den wirtschaftlichen Leistungen der Regionen basierende Ausdehnung der geringfügigen fiskalischen Autonomie – sie betrug nur 6,3 Prozent des Bruttoinlandsproduktes – bewerkstelligen müssen. Davor scheuten die Unterhändler der dritten Staatsreform zurück, weil das in wirtschaftlicher Bredouille befindliche Wallonien dann tiefgreifende Sanierungen hätte durchführen müssen (Van de Lanotte/Bracke/Goedertier 1998: 228). Das Finanzgesetz vom 16. Januar 1989 dehnte die fiskalische Autonomie nicht aus, sondern regelte die Verteilung der Steuern über die föderalen Entitäten im Verhältnis zum Einkommen in jeder Region. Die Regionen dürfen bestimmte Arten von Steuern erheben und erhalten einen Teil der föderal erhobenen Personensteuer. Die finanziell schwächeren Regionen bekommen auch noch einen Solidaritätszuschlag, was laut Robert Senelle zu einem Konsumföderalismus führte (Senelle 2009: 10).

Der fünften Staatsreform aus dem Jahre 2001, die eine Ausdehnung der fiskalischen Autonomie der föderalen Entitäten auf 21 Prozent und die Übertragung von Landwirtschaft und Außenhandel an die Regionen vorsah, stimmten die Frankophonen nur zu, weil dem vor dem Bankrott stehenden Unterrichtswesen der französischen Gemeinschaft die nötigen finanziellen Zuschüsse zugesagt wurden. Vom *Lambermont-Abkommen* blieb der Eindruck eines Tauschhandels von mehr Befugnissen – ein flämischer Wunsch – gegen immer mehr Geld – eine Forderung seitens der frankophonen Politiker. Doch verhalten sich die frankophonen Parteien ablehnend, wenn es um eine neue, von den Flamen verlangte Staatsreform geht, weil Wallonien und die französische Gemeinschaft sich momentan nicht in Geldnot befinden. Im Lichte dieses Befundes schlug der flämische Politikwissenschaftler Bart Maddens vor, Flandern sollte nicht weiter auf eine Staatsreform drängen, sondern stattdessen einfach seine Befugnisse vollkommen zur Geltung bringen und warten, bis Geldnot die frankophonen Politiker wieder an den Verhandlungstisch bringt[9]. Dieser Maddens-Doctrine folgte Bart De Wever, Vorsitzender der N-VA, indem er Flandern von finanziellem Entgegenkommen gegenüber der föderalen Regierung abriet. Tatsächlich befand sich die föderale Ebene 2009 in einer katastrophalen Haushaltslage, die dem föderalen Haushaltsminis-

---

9 Dies ist seitdem bekannt als die Maddens-Doktrin, formuliert von demselben als „Vlamingen vragen niet langer een staatshervorming" (De Morgen, 27.5.2009).

ter Guy Van Hengel sogar den Ausruf entlockte: „*Belgien ist virtuell bankrott*" (De Standaard 5.9.2009)[10]. Die Föderalregierung sah sich mit einem Haushaltsdefizit von 25 Milliarden Euro konfrontiert. Am 16. September 2009 erreichten die föderalen und regionalen Regierungen im *Overlegcomité* eine Übereinkunft, durch die das Defizit um 10 Milliarden Euro zurückgedrängt werden soll. 65 Prozent bzw. 35 Prozent der Anstrengungen entfallen auf die Föderation bzw. die regionalen Regierungen. Flandern will 2,1 Milliarden Euro einsparen, aber es sieht nicht danach aus, dass Brüssel und Wallonien die restlichen Einsparungen auf sich nehmen wollen. Auch dies produzierte weiter böses Blut in Flandern gegenüber den anderen Entitäten im Lande.

4.2 Brüssel

Wie französisiert Brüssel auch sein mag, im Selbstverständnis der meisten Flamen bleibt es die Hauptstadt der flämischen Nation. Den Gedanken auszusprechen, das Preisgeben Brüssels würde den Weg zur flämischen Unabhängigkeit freimachen, wie es der Publizist Frans Crols im August 2009 bei einem Treffen radikaler Flämisch-Nationalisten tat, löst immer eine heftige Debatte aus. Die Staatsreform von 1980 hatte die Regionen geschaffen, die zehn Jahre zuvor in der Verfassung vorgesehen waren, ausgenommen die Region Brüssel, die als solche noch auf ihre Verwirklichung zu warten hatte. Erst mit der dritten Staatsreform von 1988/89 wurde die Bildung der Region für das Territorium Brüssel vorgenommen. Die Flamen hatten sich die ganze Zeit gegen Brüssel als „*derde gewest*" (dritte Region) gesträubt, weil sie befürchteten, dass der Flämischen Region dann zwei frankophone Regionen, nämlich die Wallonische Region und die überwiegend französischsprachige Region Brüssel, gegenüberstehen würden. Die frankophonen Politiker wollten obendrein (und wollen noch immer) eine Ausdehnung des offiziell zweisprachigen, aber de facto überwiegend frankophonen Brüssel auf die rings um die Stadt herumliegenden flämischen Gemeinden. Für die Flamen war und ist auch dies unannehmbar, weil sie davon einen immensen Französisierungsdruck auf die Provinz *Vlaams-Brabant* erwarten. Die Staatsreform 1988 zauberte einen Kompromiss hervor, nach dem Brüssel auf seine bisherigen 19 Gemeinden begrenzt wurde, dafür aber als Hauptstädtische Region, als dritte Region mit eigenem Regionalparlament und eigener Regionalregierung aus der Taufe gehoben wurde. Das Brüsseler Regionalparlament besteht aus zwei Sprachgruppen, deren Vertreter – und das sind die Abgeordneten – die Flämi-

---

10   „België is virtueel failliet", Aussage des föderalen Haushaltsministers in einem Interview mit der flämischen Tageszeitung De Standaard, 5.9.2009.

sche Gemeinschaftskommission bzw. die Französische Gemeinschaftskommission bilden. Beide Kommissionen entscheiden über Angelegenheiten in Bezug auf Unterricht, Kultur und Gesundheit ihrer jeweiligen Gemeinschaft. Sie sind daher als eine Art verlängerter Arm der Flämischen bzw. Französischen Gemeinschaft zu betrachten. Über beide Gemeinschaften betreffende Angelegenheiten entscheidet die Versammlung der Gemeinschaftlichen Gemeinschaftskommission, die aus den Mitgliedern der beiden genannten Gemeinschaftskommissionen besteht. Die Regierung der Hauptstädtischen Region Brüssel ist spiegelbildlich zur föderalen Regierung paritätisch besetzt: Abgesehen vom frankophonen Ministerpräsidenten stehen zwei frankophonen Regionalministern zwei niederländischsprachige gegenüber.

Der alte Wunsch der frankophonen Politiker, Brüssel auf sein Umland auszudehnen, lebt jetzt wieder auf, nachdem die Flamen das Problem BHV auf die Agenda gebracht haben (just um dem Französisierungsdruck auf *Vlaams-Brabant* vorzubeugen). Am 7. November 2007 hatten die flämischen Mitglieder der föderalen Parlamentskommission für Inneres mit nur einer Enthaltung (einer flämischen Grünen) der Spaltung von BHV zugestimmt. Daraufhin riefen aufeinanderfolgend die anderen frankophon geprägten föderalen Entitäten einen Interessenkonflikt herbei, sodass die Behandlung dieser Frage im föderalen Parlament suspendiert wurde. Die Frankophonen lassen durchblicken, im Falle einer Spaltung von BHV sei ein Anschluss der sechs flämischen *faciliteitengemeenten* an die Hauptstädtische Region als Kompensation angebracht. PS-Vorsitzender Elio Di Rupo ging noch einen Schritt weiter, als er in einem Interview mit einer flämischen Tageszeitung die Flamen vor den Konsequenzen einer nicht verhandelten Lösung von BHV warnte: „Wenn die Flamen der Spaltung von BHV einseitig zustimmen, stürzen sie dieses Land in ein Abenteuer." (De Standaard, 14.9.2009)

Die Frage, wie es weiter gehen soll mit Brüssel und den von der Französisierung bedrohten Gemeinden in der Provinz *Vlaams-Brabant*, stellt das Zusammenleben von niederländisch- und französischsprachigen Belgiern schwer auf die Probe. Aber sie spaltet gleichzeitig auch die Flamen, insbesondere diejenigen, die sich der „*communautaire*" Problematik widmen, also Politiker, Einwohner dieser Gegend und Flamen, die sich in der parteiübergreifenden Flämischen Bewegung engagieren[11]. Es ist *common sense*, Brüssel als Stadt wegen seines niederländischsprachigen Hintergrundes als Bestandteil der flämischen Nation zu betrachten, auch wenn man ein wenig zynisch sagen könnte, Brüssel sei für die Flamen das-

---

11 Sprachrohr der parteienübergreifenden Flämischen Bewegung ist die pluralistische *Vlaamse Volksbeweging* (www.vvb.org), die am 24.4.2010 ihren Standpunkt über die Frage Brüssels auf einem Brüssel-Kongress formulierte.

jenige, was Konstantinopel für die Griechen ist: für ein bestimmtes Volk die symbolische Hauptstadt, die ihm aus demographischen Umständen jedoch zu entgleiten droht. Die Angst, Brüssel endgültig zu verlieren, verleitet Flamen jeglicher Couleur zum Überdenken unterschiedlicher Szenarien. Das offizielle Flandern hat Brüssel als seine Hauptstadt ausgerufen und daher dort seine politischen Institutionen (Regierung, Ministerien, Parlament) angesiedelt (während Wallonien die Provinzstadt Namur zu seiner politischen Kapitale erkoren hat). „*Vlaanderen laat Brussel niet los*" (Flandern lässt Brüssel nicht fallen), lautet auch das Credo der flämischen Bewegung. Trotzdem gibt es Dissidenten wie Frans Crols, ehemaliger Direktor des Wirtschaftsmagazins Trends, der dafür plädiert, Mechelen – die alte Hauptstadt des burgundischen Reiches – an Stelle von Brüssel als Hauptstadt Flanderns auszuwählen, so dass das Schicksal Brüssels kein Hindernis mehr darstellte, um einseitig die flämische Unabhängigkeit auszurufen.

4.3 Außenpolitik der Regionen

Mit dem die vierte Staatsreform krönenden Sankt-Michels-Abkommen vom Juli 1993 wurde den föderalen Entitäten nicht nur die Direktwahl der regionalen Parlamente ermöglicht, sondern auch das Führen einer eigenständigen Außenpolitik (*ius tractatis* und *ius legationis*)[12] im Bereich der eigenen innenpolitischen Befugnisse, oder wie es nach dem lateinischen Adagium heißt: *in foro interno, in foro externo*. Beide Möglichkeiten werden von denjenigen, die von einer Erstärkung der belgischen, föderalen Ebene träumen, kritisiert. Die regionalen Parlamente werden für fünf Jahre gewählt, das föderale Parlament für vier Jahre. Unitaristische Kreise befürworten ein Zusammenfallen der föderalen und regionalen Wahlen, damit die Gefahr divergierender Koalitionen gebannt wird und die beiden Ebenen nicht gegeneinander ausgespielt werden. Die andere fast als revolutionär zu bezeichnende Neuerung, die die vierte Staatsreform eingeführt hatte, nämlich die Möglichkeit für die Regionen und Gemeinschaften, ihre eigene Außenpolitik in Bezug auf ihre eigenen Politikfelder zu führen, stößt immer mehr auf Ablehnung bei unitaristisch denkenden Politikern und Publizisten. Vor allem Flandern hat die Möglichkeiten einer eigenständigen Außenpolitik der föderalen Entitäten, wie sie Artikel 167 der Verfassung vorsieht, ausgeschöpft. Flandern ist mehr als nur eine Region oder eine Gemeinschaft; es sieht sich selbst als eine Nation, die sich zu einem Staat mausern könnte, sollte Belgien implodieren. Der Mann, der von Juli 2004 bis zu seinem Rücktritt im September 2008 als Minis-

---

12 Das Recht, internationale Verträge zu schließen, bzw. eine politische Vertretung im Ausland aufzubauen. So hat zum Beispiel Flandern im November 2006 einen internationalen Vertrag mit der Republik Kroatien geschlossen.

ter für „*Vlaams Buitenlands Beleid*" (flämische Außenpolitik) zuständig war, ist Geert Bourgeois, Schöpfer der N-VA, der Partei der demokratischen Flämisch-Nationalisten. Es war sein Anliegen, „*Vlaanderen op de kaart te zetten*" (Flandern auf die Weltkarte zu setzen). Dazu ergriff er verschiedene Initiativen wie zum Beispiel den Ausbau der politischen Vertretungen Flanderns in bestimmten Staaten oder die Herausgabe einer englischsprachigen Wochenzeitung wie *Flanders Today* (www.flanderstoday.eu). Daneben verfügt Flandern über das Exportamt „*Flanders Investment & Trade*" (F.I.T.), das mit 70 Wirtschaftsvertretern weltweit Investoren nach Flandern zu ziehen versucht. Auch die Regionen Brüssel und Wallonien leisten sich solche Netzwerke. Die Auseinandersetzungen um das Antwerpener Opel-Werk waren für unitaristisch denkende Akademiker Anlass, in Zeitungsbeiträgen im August 2009 die Existenz der regionalen, insbesondere der flämischen Außenpolitik und des flämischen Außenhandels anzuprangern. Ihre Leitidee ist, dass es besser wäre, die Förderung der eigenen Wirtschaft unter dem Namen Belgiens zu führen, da dieser weltweit bekannter sei als Flandern. Dagegen könnte man anführen, dass es nicht erwiesen sei, Flandern wäre gänzlich unbekannt als *brand* und auch, dass Kritik an der Außenpolitik und am Außenhandel der föderalen Entitäten eigentlich ein klarer Verstoß gegen die Verfassung ist (Rochtus 2009). Jedenfalls fällt auf, dass die Außenpolitik erst jetzt ins Visier der unitaristischen Kreise geraten ist. Beiden Seiten, sowohl den Befürwortern wie den Gegnern einer solchen eigenständigen „parallelen" Außenpolitik, ist klar geworden, dass sie den föderalen Entitäten ein Instrument bieten kann, um das eigene *nation-building* voranzutreiben, wie es Geert Bourgeois unter Beweis gestellt hatte.

5. Schlussbetrachtungen

Der Föderalismus war gedacht als Lösung, als Befriedung der „*communautaire*" Frage. Aber er hat sein Ziel verfehlt. Frieden ist nicht eingekehrt, die Spannungen haben in den letzten Jahren wieder zugenommen. Der belgische Staat zeichnet sich durch eine byzantinische Struktur aus; die drei großen Konfliktlinien bestehen weiter, sei es in abgewandelter Form. Gegenüber einem noch prosperierenden Flandern steht ein Wallonien, das – abgesehen von einigen Sektoren – nicht den Anschluss zu einer dynamischen Wirtschaftspolitik findet.

Die Flamen ärgert der Unwille der frankophonen Politiker, ernsthaft über die Notwendigkeit einer Staatsreform nachzudenken, die den Bedürfnissen der Regionen und Gemeinschaften entgegenkommen und den Immobilismus in Politik und Wirtschaft auf föderaler Ebene sprengen würde. Der Eindruck einer Benachteiligung Flanderns ist in den letzten Jahren nicht schwächer geworden. Der Respekt vor der Sprachenreglung beruht auf dem Territorialprinzip, das von frankophonen Politikern noch immer in Frage gestellt wird. Die Existenz des Wahlkreises *Brussel-Halle-Vilvoorde* verstößt gegen das Gerechtigkeitsgefühl der flämischen Politiker und der flämischen Bevölkerung. Viele Flamen hegen Zweifel am demokratischen Gehalt eines Staates, in dem eine numerische Minderheit der numerischen Mehrheit ihren Willen auferlegen kann, was sich ganz konkret in den politischen Manövern auf frankophoner Seite äußert, um die Spaltung dieses Wahlkreises, einer verfassungswidrigen Anomalie im politischen System, zu verhindern.

Flamen und französischsprachige Belgier leben in ihren jeweiligen *cultural networks*. Sie lesen nicht die Zeitungen der anderen und sehen auch nicht deren Fernsehprogramme. Obwohl den Frankophonen viel an der Rettung Belgiens liegt, ist Niederländisch, die Sprache der numerischen Mehrheit und der ökonomisch stärksten Region des Landes, kein Pflichtfach in den von der Französischen Gemeinschaft verwalteten Schulen. Umgekehrt aber lernt jedes flämische Kind ab dem 10. Lebensjahr obligatorisch die französische Sprache. Als ungerecht empfinden Flamen es dann auch, wenn Flandern in der frankophonen Presse oft als „intolerant" dargestellt wird.

Die flämischen und frankophonen Politiker haben seit der Regionalisierung der politischen Parteien nicht mehr den gegenseitigen Kontakt, wie ihn ihre Vorgänger unterhielten. Gespräche über eine Staatsreform verliefen daher im Sande. Politiker sind nur dem Wählerpublikum in ihrer eigenen Region verpflichtet, auch wenn sie in ihrer Eigenschaft als föderale Mandatare Entscheidungen treffen, die das ganze Land angehen.

Gibt es eine Zukunft für Belgien in seiner heutigen Gestalt? Nein, wenn wir der Aussage von Peter De Roover, Ehrenvorsitzendem der *Vlaamse Volksbeweging*, Glauben schenken dürfen, Flandern sei als *Teilstaat (sozusagen als „Bundesland")* zu groß für Belgien und Belgien selber zu klein, um eine föderale Dachorganisation sein zu können (Gespräch mit dem Verfasser, 16.9.2009).

Literatur

Koecke, Christian (1994): Belgien – Ein weiterer Föderalstaat für ein subsidiäres Europa. Ein Jahr nach der Staatsreform. In: Brüsseler Vorträge der Konrad-Adenauer-Stiftung 1994. Heft 10.

Maddens, Bart/Beerten, Roeland/Billiet, Jaak (1994): O Dierbaar België? Het natiebewustzijn van Vlamingen en Walen. Leuven: K.U. Leuven/ISPO.

Platel, Marc (2004): Communautaire geschiedenis van België. Van 1830 tot vandaag. Leuven: Davidsfonds.

Rochtus, Dirk (2009): Een Vlaamse *brand:* waar voor je geld. In: De Standaard online, 18.8.2009.

Senelle, Robert: De foute financieringswet. In: Doorbraak, September 2009. Nr. 9. 10.

Vande Lanotte, Johan /Bracke, Siegfried/Goedertier, Geert (1998): België voor beginners. Wegwijs in het Belgisch labyrint. Brugge: Die Keure Nv.

Van Dyck, Ruth (1996): 'Divided we stand'. Regionalism, Federalism and Minority Rights in Belgium, In: Res Publica 12. Nr. 2. 429-446.

Velaers, Jan/Van Goethem, Herman (2001): Leopold III. De koning, het land, de oorlog. Tielt: Uitgeverij Lannoo.

Weiterführende Literatur

Berge, Frank/Grasse, Alexander (2003): Belgien – Zerfall oder föderales Zukunftsmodell? Der flämisch-wallonische Konflikt und die „Deutschsprachige Gemeinschaft". Opladen: Leske + Budrich.

Delmartino, Frank (2000): Belgien in der Europäischen Union: Europapolitische Mitwirkungsrechte der Regionen und Gemeinschaften und nationaler Zusammenhalt. In: Hrbek, Rudolf (Hrsg.): Europapolitik und Bundesstaatsprinzip. Die „Europafähigkeit" Deutschlands und seiner Länder im Vergleich mit anderen Föderalstaaten. Baden-Baden: Nomos Verlagsgesellschaft. 143-148.

Janssen, Siebo (2005): Belgien – Modell für eine föderal verfasste EU? ZEI Discussion Paper C 150. Bonn: Zentrum für Europäische Integrationsforschung.

Pas, Wouter (2000): Der belgische Föderalismus: Die Verfassungen von Flandern und Wallonien. In: Diesener, Gerald/ Rochtus, Dirk (Hrsg.): Verfassungsprozesse im Vergleich. Leipzig: Leipziger Universitätsverlag. 11-27.

Podevins, Oliver (2001): Kleinstaat Flandern? Zukunftsperspektiven der flämischen Region zwischen Globalisierung und europäischer Integration. In: Kirt, Romain/Waschkuhn, Arno (Hrsg.): Kleinstaaten-Kontinent Europa. Probleme und Perspektiven. Baden-Baden: Nomos Verlagsgesellschaft. 211-228.

Prigge, Wolfgang-Ulrich (2000): Staatliche Steuerung und gewerkschaftlicher Pluralismus. Kollektive Arbeitsbeziehungen in Belgien und Frankreich. Wiesbaden: Deutscher Universitäts-Verlag.

Rochtus, Dirk/Tönnissen, Frank (2001): Belgien. In: Bellers, Jürgen/Benner, Thorsten und Gerke, Ines M., Handbuch der Außenpolitik. Von Afghanistan bis Zypern. München/Wien: R. Oldenbourg Verlag. 31-36.

Rochtus, Dirk (2002): Länderporträt: Belgien. In: Uwe Backes/Eckhard Jesse (Hrsg.), Jahrbuch Extremismus & Demokratie, Band 14. Baden-Baden: Nomos Verlagsgesellschaft, 182-202.

Rochtus, Dirk (2004): Regional parties in Belgium. In: Hrbek, Rudolf (Hrsg.): Political Parties and Federalism. Baden-Baden: Nomos Verlagsgesellschaft. 147-155.

Rochtus, Dirk (2004): Toleranz in Belgien: institutionell gewährleistet, praktisch erlebt. In: Roesler, Jörg (Hrsg.): Toleranz und ethnische Minderheiten in Deutschland und Europa. Sitzungsberichte der Leibniz-Sozietät, Band 65. Berlin: Leibniz-Sozietät. 77-92.
Rochtus, Dirk (2008): Belgien vor dem Kollaps? In: Aus Politik und Zeitgeschichte. 8/2008. 6-12.
Woydt, Malte (2008): Gesetzgebung im politischen Systems Belgiens. In: Ismayr, Wolfgang (Hrsg.): Gesetzgebung in Westeuropa. EU-Staaten und Europäische Union. Wiesbaden: VS Verlag für Sozialwissenschaften. 303-348.
Woyke, Wichard (2009): Das politische Systems Belgiens. In: Ismayr, Wolfgang (Hrsg.): Die politischen Systeme Westeuropas. Wiesbaden: VS Verlag für Sozialwissenschaften. 451-482.

Prekäre Grundlagen der Stabilität und Legitimität des „Systems Putin" in Russland

Margareta Mommsen

1. Einleitung

Das „System Putin" kann zeitlich auf Putins zwei Präsidentschaften 2000 bis 2008 und darüber hinaus bis zur Gegenwart eingegrenzt werden, da es sich auch nach Übernahme der Präsidentschaft durch Dmitrij Medwedjew nicht endgültig verabschiedet hat und anschließend erneut mit Putin als Staatspräsident zurückgekehrt ist. Fragt man nach dem Zusammenhalt dieses Regimes, so stößt man schnell auf drei Faktoren: die „Vertikale" aller staatlichen und gesellschaftlichen Institutionen, eine dank sprudelnder Petrodollars prosperierende Wirtschaft und schließlich das verbreitete Hochgefühl über die Rückkehr Russlands in die Weltpolitik.

Angesichts der auch in Russland eingetroffenen Wirtschaftskrise, jäh zurückgeganger Preise für Rohöl auf den Weltmärkten und der Turbulenzen des Rubels wurden die Fundamente des Systems Putin zutiefst erschüttert. Noch sind die Folgen der Krise für die ökonomische und politische Ordnung sowie für das herrschende „Tandem" Putin / Medwedjew nicht absehbar. Klar ist nur soviel, dass die während Putins Präsidentschaft aufgebauten Legitimitätsgrundlagen größerenteils weggebrochen sind. Erste Risse durchziehen die Machtvertikale. Die Zustimmung zu Putin beginnt zu bröckeln. Vor diesem Hintergrund drängt sich die Frage auf, ob der als liberal geltende junge Rechtswissenschaftler Medwedjew im Kampf gegen die Krise einen alternativen politischen Kurs einzuschlagen und dafür neue Quellen der Legitimität – etwa durch den Kampf gegen Vetternwirtschaft, Bürokratismus und Korruption – aufzutun vermag.

In diesem Beitrag sollen die verschiedenen Ebenen der Herrschaftslegitimierung während der Präsidentschaft Putins in ihrer Entstehung und in ihren Auswirkungen dargestellt werden. Dabei kommen auch die funktionellen Schwächen und Risiken des Putinschen „plebiszitären Autoritarismus" (Aron 2005) ins Blickfeld und Fragen nach den Modalitäten eines erneuten Systemwandels werden ausgelotet. In einem ersten Schritt sollen die Besonderheiten der „Machtvertikale" betrachtet werden. Im weiteren ist der parallel zur Vertikale operierende „Netzwerkkapitalismus" (Sevcova 2007), in dem Politik und Wirtschaft aufs Engste verquickt sind, ins Auge zu nehmen. Dabei interessiert vor allem, wie die Loyalität der mitregierenden informellen Gruppen und der Konsens im Machtkartell sichergestellt werden. Schließlich soll gezeigt werden, wie die psychologische Ressource der Massenloyalität gegenüber dem Regime, die auf der Großmachtidee und der Propagierung antiwestlicher Einstellungen und Feindbilder fußt, operationalisiert wird. Vieles spricht dafür, dass diese Quelle des nationalen Zusammenhalts angesichts des Tauwetters, das seit dem Amtsantritt des amerikanischen Präsidenten Obama das zuletzt eisige Verhältnis zu den USA aufweicht, allmählich versiegen könnte.

2. Die Einbindung der Gesellschaft in die staatliche „Machtvertikale"

Zu Beginn der ersten Präsidentschaft Putins im Frühjahr 2000 kamen in Russland zwei Begriffe in Mode, die bis heute nicht an Aktualität eingebüßt haben. Es handelt sich um die „gelenkte Demokratie" und um die „Machtvertikale". Der zuletzt genannte Begriff, zumeist kurz „Vertikale" genannt, kommt einer offiziellen Leitlinie der Putinführung gleich und bezieht sich auf die angestrebte Rezentralisierung der Macht mit einem effizienten hierarchischen Befehlsstrang vom Kreml bis hinunter ins letzte Dorf. Die Formel von der „gelenkten Demokratie" wurde von dem Politikwissenschaftler Sergej Markov im März 2000 in der Presse lanciert (Nezavisimaja Gazeta, 2.3.2000), um die im Übergang von der Ära Jelzin zu Putin sichtbar werdenden Tendenzen zu einer umfassenden Lenkung aller staatlichen und gesellschaftlichen Einrichtungen auf den Punkt zu bringen.

Die offiziell nicht sanktionierten, jedoch im Sprachgebrauch fest etablierten Begriffe der „gelenkten", „lenkbaren", „manipulierten" oder „imitierten" Demokratie drücken aus, dass sich das Regime zwar demokratischer Formen und Verfahren wie der parlamentarischen Arbeitsweise und regelmäßiger Wahlen bedient, diese jedoch in ihrem Ablauf und ihrem Ausgang streng kontrolliert. Dies hat zur Konsequenz, dass ein alternativer offener Wettbewerb politischer Kräfte systematisch unterbunden wird.

Präsident Putin übernahm von seinem Vorgänger Jelzin die mit der semipräsidentiell angelegten Verfassungsordnung wenig vereinbare Vorstellung, in Russland herrsche ein „präsidentielles" System. In Putins „Präsidentialismus" war allerdings im Unterschied zur Ära Jelzin für gewaltenteilige Strukturen und Vetoakteure kein Platz mehr. An ihre Stelle trat die Überzeugung, nur eine Gewaltenkonzentration und eine „Vertikale der Macht" könne den anarchischen und bisweilen separatistischen Tendenzen im Lande ein Ende bereiten. Zu den proklamierten Zielen der Putinführung gehörte es, nach den anarchischen Verhältnissen der 1990er Jahre die Ordnung im Land wiederherzustellen und die wirtschaftliche Entwicklung zu fördern. Der Zusammenhang von gesteigerter Wirtschaftsleistung und allgemeiner politischer Stabilität wurde als zwingend angesehen. Demgegenüber schätzte man die demokratischen Freiheiten als Störpotential und Bedrohungsfaktor für die Konsolidierung der Wirtschaft ein. Hinzu kam, dass Putin und seine Mitstreiter aus den Geheimdiensten die Demokratie als eine Art Luxusgut betrachteten, das erst nach der wirtschaftlichen Gesundung erreichbar und erstrebenswert sei (Mommsen 2004: 114, 226ff.).

Die Institutionalisierung eines autoritären Systems setzte unmittelbar nach Putins Amtsantritt im Frühjahr 2000 ein. Der erste Schritt bei der Errichtung einer „Machtvertikale" war gegen die Provinzen gerichtet, die unter Jelzin ein hohes Maß an Eigenständigkeit erreicht hatten. Es erfolgte ein doppelter Schlag. Die Gouverneure wurden unter die Kontrolle neu geschaffener „Bevollmächtigter Vertreter des Präsidenten" gestellt. Außerdem verloren die bisher so mächtigen regionalen Spitzen ihre Repräsentation in der zweiten Parlamentskammer, dem Föderationsrat. An ihre Stelle traten weisungsgebundene Delegierte der Provinzbehörden. Die neuen Präsidentenvertreter, die man in Anlehnung an ihr historisches Vorbild auch „Generalgouverneure" nennt, hatten unter anderem zur vorrangigen Aufgabe, die regionalen Sicherheitsorgane wieder der strikten Aufsicht ihrer Moskauer Zentralbehörde zu unterstellen (Mommsen 2004: 106ff.). Da fünf der sieben neuen Präsidentenvertreter Generäle waren und die sieben Großregionen in ihren Aktionsbereichen mit Russlands Militärbezirken übereinstimmten, war ein Trend zur Militarisierung des Systems nicht übersehbar (Kryschtanowskaja 2005: 151ff.).

Zum Ausgleich des Machtverlusts der Gouverneure wurde ein konsultativer „Staatsrat" als Forum des Kontakts mit dem Präsidenten offeriert. In der regierungskritischen Presse monierte man, dass Russland zu einer bloßen „Surrogatföderation" degeneriere. In der Tat waren der „Staatsrat" und die „Bevollmächtigten Präsidentenvertreter" an der Verfassung vorbei gegründete Substitute für den entmachteten Föderationsrat. Dieser verkam zu einem Markt für Wirtschaftslobbyisten und zu einem parlamentarischen Akklamationsorgan. Er verlor vollständig seine Funktion als Repräsentationsorgan regionaler Interessen (Wiest 2002: 323ff.). Die daran sichtbare Aushöhlung der Verfassungsorgane und die gleichzeitige Schaffung machtloser Klone wurde zu einem typischen Merkmal der „gelenkten Demokratie".

Im Zusammenhang mit der Geiseltragödie von Beslan Anfang September 2004 erfolgte eine weitere Straffung der „Vertikale". Der Kreml nutzte den tragischen Vorfall, um die Volkswahl der Gouverneure abzuschaffen und ein Nominierungsverfahren einzuführen. Im Ausgleich dazu offerierte die Putinführung diesmal ein „Gesellschaftskammer" genanntes weiteres institutionelles Surrogat. Die Kammer war als eine Art Allzweckorgan zur Ersetzung der mittlerweile ausgehöhlten repräsentativen und zivilgesellschaftlichen demokratischen Einrichtungen gedacht. Bei der Eröffnungssitzung der in einem dreistufigen Verfahren rekrutierten 126 Mitglieder der Kammer bläute Putin diesen ein, dass sie sich der „unpolitischen Qualität ihres Mandats" bewusst sein sollten (Fein 2006: 2ff.). Auf ähnliche Weise hatte Boris Gryslov, der Sprecher der Staatsduma, im Herbst 2005 den Abgeordneten geltend gemacht, dass das „Parlament kein Platz für Diskussionen" sei (Nezavisimaja Gazeta, 12.10.2005).

Der neue Autoritarismus war offensichtlich mit der öffentlichen Aushandlung politischer Konflikte und folglich mit dem Entstehen einer demokratischen Konfliktkultur unvereinbar. Andererseits leisteten die verschiedenen institutionellen Surrogate einen gewissen Nutzen für das autoritäre System. So sorgten der „Staatsrat" wie die „Gesellschaftskammer" für eine begrenzte soziale Rückkopplung und die Mitarbeit in den Gremien erzeugte bei ihren Mitgliedern eine Grundloyalität gegenüber dem Regime. Diese wurden zwar nicht mit Macht, doch zumindest mit dem Gefühl der Nähe zur Macht belohnt (Sevcova 2006). Demgegenüber blieb der Einfluss der Organe auf Politik und Gesellschaft gering. Vielmehr erschöpfte sich die an sich vielfältige Agenda der „Gesellschaftskammer" vorwiegend in Feigenblattfunktionen. Dies zeigte sich besonders krass in der gänzlich unerfüllbaren Aufgabe der Kammer, für die Durchsetzung der Medienfreiheit im Lande zu sorgen.

Gerade bei dieser Kompetenz ging es um reine Augenwischerei. Dies zeigte sich schon daran, dass die Massenmedien bereits seit Jahren fest an die Kandare der Präsidialadministration gelegt worden waren. Tatsächlich waren die entscheidenden Schläge gegen die Meinungsfreiheit und Medienvielfalt parallel zum Blitzkrieg gegen die Regionen erfolgt. Nachdem die beiden Medienmogule Vladimir Gussinskij und Boris Berezovskij ins Ausland abgedrängt worden waren, folgte nach und nach das Aus für alle unabhängigen Fernsehkanäle. Putin duldete im Unterschied zu Jelzin keine Medienkritik an seiner Person und seiner Politik. Erst recht waren politische Satire oder gar die Karikierung des Staatsoberhaupts verpönt. Unabhängige Medien waren mit Putins Vorstellungen von einem „starken Staat" unvereinbar. Der Kreml machte sich die Justiz zunutze, um nach und nach allen unabhängigen elektronischen Medien die Lizenz zu entziehen (Mommsen/Nußberger 2007: 46ff.).

Seitdem sich die Fernsehkanäle in staatlicher Hand befanden, zeigten diese die Entwicklungen im Lande und die Leistungen der Putinführung nur in bestem Licht. Da 98 Prozent der Russen ihre Nachrichten aus dem Fernsehen und nur 10 Prozent aus zusätzlicher Zeitungslektüre beziehen (Gazeta, 24.6.2008), ist die Wirkungsmacht der staatlichen elektronischen Sender durchschlagend. Soziologische Umfragen bestätigen immer wieder, dass die positive Wahrnehmung der russischen Innenpolitik ebenso wie das Aufsaugen von nationalen Feindbildern über den Bildschirm erfolgreich vermittelt wird. Demgegenüber sind in den Printmedien Inseln der Meinungsfreiheit und folglich der Regierungskritik erhalten geblieben. Zu diesen auflagenschwachen Großstadtblättern treten zunehmend neue Internetjournale und Internetblogs als kritische Sprachrohre hinzu (Goble 2009). Der Radiosender „Echo Moskvy" (Echo Moskaus), der im Eigentum von Gazprom steht, wird als Ventil für eine kritische öffentliche Meinung und als Schaufenster für den Westen toleriert. Der Chefredakteur des Radiosenders, Venjamin Venediktov, ging als Putins „Hofnarr" durch, insofern er als einziger in der „gelenkten Demokratie" die Narrenkappe des öffentlichen Kritikers tragen durfte (El Mundo 27.2.2008).

Generell hat sich in den Redaktionsstuben wie in Sowjetzeiten Selbstzensur und ein „Doppeldenken" breitgemacht. Zu den Tabuzonen der journalistischen Tätigkeit gehören Exzesse militärischer Gewalt in Tschetschenien, Korruption in Regierungskreisen, die Übernahme wirtschaftlicher Führungsposten durch hochrangige Staatsbeamte, die Hintergründe sozialer Massenproteste oder das Versagen des Moskauer Krisenmanagements bei der Niederschlagung terroristischer Überfälle. Wer dennoch kritische Analysen zu solchen Themen publiziert, begibt sich in höchste persönliche Gefahr. So zahlte die Journalistin der „Novaja Gazeta", Anna Politkovskaja, die beherzt die Grausamkeiten der kriegführenden Teile in Tschetschenien dokumentierte, für ihren Bürgermut mit dem Leben (Mommsen/Nußberger 2007: 50ff.).

Während die Medien zu einem Glied der „Machtvertikale" verkamen, wurden die politischen Parteien immer mehr zur Manipulationsmasse der Kremlregisseure. Dies hatte den vollkommenen Niedergang des parlamentarischen Lebens zur Folge. Die hauptsächlichen Merkmale des inszenierten politischen Pluralismus bestanden darin, dass Parteien von oben her gegründet, beliebig zusammengefügt und Parteien der Opposition in das neue künstliche Kräftefeld kooptiert wurden. Dies wurde im Vorfeld der Dumawahlen 2003 und 2007 im großen Stil praktiziert. Die Wahlergebnisse entsprachen dann weitgehend den vorab kalkulierten Zielwerten der Präsidialadministration. So waren die beiden ursprünglich konkurrierenden, jedoch jeweils von oben gegründeten und deshalb „administrativ" genannten Parteien „Einheit – der Bär" und „Vaterland – Ganz Russland" im Jahr 2001 fusioniert worden, um bei den Dumawahlen im Dezember 2003 als „Einiges Russland" eine erfolgreiche neue „Partei der Macht" abzugeben. Sie erreichte nicht nur den Spitzenwert von 37,57 Prozent des Wählervotums, sondern schnellte im Zuge der Konstituierung des Parlaments dank Abwerbung unabhängiger Direktkandidaten auf eine fulminante, verfassunggebende Zweidrittel-Mehrheit von 303 von insgesamt 450 Sitzen hinauf. Dies entsprach einem virtuellen Wählervotum von 68,01 Prozent. Das Prinzip der „Machtvertikale" triumphierte also auch in diesem Milieu. Da die Kommunisten als einzige oppositionelle Kraft mit 52 von 450 Mandaten weit abgeschlagen waren, kam nicht zu Unrecht die Meinung auf, die Duma habe sich faktisch in ein „Einparteienparlament" verwandelt (Wiest 2004: 3). In der Tat wurde die Volksvertretung zu einer straff organisierten Zustimmungsmaschine zu all den Vorlagen, die aus dem Kreml kamen. Faktisch degradierte sich das Parlament zu einer weiteren Abteilung der mächtigen Präsidialadministration. Während das „Einige Russland" sich zwar als „regierende Partei" bezeichnen durfte, blieb sie von der Regierung wie überhaupt von der politischen Willensbildung ausgeschlossen. Dabei schlug auch zu Buche, dass die Partei eine von der Administration gelenkte bürokratische Organisation ohne eigenes politisches Profil war (Mommsen/Nußberger 2007: 58ff.).

Im Vorfeld der Dumawahlen von 2007 wurde durch Fusionierung mehrerer kleiner Parteien von oben eine zweite Kremlpartei, das „Gerechte Russland", als „linkszentristische" Kraft in vorgeblicher Opposition zum „rechtszentristischen" „Einigen Russland" zur Belebung des Parteienpluralismus kreiert. Die Initiative zeigte wenig Erfolg. Dies lag nicht zuletzt daran, dass Putin im Herbst 2007, als die riskante „Operation Nachfolger" schon auf Hochtouren lief, für das „Einige Russland" kandidierte, um erneut eine verfassunggebende Mehrheit in der Duma sicherzustellen. Vorsichtshalber wurden die Wahlen von der Parteiführung nicht als „Kampf unter Parteien um Mandate", „sondern als ein landesweites Referendum zur Unterstützung von Putin" ausgegeben (Mommsen/Michalewa 2008: 196). Da erstmals ein reines Verhältniswahlrecht zur Anwendung kam, erübrigte sich eine Abwerbung anderer Mandatsträger. Umso wichtiger war es, dass dank des verfassungswidrigen Tricks, die Parlamentswahlen in ein Plebiszit zugunsten des scheidenden Präsidenten umzufirmieren, tatsächlich erneut eine verfassunggebende Zweidrittelmehrheit für das „Einige Russland" verfügbar wurde. Die weiteren Parteien, die wie das „Gerechte Russland" und Sirinovskijs „Liberaldemokratische Partei" die neue 7 Prozent-Hürde nur knapp überwanden, gingen als Satellitenparteien im Sold des Kreml durch. Selbst die auf bescheidene

11,57 Prozent abgerutschten Kommunisten galten als kooptierte politische Kraft (Mommsen/Michalewa 2008: 203).

Um dem „Einigen Russland" unbedingt die Vormachtstellung zu sichern, hatte man über den Etikettenschwindel mit dem „Plebiszit für Putin" hinaus im Vorfeld weitere Vorkehrungen getroffen. So waren die regionalen Spitzenbehörden ebenso wie große Staatsunternehmen, die wie Gazprom, Rosoboroneksport (Rüstung), RAO EER Rossii (Stromverbund), Rosneft und andere in der „gelenkten" Demokratie bei Wahlen die Rolle „politischer Maschinen" übernahmen, angewiesen worden, für die „regierende Partei" ein Maximum an Voten zu mobilisieren (Moscow Times, 18.12.2007).

Aufgrund all dieser Einflussnahmen und Manipulationen erhielt die Volksvertretung ein ganz einseitiges Profil. Es dominieren Vertreter großer Unternehmen, die das Parlament in eine Börse von Wirtschaftsinteressen verwandeln. Der Soziologe Lev Gudkov beschrieb eine so zusammengesetzte Duma als „eine Versammlung von Lobbyisten, Klienten der Regierungspartei und der dem Kreml zuarbeitenden ‚Opposition', welche die Interessen der Staatsmacht legalisiert" (Gudkow 2008: 9). Und er ergänzte das vernichtende Urteil mit der Einschätzung, dass die Duma mittlerweile „eine politisch degenerierte, als Parlament vollkommen handlungsunfähige Institution" sei (ebd.: 6). Ganz anders nimmt Vladislav Surkov, der Stellvertretende Leiter der Präsidialadministration, der als „Chefideologe" des Kreml durchgeht und die oberste Regie über das Parteiensystem führt, den Nutzen des Parlaments wahr. Er sieht es für das aus seiner Sicht glatt funktionierende politische System Russlands als begrüßenswert an, dass das Parlament der Exekutive „funktionell dient" und folglich „allen Vorschlägen der Regierung und des Präsidenten zuzustimmen hat" (Nezavisimaja Gazeta, 3.3.2009).

Angesichts der auf den Kopf gestellten Verhältnisse und der unübersehbaren Manipulation der Parteien wie der Gängelung der Duma nimmt es nicht wunder, dass weder die Parteien noch das Parlament in der Bevölkerung Beachtung und Anerkennung finden. So wurde schon im Vorfeld der Dumawahlen vom Dezember 2007 in Meinungsumfragen ermittelt, dass weniger als ein Drittel der Befragten der Duma und dem Föderationsrat irgendeine Bedeutung zumessen. Nur 21 Prozent hielten politische Parteien für irgendwie relevant. Zum Jahresende 2007 belegten Umfragen die Skepsis gegenüber dem erneut aufgelegten faktischen Einparteienparlament. Ein Drittel der Befragten erwartete von den Abgeordneten nichts Gutes und ein weiteres Drittel bezweifelte, dass die Duma überhaupt die Interessen der Bürger vertrete (Nußberger/Marenkov 2007: 5). Generell fehlte den Bürgern der Glauben in Wahlen als einen Mechanismus, der den politischen Kurs des Landes und folglich die eigenen Lebensbedingungen verändern könne

(Mommsen/Michalewa 2008: 205). All dies macht deutlich, dass entgegen Surkovs Lobgesang auf das bestehende politische System dieses auf wenig tragfähigen institutionellen Krücken aufruht und dass die inszenierte „Vertikale" weder politische Stabilität noch Legitimität verbürgt.

Angesichts der um sich greifenden Wirtschaftskrise wurde Anfang 2009 der Chor der Kritik an den herrschenden Verhältnissen und der Ruf nach einer grundlegenden Erneuerung des Systems immer lauter. Zu den Kritikern gehörte der Chefredakteur der angesehenen Massenzeitung „Argumenty i Fakty", Vjaceslav Kostikov, der unter Jelzin etliche Jahre als Pressesekretär gedient hatte. Er warnte Anfang März 2009 in seinem Blatt vor der Beibehaltung des „heutigen politischen Systems mit seinem verrotteten Parlament, den Spielzeugparteien, servilen Medien, ernannten Gouverneuren und geheuchelter Demokratie", da ein derart künstliches Gebilde den Anforderungen an Innovation zwecks Überwindung der Krise niemals gewachsen sein könne (Argumenty i Fakty, 6.3.2009).

3. Loyalitäten und Rivalitäten in der informellen Kremloligarchie

Im Unterschied zu der strikt hierarchisch gegliederten „Vertikale", die nur die glatte Außenfassade des Regimes widerspiegelt, ist dessen intransparente Innenfassade oligarchisch und pluralistisch strukturiert. Innerhalb dieses Machtkartells üben sich die verschiedenen Einflussgruppen dem Präsidenten Putin gegenüber in unbedingter Loyalität, während sie im übrigen um politischen Einfluss und um Vorteile bei der Umverteilung ökonomischer Güter rivalisieren. Die Ursprünge des informellen „Apparatepluralismus" gehen zum einen auf die schon unter Jelzin zu beobachtende Tendenz zurück, politische Entscheidungsprozesse in informelle Zirkel zu verlagern. Zum andern schälte sich der „Insiderpluralismus" (Kagarlitsky: 2006) unter Putin aus der besonderen Rekrutierung seines politischen Spitzenpersonals heraus. In der Tat hatte Putin seine Mitstreiter nach und nach aus unterschiedlichen Subkulturen seines Lebens in St. Petersburg rekrutiert. Dazu gehörten die Juristische Fakultät der Universität, verschiedene Abteilungen des KGB und schließlich die Stadtverwaltung unter Führung des „Demokraten" Anatolij Sobtschak, in der Putin selbst zuletzt in hoher Position tätig gewesen war. Je nach Rekrutierung konnte man unterschiedlich beruflich und richtungspolitisch geprägte Mitarbeiter Putins ausmachen, etwa die Gruppe der „Juristen" und „liberalen Technokraten" und andererseits die Repräsentanten der eher konservativen Sicherheitsorgane. Sie gingen unter Anspielung auf ihre Nähe zum staatlichen Gewaltmonopol (sila = Kraft, Macht) üblicherweise als „Siloviki" durch (Mommsen 2004: 122f.).

Standen sich unter Putin innerhalb der Kremloligarchie vorwiegend Vertreter dieser Richtungen gegenüber, so hatten sich unter Jelzin vor allem einzelne Unternehmergruppen gegeneinander in Stellung gebracht. Die in den 1990er Jahren erfolgte Privatisierung der großen sowjetischen Staatsunternehmen hatte auch zur Folge gehabt, dass Vertreter des neuen Big Business in hohe staatliche Ränge aufstiegen oder mit diesen vernetzt waren. So entstanden umfangreiche informelle Seilschaften, Netzwerke oder Klans aus Unternehmerschaft und Hochbürokratie. Schon früh war ein Wettbewerb der Gruppen um Einfluss und Eigentum zu beobachten. Ein russischer Soziologe nannte das Phänomen eine „kompetitive Oligarchie" (Elizarov 1999). Generell bürgerte sich für die Leiter der neuen Industrieimperien der Begriff des „Oligarchen" ein, um das besondere politische Gewicht dieser kleinen Zahl erster Großkapitalisten herauszustreichen.

Die Grenzziehung zwischen den einzelnen Klans, „politischen Familien" und Unternehmergruppen veränderte sich immer wieder. Während Putins erster Amtszeit regierte neben den neuen sogenannten „Petersburger Kadern" noch die Seilschaft der „Familie" mit, wie der um Jelzin und dessen Tochter Tatjana konzentrierte informelle Clan genannt wurde. Zwischen diesen unterschiedlichen Seilschaften taten sich Spannungen auf. Im Herbst 2003 kam es über die Frage des Umgangs mit den „Oligarchen" der Jelzin-Zeit zum offenen Bruch zwischen den beiden Kremlmannschaften. Die Verhaftung des Ölmagnaten Michail Chodorkovskij war ein schwerer Schlag für die Machtposition der „Familie" und für den „oligarchischen Kapitalismus" Jelzinscher Prägung überhaupt. Stabschef Volosin, ein Freund der „Familie" und Schutzpatron des Magnaten, warf das Handtuch. Er entschied den Loyalitätskonflikt, in den er an der Spitze der Administration geraten war, zugunsten der in ihrer Grundhaltung liberalen politischen Kräfte der „Familie" und gegen die unter Putins Patronage anbrechende neue Ära der Geheimdienstler und des von ihnen betriebenen „Staatskapitalismus" oder „bürokratischen Netzwerkkapitalismus" (Shevtsova, Polit.ru, 15.1.2007).

Der Prozess gegen Chodorkovskij machte diesen Richtungswechsel besonders augenfällig. Außerdem demonstrierte der Kreml an diesem Fall, das er keine autonomen politischen und wirtschaftlichen Akteure duldete. Durch selektive Anwendung des Gesetzes statuierte die Putinführung im Prozess gegen Chodorkovskij zugleich ein abschreckendes Exempel gegen die Macht aller Oligarchen der Jelzin-Zeit. Darüber hinaus diente die Affäre dazu, die Übernahme des Jukosjuwels Jugaskneftegas durch Putins engste Mitstreiter aus den Geheimdiensten zu bewerkstelligen. Eine getürkte Auktion des Konzerns, aus der das Unternehmen Rosneft erfolgreich hervorging, beendete den Coup zugunsten der zu neuen

„Unternehmerbürokraten" gewendeten früheren Geheimdienstler (Mommsen/ Nußberger 2007: 129ff.).

Allerdings bildete der totale Angriff auf Jukos und Chodorkovskij eher die Ausnahme im Umgang des Kreml mit den Oligarchen der Jelzin-Zeit. Generell wurden die Interessen der dominierenden Clans und ihrer oligarchischen Leiter respektiert, solange sie keine Anzeichen politischen Eigenwillens erkennen ließen. Aufs ganze gesehen gründete sich der staatliche Herrschaftsbezirk im weiteren Sinne auf etwa 15 Netzwerke, die sich rund um die großen staatseigenen Unternehmen rankten. Dazu gehörten Gazprom, Rosneft, Vnestorgbank, Rosoboronexport, die Russischen Eisenbahnen und die einzelnen Gruppen und Seilschaften der „Siloviki" (Aslund 2007). In dem neuen Netzwerkkapitalismus spielte der Putin-Clan im engeren Sinne eine wichtige Rolle. Einige Kommentatoren wie der Ökonom Sergej Deljagin sprachen deshalb überhaupt nur von dem „Familienunternehmen Putin", insofern die „Freunde, Verwandten, Freunde der Verwandten und Verwandten der Freunde" einen integralen Bestandteil eines korrupten Verteilungsregimes bildeten (Shlejnov 2009). Der Historiker Jurij Afanassev, einer der Mitstreiter Jelzins der ersten Stunde, machte auf ähnliche Weise geltend, dass die „Staatsmaschine durch Freundschaftsbande zusammengehalten" werde. Dieser auf freundschaftlichen und familiären Beziehungen fußende „Kapitalismus" komme seiner Meinung nach einem „patrimonialem Sultanat" gleich (Afanassev 2009). Ähnlich zugespitzte kritische Meinungen über die in Russland wie in einem Land der Dritten Welt herrschende „Kleptokratie" und „Plutokratie" wurden bereits in früheren Jahren in der regierungskritischen Presse artikuliert. Vor dem Hintergrund der allgemeinen Wirtschaftskrise nehmen unterdessen solche vernichtenden Urteile über den „Inzest" von Politik und Wirtschaft zu.

Nach dem Abgang der Vertreter der „Jelzin-Familie" aus den obersten staatlichen Rängen reduzierte sich der „Insiderpluralismus" auf die unterschiedlichen Flügel der „Petersburger", der „Juristen" vom Schlage des liberalen Dmitrij Medwedjew und der „Siloviki" vom Schlage des Stellvertretenden Präsidialamtsleiters Igor Secin oder des Verteidigungsministers Sergej Ivanov. Präsident Putin oblag es nach dem Ausscheiden des mächtigen Power Brokers Volosin nunmehr persönlich, innerhalb der Kremloligarchie für Balance und Konsens zu sorgen. Auch wenn die Loyalität gegenüber Putin seitens der von ihm persönlich rekrutierten Spitzenbeamten kaum zu erschüttern war, so hing die Autorität des Präsidenten als Schiedsrichter und Moderator in den Flügelkämpfen der Clans jedoch maßgeblich von seiner Umsicht und seinem Geschick ab, die weiterhin divergierenden Interessen erfolgreich auszubalancieren und keine der Gruppen zu favorisieren. In dieser Rolle war Putin selbst in die sich immer neu bildenden gegenseitigen Abhängigkeiten und Verpflichtungen eingebunden. Deshalb blieb seine Autorität unter den „Insidern" grundsätzlich prekär (Mommsen 2008: 30ff.). Tatsächlich zeigte sich immer wieder, dass es nicht einfach war, die optimale Balance unter den Kremlgruppen sicherzustellen. Besonders deutlich wurden die wenig gefestigten Strukturen des informellen Machtkartells, als die „Operation Nachfolger" ihrem Ende zusteuerte. Die aufkommende Nervosität unter den Gruppen entlud sich diesmal in offener Polemik. Obwohl ein offener Konfliktaustrag zwischen den informellen Gruppen ein Tabu war, arteten im Herbst 2007 die gegenseitigen Gravamina zweier Untergruppen der „Silowiki" zu einer öffentlichen Schlammschlacht aus. Dabei warfen sich die Widersacher gegenseitig Korruption und Vorteilsnahme vor und schreckten selbst nicht davor zurück, Vertreter der Gegenseite zu verhaften (Mommsen 2008: 44f.).

Dieses politische Erdbeben, das von Putin nur mit Mühe wieder eingedämmt werden konnte, illustrierte anschaulich, wie inhomogen und letztlich instabil die politische Führungsstruktur verfasst war. In dem Zusammenhang setzte Putin die von ihm bevorzugte Methode der „Handsteuerung" des politischen Prozesses ein, um den Burgfrieden zwischen den Kremloligarchen zumindest vordergründig wiederherzustellen. So erhielt die involvierte Drogenpolizei, die schwächer als ihr Kontrahent, der Föderale Sicherheitsdienst (FSB, Nachfolger des KGB) ausgestattet war, zum Ausgleich ein neues staatliches Komitee übertragen. Im übrigen erläuterte Putin in dem Zusammenhang in aller Öffentlichkeit, dass das politische System noch auf lange Zeit hinaus, etwa 15 bis 20 Jahre, „handgesteuert" werden müsse (Vremja Novostej, 19.10.2007). Damit drückte er aus, dass die Politik weiterhin der Lenkung und der ad hoc-Korrekturen von oben bedürfe. Dies läuft darauf hinaus, dass in der „gelenkten Demokratie" nicht die verfassungsmäßigen Institutionen, sondern vielmehr die über persönliche Netzwerke laufenden Beziehungen die politischen Kräfteverhältnisse bestimmen und steuern.

Derartige Konstellationen taugen gewiss nicht dazu, die Legitimität und Stabilität des politischen Systems zu festigen, ganz im Gegenteil. Die Konsensbildung auf dem oligarchischen Olymp der Macht bleibt wenig berechenbar. Zu dem Vabanquespiel beim Ausgleich der Gruppeninteressen kommt die Intransparenz der Geschehnisse hinzu. Dmitrij Furman vom Europa-Institut der Akademie der Wissenschaften beschrieb das System als erheblich undurchsichtiger und weitaus stärker von persönlichen Faktoren abhängig als die Verhältnisse am Ende der Sowjetzeit. Diesem renommierten Beobachter zufolge befinde sich im Zentrum der Macht ein kleiner Kreis von Personen, die rein persönliche und von außen nicht erkennbare Motive miteinander verbinde (Furman 2008).

Die intransparenten Beziehungen innerhalb der informellen Hoheitsbezirke der Macht ließen Verschwörungstheorien und ständig wiederkehrende Spekulationen über die Frage aufkommen, wer denn letztlich im Kreml das Sagen habe. Dieses Rätselspiel ging im Zusammenhang mit dem Anbruch des Tandems von Putin / Medwedjew in eine neue Runde. Nachdem Putin am 10. Dezember 2007 Dmitrij Medwedjew als den Kandidaten des Kreml – offiziell der Kandidat von vier Parteien – präsentiert hatte, wurde die Doppelspitze zum offiziellen Projekt (Vremja Novostej, 11.12.2007; Kommersant, 12.12.2007). Medwedjews beschwörende Bitte, Putin möge doch für den Fall seiner Wahl den Vorsitz der Regierung übernehmen, ließ darauf schließen, dass die informelle Kremloligarchie ihre Zustimmung zu Medwedjew von Putins Begleitschutz abhängig gemacht hatte. Nur so konnten auch Putins Mandarine an der Macht bleiben. Zu überlegen war auch, dass bei der Selektion Medwedjews zusätzlich zu Buche schlug, dass dieser keine eigene Hausmacht besaß und folglich als schwacher Kremlherr durchging, mit dem die informellen Mitregenten leichtes Spiel haben würden.

Nachdem die „Operation Nachfolger" erwartungsgemäß mit der Volkswahl Medwedjews am 2. März 2008 ein glattes Ende gefunden hatte, wurde der neue Präsident im Mai förmlich in sein Amt eingeführt. Bald wurde deutlich, dass sich die neuen Regierungsmannschaften von ihren Vorgängern nicht unterschieden. Allerdings hatte ein kompliziertes Sesselrücken dafür gesorgt, dass Medwedjew von Putins Kadern buchstäblich eingerahmt wurde. Eine weitere Verstetigung der Machtkonstellation wurde dadurch erreicht, dass Medwedjew auf schnellstem Wege eine erste Änderung der gerade 15 Jahre alten Verfassung initiierte, die eine Verlängerung der Amtszeit des Präsidenten von vier auf sechs Jahre bei maximal zwei Amtsperioden erwirkte (Schröder 2008a: 4). Bei alledem war davon auszugehen, dass sich die Duumvirn über diese Maßnahme ebenso wie über die vorläufige Kontinuität der „Kader" verständigt hatten.

Gleichwohl zeigte Medwedjew bald Ambitionen, sich eine eigene „Kaderreserve" und folglich eine eigene Hausmacht aufzubauen. Bei einer eigens einberufenen Konferenz zur Erörterung des Mangels an Führungspersonal ließ er sich wortreich gegen das bestehende „archaische System" der Rekrutierung aus, das den „sowjetischen Kaderabteilungen" ähnele. Er kritisierte, dass man Regierungsposten gegen persönliche Loyalität vergebe und dass manche Posten „sogar gekauft" würden (Vremja Novostej, 24.7.2008). In seiner Botschaft an das Parlament machte Medwedjew klar, dass er für die Besetzung von Führungsposten das Ideal „der begabtesten, schöpferisch denkenden und professionellen Personen" vor Augen habe. Unterdessen wurde mithilfe von Computerrecherchen eine eigene Datei der hundert „Besten" im ganzen Lande und eine weitere Reserve der „Goldenen Tausend" zusammengestellt, die einen möglichen Rekrutierungspool für die Besetzung von Ministerposten und anderen staatlichen Spitzenämtern abgeben könnten. Die Recherche, die ein breites Feld hochrangiger Experten aus föderaler wie regionaler Verwaltung, aus Parteien, Wissenschaft, Kultur, Nichtregierungsorganisationen und Unternehmertum durchforstet hatte, galt dem Aufspüren von 35 bis 40 Jahre alten exzellenten „Managern", die verantwortliche Führungsämter übernehmen könnten (Moscow Times, 22.1.2009).

Als Insider des Systems kennt Medwedjew das Problem der „erkauften Loyalität" des politischen Spitzenpersonals nur zu genau. Es spricht für die Ernsthaftigkeit seines Erneuerungswillens, dass er das „archaische System" der rein persönlichen Kader- und Gefolgschaftsbildung ablösen möchte. Dies wäre ein erster Schritt, um auch die gegenseitigen Botmäßigkeiten innerhalb der informellen Kremloligarchie wie überhaupt die Existenz dieser geheimen Machtstruktur zu beenden. Mit den von Medwedjew immer wieder eingeforderten Strukturreformen wie der Schaffung einer unabhängigen Justiz, einer allgemeinen Rechtserziehung der Bürger und einem entschiedenen Kampf gegen die Korruption könnte in der Tat eine neue Form der politischen Legitimierung des Systems in Gang gebracht werden.

4. Die Großmachtidee als nationale Identitätsbildung und Anspruch auf Weltmachtstatus

Während Putins erster Amtszeit wurden Vorstellungen von Russland als wiedererstarkter Großmacht eher verhalten propagiert. Vielmehr standen die Zielwerte gesteigerter Wirtschaftsleistung und damit die Verbesserung der internationalen Wettbewerbsfähigkeit Russlands im Vordergrund. Putin zeigte sich auch den Werten und Symbolen der Sowjetzeit verbunden. Dies wurde an der Wiedereinführung der sowjetischen Hymne und an der Weigerung deutlich, den balsamierten Leichnam Wladimir Lenins begraben zu lassen, wie dies von demokratischen Kräften schon lange gefordert worden war. Auffällig war, dass Putin einen engen symbolischen Schulterschluss mit der Russischen Orthodoxen Kirche suchte und dass er dem konservativen Nationalschriftsteller Alexander Solschenizyn huldigte. Wegen der so unterschiedlichen Prägungen und Orientierungen Putins sahen Soziologen in ihm einen „undefinierten Präsidenten" oder sie sprachen von seiner „eklektischen Ideologie" (Mommsen 2006a: 41).

Dank der wachsenden Nachfrage nach Erdgas und Mineralöl und der steil ansteigenden Preise für Rohöl auf den Weltmärkten gewann Russland an Prestige und Gewicht als internationaler Handelspartner hinzu. Dem Land fielen Unsummen von Petrodollars praktisch in den Schoß. Dies kam dem Wunsch nach Wiedererstarken der Rolle Russlands als Großmacht und „Energieweltmacht" entgegen. Nach vier Jahren Präsidentschaft war klar, dass Putin, über dessen Standort lange gerätselt worden war, ein Anhänger des starken Staates (gossudarstvennik) und der Großmachtidee (derzavnik) war. In der russischen Öffentlichkeit kam diese Haltung gut an. Bei dem Karrierehintergrund Putins im KGB waren diese Einstellungen wenig überraschend (Mommsen/Nußberger 2007: 25).

Während Putins zweiter Amtszeit trug der Kreml das gewachsene Selbstbewusstsein in der internationalen Politik offen zur Schau. Im Zusammenhang mit den Feiern zum 60. Jahrestag des Sieges über Hitlerdeutschland sprach Putin Ende April 2005 von dem bedauernswerten Untergang der Sowjetunion und bezeichnete diesen Vorgang als „die größte geopolitische Katastrophe des 20. Jahrhunderts" (Rossijskaja Gazeta, 2.4.2005). Seine Klage galt der verlorenen imperialen Stellung Russlands ebenso wie der schmerzhaften Trennung von den nach Auflösung der UdSSR in den Nachbarrepubliken verbliebenen 27 Millionen russischen Staatsbürgern.

Das zur Schau getragene Selbstbewusstsein auf internationalem Parkett verband sich mit der Verteidigung der Besonderheiten der „russischen Demokratie". Putin machte sich etwa gegenüber dem amerikanischen Präsidenten George W. Bush für eine „Demokratie nach russischem Stil" stark, worunter er eine „den Verhältnissen, Traditionen und Sitten" Russlands „angepasste Demokratie" verstand. Die Vorbehalte gegenüber den universellen Regeln der Demokratie verstärkten sich nach den verschiedenen „Farbrevolutionen" in früheren Sowjetrepubliken. Vor diesem Hintergrund lancierte der „Chefideologe des Kreml", Vladislav Surkov, das Konzept von Russlands „souveräner Demokratie". Es enthielt den trotzigen Anspruch, dass Russland selbst über die Parameter seiner Demokratie bestimme und kritische Einlassungen aus dem Ausland unerwünscht seien (Mommsen/Nußberger 2007: 27). „Souveränität" und „Stabilität" wurden fortan zu den in den staatlichen Medien ständig propagierten Leitmotiven der Kremlpolitik. Die behauptete Stabilität verschmolz mit dem neuen Nationalstolz auf das wiedererstarkte Russland, wie es unter Putins Führung der ganzen Welt gegenüber demonstriert wurde (Dubin 2006: 26ff.). Es war die wichtigste Legitimitätsressource des Regimes.

Die Formel von der „souveränen Demokratie" diente sowohl der Vorneverteidigung wie der nationalen Abschottung. Im Kern ging es bei der „souveränen Demokratie" um den Anspruch auf einen historischen Sonderweg entsprechend der „russischen Idee" mit eigenen Werten und Institutionen, die sich von westlichen Standards abgrenzen. Zusammen mit einem erstarkten offiziellen Patriotismus breitete sich eine neue Festungsmentalität aus. Unterstützung erhielt diese Entwicklung von der Russischen Orthodoxen Kirche, die sich gerne als Schutzherrin eines eigenen russischen Demokratiekonzepts erbötig machte. Die Neuregelung der russischen Feiertage ging in die gleiche Richtung. So wurde der 7. November, an dem in der Sowjetzeit die Oktoberrevolution und seit 1997 ein „Tag der Eintracht und Versöhnung" gefeiert wurde, 2005 als Feiertag ganz abgeschafft. Ersatzweise wurde in enger zeitlicher Nähe am 4. November ein neuer Staatsfeiertag als „Tag der nationalen Einheit" im Gedenken an die Befreiung Moskaus „von den polnisch-litauischen Eindringlingen" im Jahr 1612 eingeführt. Damit galt die Zeit der „Wirren" (Smuta) als beendet. Der 4. November verbindet jetzt einen staatlichen mit einem alten kirchlichen Festtag, da laut Kirchenkalender an diesem Tag die Ikone der Heiligen Gottesmutter von Kasan geehrt wird. Der zweifache Feiertag symbolisiert den neuen Schulterschluss zwischen Kirche und Staat (Mommsen/Nußberger 2007: 28f.).

Die bewusste Abgrenzung der als stabil und erfolgreich präsentierten Präsidentschaft Putins von den „Wirren" der Ära Jelzin war ebenfalls ein durchgängiges Motiv der offiziellen Propaganda. Die Tendenz, an dem Vorgängerregime kein gutes Haar zu lassen, war bereits für die Wachablösungen in der Sowjetunion charakteristisch gewesen. Neben dem neuen Lobgesang auf Russlands Erfolge als Großmacht und Energiesupermacht zählte die Dämonisierung der Jelzin-Zeit zu den besonders wirksam betriebenen Mechanismen der Legitimierung des Systems Putin. Die Propagierung antiwestlicher – vor allem antiamerikanischer – Stimmungen kam hinzu. Es wurde die Vorstellung genährt, Russland sei von äußeren Feinden umgeben (Stewart 2008: 5ff.). Putins Rede zur Lage der Nation, die er im Mai 2006 hielt, spielte ganz auf diesem Klavier. Es ging um Russlands Rolle als aufstrebende Wirtschaftsmacht und imposante Militärmacht. Die Rede war eine klare Botschaft an die USA und richtete sich gegen Vizepräsident Dick Cheney, der wenige Tage zuvor Russland wegen seiner Verfehlungen in Sachen Demokratie kritisiert hatte (Mommsen 2006b: 2ff.).

Die russische Führung forderte im weiteren offen den Status als Weltmacht in Augenhöhe mit anderen internationalen Spielern ein. Im Herbst 2006 wurde diese Haltung von dem mit Putin befreundeten früheren deutschen Bundeskanzler Gerhard Schröder nachdrücklich bestätigt. Er äußerte sich am 23. Oktober 2006 in einem Interview mit dem „Spiegel" wie folgt über Putins Ambitionen: „Seine Vision ist die Rekonstruktion Russlands als Weltmacht, die mit den USA auf gleicher Höhe verhandelt, redet und agiert." Der Höhepunkt dieser Weltsicht wurde in Putins „Münchner Rede" auf der internationalen Sicherheitskonferenz im Bayerischen Hof im Februar 2007 präsentiert. So scharfe Töne wie hier hatte man aus Moskau lange nicht mehr vernommen. Putin warf den USA vor, der Welt ihre eigene „unilaterale" Weltsicht zu oktroyieren. Denn die USA hätten „in jeder Hinsicht ihre Grenzen überschritten" und ihren Kurs anderen Nationen aufgezwungen. Putin hielt hingegen ein Gleichgewicht der Mächte, in dem ein Machtpol den anderen ausbalanciere, für den Weltfrieden weitaus angemessener als den amerikanischen Unilateralismus (Rossijskaja Gazeta, 13.2.2007). Darin spiegelte sich Putins Glaube an eine multipolare Welt, die an Primakows bereits in den 1990er Jahren entwickelte Theorie der internationalen Beziehungen anknüpfte. Putins aggressive „Münchner Rede" stieß in Rußland auf große Zustimmung. Sie reihte sich besonders wirksam in die von anderen politischen Spitzenpersönlichkeiten und von den staatlichen Medien systematisch betriebene Pflege des Feindbilds vom Westen ein.

Neben der Rechtfertigung des autoritären Systems durch Beschwörung feindseliger westlicher Einkreisungsstrategien operierte der Kreml mit programmatischen Devisen und Visionen. Diese sollten das herrschende Regime über den politischen Abgang Putins hinaus legitimieren und stabilisieren. So rührte die Partei „Einiges Russland" mit Losungen wie „Putins Plan" und „Putins Plan ist Russlands Sieg" kräftig die Werbetrommeln für die Dumawahlen vom Dezember 2007. „Putins Plan" wurde als der Inbegriff aller jährlichen Botschaften Putins an das Parlament ausgegeben. Dem nur vage nachvollziehbaren „Plan" wurde Anfang 2008 die „Strategie 2020" als eine Art programmatisches Vermächtnis Putins zur Seite gestellt. Neben den bekannten Aussagen zur wünschenswerten Entwicklung und Diversifizierung der Wirtschaft gipfelt die „Strategie" in dem Anspruch, Russland bis zum Jahr 2020 zu einem der attraktivsten Staaten der Welt mit höchster Lebensqualität zu machen (Vedomosti, 11.2.2008; Rossijskaja Gazeta, 15.2.2008).

Zu dem bunten Reigen der Legitimierungsstrategien fügte sich die Tendenz hinzu, Putin eine Rettungsmission als Modernisierer des Landes nach glänzenden historischen Vorbildern zuzuschreiben. Während man Putin während seiner ersten Amtszeit in die Nähe Peters des Großen oder des früheren französischen Präsidenten Charles de Gaulle brachte, kam am Ende seiner zweiten Präsidentschaft der Vergleich mit dem amerikanischen Präsidenten Franklin Delano Roosevelt in Mode. Diese Gleichsetzung sollte Putin als Retter Russlands aus der Wirtschaftskrise der 1980er und 1990er Jahre hervortreten und – dem Vorbild Roosevelt folgend – eine beliebige Verlängerung seiner Präsidentschaft gerechtfertigt erscheinen lassen.

Während all diese Visionen und die persönlichen Überhöhungen Putins in Russland generell gut ankamen, fehlte es durchaus nicht an vereinzelten kritischen Einlassungen seitens russischer und ausländischer Beobachter. So äußerte sich die frühere amerikanische Außenministerin Madeleine Albright am 12. Mai 2008 in der „Time" mit folgenden kritischen Beobachtungen über die Entwicklung von Putins Visionen:

> „Nach unseren ersten Treffen in den Jahren 1999 und 2000 habe ich [...] ihn als klug, selbstbewusst, fleißig, patriotisch und gewinnend beschrieben. In den Jahren seither wurde er noch selbstbewusster und gegenüber Westlern bestimmt weniger gewinnend. Manche glauben, Putins KGB-Hintergrund erklärt alles, doch seine Treue zum KGB speist sich wiederum aus seinem starken Nationalismus, der dann für seine Popularität in Russland sorgt [...] Putin hatte den Vorteil hoher Ölpreise und den (Vorteil) des Kontrastes mit seinem Vorgänger Boris Jelzin. Putins Vision von Russland ist diejenige einer Großmacht im altmodischen europäischen Sinne. Solche Mächte haben Einflusssphären und sie unterjochen kleinere Mächte. Zuhause lassen sie nationale Traditionen hochleben und preisen den kollektiven Ruhm, und nicht die individuelle Freiheit."

Albrights kritischer Kommentar liest sich aus heutiger Sicht wie ein ahnungsvolles Vorwort zu der Tragödie, die sich unter dem Begriff des „Fünftagekrieges" Anfang August 2008 im Kaukasus abspielte. Zuvor war noch unter allen Kremlauguren gerätselt worden, ob der neue Präsident Medwedjew Russland auf eine neue Kooperation mit dem Westen hinzulenken beabsichtige. Als sich jedoch nach dem georgischen Angriff auf Südossetien und der unverhältnismäßig harten Reaktion Russlands, das seine Truppen bis ins georgische Kernland vordringen ließ, eine Flutwelle westlicher Kritik über die Gewaltpolitik des Kreml ergoss, war von Medwedjews Avancen gegenüber dem Westen nichts übriggeblieben. Er erklärte vielmehr, dass Russland nicht auf eine Zusammenarbeit mit EU und NATO angewiesen sei, es verhalte sich vielmehr genau umgekehrt. Die Erwartungen in ein neues innen- und außenpolitisches Tauwetter schienen fürs erste wieder zerstoben (Stewart 2008: 5ff).

Medwedjew trat in der Kaukasuskrise wie ein zweiter Putin auf, in der Sache wie in der Wortwahl nicht minder kraftmeierisch und stramm an der Verteidigung Russlands „spezieller Interessen" in dem umstrittenen Gebiet ausgerichtet. Die aufgeheizte patriotische Stimmung im Lande trieb die Zustimmung zum regierenden „Tandem" auf neue schwindelerregende Höhen von 80 Prozent. Die politische Führung bezog aus ihrem Verhalten im Fünftagekrieg und vor dem Hintergrund der langjährigen Pflege antiwestlicher Feindbilder einen gewaltigen Legitimitätsbonus. Medwedjew gewann als „Kriegspräsident" und als „echter Kerl" deutlich an politischer Statur hinzu (Schröder 2008a: 16ff.)

Das allgemeine Siegesbewusstsein führte dazu, dass der traditionelle Inferioritätskomplex Russlands über Nacht in sein Gegenteil umschlug. Ähnliche Überreaktionen waren bei früheren Anlässen zu beobachten, etwa bei den exaltierten Feiern über den Zuschlag für die Olympischen Spiele in Sotschi oder über den Sieg der russischen gegen die holländische Fußballmannschaft bei der Europameisterschaft und schließlich über den russischen Sieg beim Eurovisions-Gesangswettbewerb. Die überbordenden Siegesfeiern, an denen sich auch die politische Führung beteiligte, illustrierten den riesigen Bedarf Russlands an internationaler Anerkennung und Respekt sowie anhaltende Frustrationen darüber, dass Russland von den anderen Weltmächten – wie man meint – zu unrecht ein gleichwertiger Status auf Augenhöhe verwehrt werde. Gewiss spiegelt sich in diesen Wahrnehmungen die erfolgreiche jahrelange Propagierung von Feindbildern, die ihrerseits ein unverzichtbarer Ausdruck des Selbstverständnisses eines autoritären Regimes sind, das sich vorwiegend damit behauptet und zuhause punktet. (Sevcova 2008: 65ff.)

Eine letzte Erklärung für die hohe Popularität Putins ist darin zu sehen, dass gerade seine im Westen oft befremdliche hemdsärmelige Art und sein konfrontativer außenpolitischer Stil beim russischen Publikum besonders geschätzt werden. Denn viele sehen in Putin „einen von uns", den Mann aus dem Volke mit all den Reflexen und Komplexen des sozialisierten Sowjetbürgers. Putin versteht es ausgezeichnet, diese Gefühlslagen zu bedienen. Dabei scheut er mitunter nicht vor einer drastisch vulgären Wortwahl zurück, um seine politischen Gegner in die Schranken zu weisen. Ein Psychologe erläuterte, warum Putins Vorliebe, sich in kämpferischen maskulinen Machoposen zu zeigen, ob als Marineoffizier von Unterseebooten, als Kampfpilot, beim Schießen auf einen Tiger oder auch mit nacktem Oberkörper und Messer im Gürtel beim Fischen, beim kleinen Mann so gut ankämen. Dies würde kompensatorische Wirkungen freisetzen, die es den Menschen ermöglichten, erlittene nationale Demütigungen während der Perestroika wie in der Jelzin-Zeit emotional auszugleichen (Tumanov 2009).

Seitdem auch in Russland die Wirtschaftskrise für viele Menschen schmerzlich fühlbar geworden ist, hat Putin seine demonstrativen Großmachtposen und den eingeübten konfrontativen Stil gegenüber dem Westen zugunsten der Haltung eines um das Wohl der Bürger väterlich besorgten Regierungschefs zurückgenommen. Dies deutet ein erstes Abrücken von dem in den letzten Jahren so resolut vertretenen Anspruch Russlands auf unbedingten Weltmachtstatus an. Die Krise zwingt Russland zur Aufgabe isolationistischer Neigungen und zur verstärkten Wiederaufnahme der Kooperation mit den euroatlantischen Strukturen. Dessen ungeachtet ist kaum damit zu rechnen, dass die politische Führung nach dem Wegbrechen des wirtschaftlichen Wohlstands auf das offizielle Großmachtparadigma als der letzten wichtigen Legitimationsquelle des Systems Verzicht leisten wird.

5. Hat sich das restaurative System Putin ausgelebt und überlebt?

Blickte man im Frühjahr 2009 in die regierungskritische russische Presse, ins Internet und in die Ergebnisse jüngster Umfragen, so dominierte der Abgesang auf das „System Putin" und auf all dessen vorgebliche Errungenschaften. Der bekannte Philosoph Kara Murza meinte, dass sich das „bankrotte Regime der Sicherheitsoffiziere" endgültig ausgelebt und überlebt habe (Jezednevnij Zurnal, 19.1.2009). Anatolij Cubajs, ein vorzüglicher Kenner der Ära Jelzin wie der „gelenkten Demokratie" Putins, hatte für den Fall ausbleibender Strukturreformen bereits Ende Dezember 2008 dem „herrschendem politischen und ökonomischen System" eine Überlebenschance von allenfalls 50 Prozent eingeräumt (Interfax, 22.12.2008).

All die kritischen Einlassungen von kundigen Insidern decken sich im Übrigen mit den von Medwedjew selbst wiederholt vorgetragenen Mängelanalysen des herrschenden politischen Systems. Ein Höchstmaß erreichte die Schelte an den Schwächen des Regimes in der Botschaft des Präsidenten an das Parlament vom 5. November 2008, als er den „Staatsapparat" als „seinen eigenen Richter, seine eigene politische Partei und letztendlich als sein eigenes Volk" geißelte. Er fügte hinzu: „Ein solches System ist absolut ineffizient und schafft nur eines, Korruption. Es erzeugt massenhaften Rechtsnihilismus, tritt in Widerspruch zur Verfassung und bremst die Entwicklung der Institutionen einer innovativen Wirtschaft und Demokratie." Medwedjew beließ es bei der Gelegenheit nicht bei der Fundamentalkritik am heutigen System und dessen bürokratischem Fundament. Er machte auch die positive Ziellinie klar, an der sich eine Erneuerung Russlands auszurichten habe, nämlich an den in der Verfassung niedergelegten Werten. Damit lenkte er den Blick weg von allen fragwürdigen Konstrukten wie der „Vertikale" und der „souveränen Demokratie" und hin auf den Konstitutionalismus als dem entscheidenden Kompass für die Entwicklung eines modernen und effizienten Gemeinwesens (Medwedjew 2008; Schröder 2008b: 2ff.). Die Ziellinien des nötigen Systemwechsels wurden also vom Staatsoberhaupt selbst bereits festgelegt. Nach der Rückkehr Putins in das höchste Staasamt sind dahinter allerdings Fragezeichen zu setzen.

Literatur

Afanassev, Jurij (2009): The End of Russia. In: Novaja Gazeta, zitiert nach Johnson's Russia List 18, 31.1.2009.
Aron, Leon (2005): Putin's Risks, in: American Enterprise Institute, www.aei.org., 12.1.2005.
Aslund, Anders (2007): Putinomics. In: http://commentisfree.guardian.co.uk., 3.12.2007.
Dubin, Boris (2006): Simulierte Macht und zeremonielle Politik. Elemente der politischen Kultur in Rußland. In: Osteuropa. 56. Jg. 3/2006. 19-32.
Elisarov, Valerij (1999): Elitistskaja teorija demokratii i sovremennij rossiiskij politiceskij process. In: Polis 1.
Fein, Elke (2006): Potjomkinsches Parlament und Papiertiger. Die Russische Gesellschaftskammer. In: Russlandanalysen Nr. 87. 27.1.2006. 2-4.
Furman, Dmitrij (2008): The System of Power has become more closed than in Soviet Times. In: Agentstvo Politiceskich Novostej www.apn.ru., zitiert nach Johnson's Russia List 213 / 9, 20.11.2008.
Gudkov, Lev (2008): Staat ohne Gesellschaft. Zur autoritären Herrschaftstechnologie in Russland. In: Osteuropa 58. Jg. 1/2008. 3-16.
Kagarlitskij, Boris (2006): Pluralism à la Kremlin. In: Eurasianhome.org., 31.8.2006.
Kryschtanowskaja, Olga (2005): Anatomie der russischen Elite. Die Militarisierung Russlands unter Putin. Köln. Kiepenheuer & Witsch.
Medwedjew, Dmitrij (2008): Poslanie Federalnomu Sobraniju Rossijskoj Federatsii, President Rossii. Ofitsialnij Sajt. 5.11.2008.
Mommsen, Margareta (2004): Wer herrscht in Rußland? Der Kreml und die Schatten der Macht. München. Verlag C.H. Beck.
Mommsen, Margareta (2006a): Wladimir Putin – Zerstörer der Demokratie und Begründer einer Oligarchie der Geheimdienste. In: Bos, Ellen/Helmerich, Antje (Hrsg.): Zwischen Diktatur und Demokratie. Staatspräsidenten als Kapitäne des Systemwechsels in Osteuropa. Berlin. LIT Verlag. 29-54.
Mommsen, Margareta (2006b): Putins Rede zur Lage der Nation vom 10. Mai 2006 – Statt liberaler Rhetorik Großmachtpose und Säbelrasseln. In: Russlandanalysen Nr. 100. 19.05.2006. 2-4.
Mommsen, Margareta/Nußberger, Angelika (2007): Das System Putin. Gelenkte Demokratie und politische Justiz. München. Verlag C.H. Beck
Mommsen, Margareta/Michalewa, Galina (2008): Autoritäre Macht und gelenktes Parteiensystem. In: Bos, Ellen/Segert, Dieter (Hrsg.): Osteuropäische Demokratien als Trendsetter? Parteien und Parteiensysteme nach dem Ende des Übergangsjahrzehnts. Verlag Barbara Budrich. Opladen & Farmington Hills. 187-207.
Mommsen, Margareta (2008): Wer wird Russland regieren? In: Schreiber, Norbert (Hrsg.): Russland. Der Kaukasische Teufelskreis oder Die lupenreine Demokratie. Wieser Verlag. Klagenfurt. 26-49.
Nußberger, Angelika/Marenkov, Dmitrij (2007): Wahlgesetz als Steuerungsmechanismus: Zu den neuen rechtlichen Grundlagen der Duma-Wahlen im Dezember 2007. In: Russlandanalysen Nr. 146. 26.10.2007. 2-5.
Schröder, Hans-Henning (2008a): Russland und der Kaukasuskrieg. In: Russlandanalysen Nr. 169, 19.9.2008. 6-19.
Schröder, Hans-Henning (2008b): „Change" auf Russisch? Medwedjews erste Botschaft an die Föderalversammlung. In: Russlandanalysen Nr. 173, 14.11.2008. 2-5.
Sevcova, Lilia (2006), Briefing des Carnegie Zentrums Moskau. Januar 2006.

Sevcova, Lilia (2008): Ende einer Epoche. Russlands Bruch mit dem Westen. In: Osteuropa, 58. Jg., 11/2008. 65-69.

Shlejnov, Roman (2009): Family business. In: Novaja Gazeta, Nr. 8, Januar 2009.

Stewart, Susan (2008): Die Konstruktion des Feindbilds Westen im heutigen Russland. Seine Geschichte und seine Funktionen. Studie der Stiftung Wissenschaft und Politik. Berlin. Oktober 2008. 5-27.

Tumanov, Boris (2009): Ljudi kak Vy (People like You). In: Grani.ru, 29.1.2009, zitiert nach Johnson's Russia List 22/20, 2.2.2009.

Wiest, Margarete (2003): Russlands schwacher Föderalismus und Parlamentarismus. Münster, Hamburg, London. LIT Verlag.

Wiest, Margarete (2004): Die neue Staatsduma – das Taschenparlament des Präsidenten. In: Russlandanalysen Nr. 13. 30.1.2004. 2-4.

Die EU und die Integrationskraft von Institutionen
Maurizio Bach

1. Eine besondere Institutionenordnung jenseits des Nationalstaats

Der europäische Einigungsprozess ist eines der interessantesten Anwendungsgebiete des Forschungsprogramms der Institutionensoziologie. Europa konstituiert sich als neue politische Ordnung in erster Linie durch die post-nationale Institutionenordnung der EU und ihren Vorläuferorganisationen. Insofern „existiert" Europa heute als politische Ordnung auch nur in der Form der bestehenden europäischen Vergesellschaftung (Bach 2008).

Die ersten institutionensoziologischen Arbeiten zum europäischen Einigungsprozess entstanden bereits Mitte der 1980er Jahre, in einer Zeit, als die Kommission unter der führungsstarken Präsidentschaft Jacques Delors' das Binnenmarktprojekt („Europa 1992") umzusetzen und damit dem zuvor weitgehend stagnierenden Einigungsprozess neuen Schwung zu verleihen begann. Der Auf- und Ausbau der Europäischen Gemeinschaften, seit 1992 der Europäischen Union, ist ein hervorragendes Beispiel für Prozesse der institutionellen Differenzierung auf der Ebene der Staatsverfassung und -organisation. Die supranationale Systembildung ist außerdem Ausdruck eines tief greifenden Wandels der Gesellschaft, insofern die überkommene und dominierende politische Vergesellschaftungsform des Nationalstaates dadurch prinzipiell in Frage gestellt wird.

Dass es sich bei der europäischen Institutionenbildung um eine neue Stufe der Evolution des Staates handelt, liegt auf der Hand. Diese basiert auf der weitgehend verrechtlichten Form einer dauerhaften Kooperation und Vergesellschaftung von souveränen Nationalstaaten, den EU-Mitgliedsstaaten. Im Zuge des Europäisierungsprozesses treten sie in bestimmten Bereichen, wie der Wirtschafts-, der Regional- und der Umweltpolitik, Souveränität an die neu geschaffenen europäischen Agenturen ab und unterwerfen sich den auf europäischer Ebene kollektiv gefassten Beschlüssen und der supranationalen Rechtsordnung. Supranationale Staatswerdung bedeutet aber nicht zugleich und zwangsläufig auch Nationsbildung. Letztere verkörpert ein anderes institutionelles Ordnungsprinzip als die Ausdifferenzierung eines neuen politisch-administrativen Systems auf europäischer Ebene. Das spiegelt sich nicht nur in den grundlegenden Wertbezügen und politischen Ordnungsideen – Volkssouveränität und demokratische Selbstregierung *versus* europäische Einheit und Wohlstandsmehrung – wider. Es wird vor allem auch in der asymmetrischen Lösung des sogenannten institutionellen „Allokationsproblems" sichtbar, d. h. in der Zuordnung spezifischer Funktionen, wie Entscheidungsrechte (Kompetenzen), Ressourcenverfügung (Macht, Wissen, Finanzen), Legitimation (Fügsamkeitsstützen) und Kontrollmöglichkeiten (Sanktionsmechanismen) auf unterschiedlichen Handlungseinheiten (Lepsius 1990: 61).

Die institutionelle Konstellation des Nationalstaates gründet idealtypisch auf einer der Gewaltenteilung entsprechenden, symmetrischen Verteilung der Herrschaftsfunktionen. Sie basiert darauf, dass die wesentlichen Legitimations- und Gesetzgebungsfunktionen von einem Parlament ausgehen, das als repräsentative Körperschaft einer nationalen Bürgergemeinschaft eine mit politischen Entscheidungskompetenzen ausgestattete Regierung bildet und zugleich die Exekutive kontrolliert. Das setzt nicht nur ein politisch verfasstes Subjekt der Volkssouveränität, also einen nationalen Demos, eine wie auch immer konstruierte und fiktionale Bürgergemeinschaft voraus, sondern darüber hinaus eine kulturell und vor allem sprachlich relativ homogenisierte Gesellschaft. Diese Voraussetzungen erfüllen bisher in Europa im Grunde nur die Nationalstaaten. Sie allein stellen die historisch gewachsene Institutionalisierung des Prinzips einer Verknüpfung von nationaler Gemeinschaft(svorstellung) mit entsprechendem Zusammengehörigkeitsbewusstsein einerseits und einer staatlichen Ordnung andererseits dar (Anderson 1983; Giesen 1999). Die EU verkörpert demgegenüber gänzlich andere Leitideen und eine entsprechend differente politische Organisationsform. Das wirkt sich folgenreich auf die endogenen Entwicklungsmöglichkeiten ihrer Staatlichkeitsform und damit zusammenhängend ihrer Demokratiefähigkeit aus.

Stand in der Gründungsphase die politische Idee der Friedenssicherung im Vordergrund des europäischen Projektes, so verlagerten sich die politischen Interessen nach dem Scheitern der Pläne für eine Europäische Verteidigungsgemeinschaft (1954) bald schon in Richtung einer europäischen Wirtschaftsgemeinschaft. Legitimiert wurde das Projekt einer transnationalen Marktintegration, das bereits ein integraler Bestandteil der Römischen Verträge war, wesentlich funktional. Durch die Zollunion sowie später durch eine europaweite Marktvergrößerung und den Abbau von tarifären und nichttarifären Hindernissen im grenzüberschreitenden Wirtschaftsverkehr sollte zunächst eine europäische Wirtschaftseinheit geschaffen werden. Dabei bestand die Hoffnung, dass auch zunehmend andere, interdependente gesellschaftliche Bereiche, wie die Berufsausbildung, die technische Standardisierung oder der Gesundheitsschutz und dergleichen mehr, in den Integrationsprozess einbezogen würden (*spill over*) und sich damit langfristig das Projekt einer politischen Union verwirklichen ließe.

Die Europäische Gemeinschaft für Kohle und Stahl (Montanunion), das von den Gründungsvätern, insbesondere von Jean Monnet eigens mit dem Ziel, eine dauerhafte friedliche Zusammenarbeit der ehemaligen Kriegsgegner, Deutschland und Frankreich, zu ermöglichen, ins Leben gerufene Institutionenmodell, erfüllte zweifellos seinen Zweck.[1] Es bewährte sich zudem auch auf wirtschaftlichem Gebiet in Gestalt der Europäischen Wirtschaftsgemeinschaft (EWG). Die den frühen Integrationsbemühungen zugrunde liegende und bahnbrechende institutionelle Neuerung bestand nun darin, einen möglichst selbständigen supranationalen Akteur zu schaffen. Dieser sollte über eigene, von den Mitgliedsstaaten unabhängige politische Kompetenzen und Ressourcen verfügen und dadurch in die Lage versetzt werden, die Mitgliedsstaaten bei der Umsetzung der gemeinsam gefassten Beschlüsse effektiv zu kontrollieren. Diese Aufgaben erfüllt vor allem die Kommission der Europäischen Union, in den Gründungsverträgen zunächst „Hohe Behörde", später „supranationale Behörde" genannt. Die Einrichtung dieser übernationalen Agentur mit Kontroll- und Sanktionsgewalt sowie eigener, auf den zwischenstaatlichen Verträgen basierender Legitimität verleiht dem europäischen Verband eine neue politisch-institutionelle Qualität. Diese gewinnt er im Wesentlichen dadurch, dass ein Verbindlichkeits- und Verpflichtungsgrad gewährleistet wird, den ein reines zwischenstaatliches Verhandlungsregime nicht oder nur ausnahmsweise erreichen kann, weil es stets mit Veto- und Exit-Drohungen rechnen muss. Diese institutionelle Neuschöpfung, auf die die bisherige Erfolgsgeschichte der europäischen Einigung, insbesondere ihre Kontinuität und Stabilität zum weitaus größten Teil beruht,[2] ist einzigartig. In der Tat existiert keine vergleichbare politisch-institutionelle Ordnung und damit auch kein vergleichbares etatistisches Verfassungsmodell. Supranationalität ist ein Ordnungsprinzip, das es insofern ausschließlich in der politischen Konstellation der EU gibt (Bach 1999).

Herausragend ist die dem Ganzen zugrunde liegende Kombination von zwei Handlungs- und Entscheidungsebenen: der intergouvernementalen, auf der Souveränität der Mitgliedsstaaten basierenden einerseits, der supranationalen, auf einem autonomen Dritten als Makler und Vermittler beruhenden andererseits. Darauf ist die Singularität der EU als politisches Institutionensystem begründet. Sie ist zugleich die Grundlage ihrer dualen Legitimation (Lepsius 2000). Im Prozess

---

[1] Sieht man dabei einmal von der freilich weitaus wirksameren militärischen Abschreckungs- und Schutzpolitik der NATO ab.
[2] Institutionensoziologische Analysemodelle messen der langfristig wirkenden Ordnungs- und Prägekraft von Institutionen heuristisch eine größere Erklärungskraft als dem politischen Einigungswillen oder dem Konsens der beteiligten Regierungen bei.

der europäischen Gesetzgebung[3] drückt sich dieser Sachverhalt darin aus, dass die legislativen Kompetenzen auf zwei verschiedene Organe verteilt sind: Auf der einen Seite verfügt die Kommission über ein Monopol der Gesetzesinitiative. Als Agent des „europäischen Gemeinwohls" arbeitet sie hauptsächlich nach technokratisch-bürokratischer Logik die meisten Entscheidungsvorlagen inhaltlich aus und treibt den Integrationsprozess gemäß den Vertragszielen beständig aktiv voran. Insofern kann die Kommission nicht auf eine rein administrative Körperschaft reduziert werden. Sie ist zugleich „Gesetzgeber" und Exekutive, „Motor der Integration" und „Hüterin der Verträge". Der Ministerrat auf der anderen Seite, die Vertretung der gleichberechtigten Mitgliedsstaaten, verfügt allein über die Beschlusskompetenz in letzter Instanz. Vor allem auf dieser Ebene kommen die nationalen politischen und wirtschaftlichen Interessen zum Tragen. Wir haben es auf europäischer Ebene insofern mit einer ungewöhnlichen „verschränkten Gesetzgebung" (Ipsen) zu tun, einer Verschränkung von nationaler und supranationaler Ebene, die das bestehende Spannungsverhältnis zwischen den inkongruenten Ordnungsprinzipien zur Voraussetzung einer neuartigen politischen Systembildung macht.

Das Europäische Parlament (EP) ist an diesem Prozess im Rahmen des Mitentscheidungsverfahrens[4] zwar beteiligt; es ist aber trotz seiner soliden, aus Direktwahlen in den Mitgliedsländern hervorgehenden demokratischen Legitimität nicht der Hauptakteur, wie dies für demokratische Regierungssysteme üblich und selbstverständlich ist. Es war weder in Monnets Institutionendesign vorgesehen noch ursprünglich von den Gründungsmitgliedern gewollt. Es entstammt einer weit späteren Entwicklungsphase (1970er Jahre) und verdankt seine Einrichtung damit anderweitigen politischen Konstellationen und Kontingenzen (Bainbridge 2002: 236). Es konnte sich auch nur langsam – stimuliert vor allem durch eine beständige Demokratie- und Partizipationsrhetorik in erster Linie der Europaparlamentarier selbst –, aber bis heute trotzdem nur unvollkommen in das durch ein dominant-technokratisches Selbstverständnis gekennzeichnete und damit letztlich gegen Demokratisierungsbemühungen weitgehend immune Entscheidungszentrum der EU, also in das Führungstrio von Kommission, Rat und Europäischem Gerichtshof, integrieren. Gerade das EP repräsentiert und nährt aber beständig die

---

3   Korrekt handelt sich um „Richtlinien" und „Verordnungen" und nicht um eine den parlamentarischen Verfahren entsprechende Gesetzgebung.
4   Im Vertrag von Lissabon wurde das Mitentscheidungsverfahren zwar auf weitere 35 Entscheidungsfälle ausgeweitet und in „ordentliches Gesetzgebungsverfahren" umbenannt; das Initiativmonopol der Kommission und die letztinstanzliche Beschlussfassungskompetenz des Ministerrates, u. a. im Bereich der Vertragsrevisionen, blieben aber unangetastet (Hofmann/ Wessels 2008).

Illusion von einer europäischen Nationswerdung, und zwar dadurch, dass es den im Grunde systemfremden Schein aufrecht erhält, eine echte europäische Volksvertretung zu sein. Die Legitimitätsgrundlage des EP korrespondiert aber auch keineswegs mit der Kompetenzenallokation. Es wäre zweifelsohne überzeichnet, würde man der europäischen Volksvertretung Bedeutungslosigkeit bescheinigen, doch sollte auch nicht übersehen werden, dass sie – sieht man von der Haushaltskontrolle ab – kaum ansatzweise über klassische parlamentarische Prärogative verfügt, wozu die Ernennung und Kontrolle einer Regierung oder die Initiativ- und Beschlusskompetenz in der Gesetzgebung gehören würden.

2. Das „institutionalisierte Misstrauen": Verfahren und Entscheidungen im Schatten von Veto

Damit kann die EU, obwohl sie mit dem Europäischen Parlament eine direkt gewählte repräsentative Körperschaft besitzt, schon aufgrund ihrer Institutionengestalt einem Vergleich mit nationalstaatlichen Verfassungsordnungen nicht standhalten. Mit ihr entwickelte sich erstmalig in der Geschichte ein transnationales Vertrags- und Rechtssystem, dessen Erfolg auf einer eigentümlichen „Institutionalisierung des Misstrauens" beruht. Die sich wechselseitig vor allem als Vertreter nationaler Interessen wahrnehmenden Regierungen haben eine mit beträchtlicher Macht ausgestattete supranationale Kontroll- und Sanktionsinstanz geschaffen, gerade um die partikularen Interessen im Namen der Europaidee und gemäß den spezifischen Rationalitätskriterien der EU effektiv kanalisieren zu können. Die Kommission ist nicht zuletzt deshalb als die zentrale Triebkraft der Europäisierung von oben zu betrachten, weil gerade ihr die Vermittlung von nationalen Interessenkonflikten obliegt. Zu diesem Zweck haben sich im Laufe der Zeit eigens entwickelte Verfahren etabliert, die nur darauf abzielen, in Sach- und Verwaltungsfragen möglichst inhaltlichen Konsens unter den zahlreich beteiligten nationalen und supranationalen Akteuren zu erzielen oder eine solche Konsensfindung zumindest zu erleichtern. Die Zustimmung aller Mitgliedsländer zu Entwürfen von Richtlinien, Verordnungen oder sonstigen legislativen Maßnahmen ist schließlich unabdingbare Voraussetzung für eine Erfolg versprechende Aufstufung der jeweiligen Entscheidungsvorgänge auf die Ratsebene, formal die letztinstanzliche Beschlussebene.

Im Ministerrat gilt darüber hinaus bei allen politisch entscheidenden Fragen, die etwa die Aufnahme neuer Mitglieder in den Verband, institutionelle Reformen (Vertragsänderungen), den Haushalt oder die Sozial- und Bildungspolitik betreffen, das Einstimmigkeitsprinzip. Mehrheitsentscheidungen nehmen in zahlreichen Bereichen der europäischen Beschlussfassung zwar zu,[5] sie bleiben aber auf bestimmte, vertraglich spezifizierte Materien, hauptsächlich auf den Bereich des Binnenmarktes und der Wirtschaftspolitik begrenzt. Im Übrigen bilden sie aufgrund der Stimmengewichtung nach Maßgabe von Größe und Bevölkerungszahl der einzelnen Länder (qualifizierte Mehrheit) eine immer noch außerordentlich hohe Entscheidungshürde. Die Möglichkeit von Regierungen der Mitgliedsstaaten, von ihrem Vetorecht Gebrauch zu machen, wenn essentielle Interessen von Einzelstaaten beeinträchtigt zu werden drohen, bleibt mithin auch nach Ausdehnung der Mehrheitsregel seit Mitte der 1980er Jahre ein zentrales Systemmerkmal der EU.[6] Die Vetomöglichkeit schützt vor allem die kleineren Länder vor Überstimmung durch Allianzen größerer Mitgliedsstaaten und spiegelt damit gleichsam die Unantastbarkeit der einzelstaatlichen Souveränität, letztlich die Strukturdominanz der nationalen Ebene in der EU, wider.

Anders in der Kommission: Hier haben sich auf der operativen Ebene spezielle *nicht-majoritäre* Verfahrensmodi etabliert, die eine effektive Einbindung einzelstaatlicher Akteure in die außerordentlich komplexe Kompromiss- und Problemlösungsmaschinerie ermöglichen, ohne dass dabei immer um Mehrheiten gerungen werden muss. Neben den auch in nationalen Zusammenhängen üblichen hierarchisch-administrativen Koordinationsverfahren (Generaldirektionen, Direktionen, Dienste usw.) gehört dabei die Praxis von sogenannten Verwaltungs- und Sachverständigenausschüssen bzw. der „Komitologie" zu den ureigensten Verfahrensmodalitäten der Kommission.[7] Ausschüsse finden sich freilich nicht nur in der Kommission; auch im Rat (z. B. der Ausschuss der Ständigen Vertreter), im Europäischen Rat und Europaparlament erfolgt der Prozess der Problembewältigung durch Konsensfindung meistens innerhalb jener teils formalen, teils informalen sozialen Kleinstrukturen und Netzwerke, die allgemein als Komitees bezeichnet werden (Bach 1999; Falke 2000).

Aus institutionensoziologischer Sicht bilden Ausschuss- und Komiteesysteme, unabhängig von der Regimeform, ubiquitäre und unverzichtbare Entscheidungskontexte in den meisten entwickelten politischen und bürokratischen Systemen. Ihre funktionale Unverzichtbarkeit ergibt sich aus der sozialen Tatsache, dass es

---

5 Der Vertrag von Lissabon dehnte die Anwendungsgebiete für eine Beschlussfassung nach den Regeln der qualifizierten Mehrheit im Rat noch einmal gegenüber der Version von Nizza auf 21 neue und 23 bestehende Politikbereiche aus (Hofmann/Wessels 2008: 13).
6 Dabei ist zu berücksichtigen, dass es in 80 bis 90 Prozent der Rechtsakte des Rats gar nicht zur formellen Abstimmung kommt. Informelle Einstimmigkeit ist somit der Normalfall.
7 Als „Komitologie" im weitesten Sinne wird in der Regel das Ausschusssystem der EU insgesamt bezeichnet; genau genommen handelt es sich aber um Kommissionsausschüsse, die auf Initiative des Rates bei der Übertragung von Durchführungsbefugnissen auf die Kommission eingesetzt werden.

sich dabei um spezifische Entscheidungskontexte und Handlungsräume handelt, bei denen sich aufgrund der meist überschaubaren Mitgliederzahl und der dominierenden face-to-face-Kommunikation eine situativ wirksame Gruppendynamik entfalten kann, die eher informelle Konsensfindung ohne Abstimmungen, aber nach Maßgabe des normativen Prinzips der Reziprozität unterstützt (Luhmann 1975; Sartori 1992). Auch wird dadurch ein Höchstmaß an Partizipation der beteiligten Akteure ermöglicht und eine relativ breite Interessenberücksichtigung gewährleistet. Hinzu kommt, dass in Ausschüssen soziale Prozesse zum Tragen kommen, die unter der Voraussetzung einigermaßen kontinuierlicher Interaktionen und konstanter Gruppenmitgliedschaft einen Diskursstil begünstigen, der zur Herausbildung und Internalisierung eines gemeinsamen Problem- und Verfahrensverständnisses bei den Beteiligten führt oder dessen Herausbildung mindestens erwarten lässt (Neyer 2000). Solche expertokratischen Gruppenbildungen (*epistemic communities*) definieren oft nach deren normativem und epistemologischem Vorverständnis maßgeblich die inhaltliche Seite der politischen Probleme; sie bestimmen die Agenda und geben meist auch schon die Lösungswege mit vor. Komitees sind insofern ein essentieller Bestandteil der europäischen *Governance*. Sie liefern Fachwissen und damit die nötige Expertise für die Arbeitsebene des europäischen Politik- und Entscheidungsprozesses. Sie sind zugleich das Bindeglied zwischen den nationalen und den europäischen Entscheidungsebenen. Darüber hinaus unterstützen sie die legislative Tätigkeit des Rates und der Kommission und kontrollieren die Umsetzung des EU-Rechts. In diesen Arbeitskontexten bilden sich jene Rationalitätskriterien aus, die eine Konkretisierung und Operationalisierung der abstrakten europäischen Leitideen im Lepsiusschen Sinne möglich machen.

Das Ausschusswesen reflektiert damit aber auch die charakteristische Uneindeutigkeit des zwischen supranationalen Prärogativen und nationalen Souveränitätsreservaten changierenden Systems der europäischen Politikformulierung. Aus der Sicht der Kommission leisten die Ausschüsse deliberative Vorverhandlungs- und Vorabstimmungsfunktionen, die allerdings einen deutlich instrumentellen Charakter tragen, insofern sie als sub-institutionelle und semi-formelle Arenen der Konsensfindung auf der Arbeitsebene und als Träger des relevanten *Policy*-Wissens die strukturellen Kontroll- und Informationsdefizite der Kommission kompensieren und damit deren Verhandlungsmacht im Gesamtgefüge stärken helfen sollen. Die Mitgliedsstaaten hingegen können die Ausschüsse als nützliche Instrumente zur politischen Kontrolle der Kommission einsetzen, indem sie durch die direkte Beteiligung der von ihnen in der Regel selbst in die Ausschüsse entsandten Beamten und Fachleute auf die Meinungsbildung und Entscheidungsfindung der Kommissionsstäbe inhaltlich sowie verhandlungstaktisch Einfluss zu nehmen versuchen. Auf diese Weise konstituiert sich das Ausschusssystem der Kommission neben den multiplen Hierarchien der Kommission und der nationalstaatlichen Verwaltungsorganisationen als eine singuläre Parallelbürokratie mit relativ flachen Status- und Autoritätsabstufungen.

Somit kann festgehalten werden: Sowohl die besondere Art der Allokation der politischen Funktionen im Binnensystem der EU als auch die Ausdifferenzierung von zum Teil neuartigen Verfahren der Konsensfindung und Beschlussfassung sind Ausdruck des einzigartigen Großprojekts einer Institutionalisierung der nationalen Differenzen und zwischenstaatlichen Interessendivergenzen, die das europäische Staatensystem in der Vergangenheit bestimmt haben und auch heute noch weitgehend bestimmen. Das aus dem Gegensatz zwischen den Ordnungsprinzipien „Nationalität" und „Supranationalität" resultierende Spannungs- und Konfliktverhältnis konstituiert die EU als singuläre transnationale Institutionen-Konstellation. Dieses Spannungsverhältnis ist aber zugleich auch die zentrale Triebkraft der europäischen Integrationsdynamik. Die Ausdifferenzierung und Interdependenz der verschiedenen Organe der EU mit ihren unterschiedlichen Kompetenzen und Funktionen, die Herausbildung und Verzahnung einer Vielzahl von Handlungsräumen und Entscheidungsebenen mit speziellen Rationalitätskriterien und Kompromiss- sowie Beschlussverfahren, die engen Verflechtungen von nationalen und supranationalen Akteuren sowie privaten Interessenorganisationen in den kapillaren Politik-Netzwerken verleihen dem neuen europäischen Herrschaftssystem eine polykratische und multizentrische Gestalt. Europa präsentiert sich insofern als ein überaus komplexes Arrangement von heterogenen politisch-institutionellen Arenen, das durch die Leitideen der europäischen Einigung und durch das europäische Recht koordiniert wird.

Wie jede Vergesellschaftung entwickelt freilich auch das Institutionensystem der EU eine Eigendynamik. So werden die Exit- und Rückfalloptionen in rein nationale Orientierungen und Interessenartikulation, schon aufgrund der hohen politischen und administrativen Entflechtungs-Kosten, mithin auf Grund des erreichten Integrationsgrades für die Mitgliedsstaaten, zunehmend versperrt. Aber auch die Kosten der vorausgegangenen Interessenvermittlungen, die unter ständigen Vetodrohungen und in einem äußerst schwerfälligen Prozedere im Ausschusssystem zustande gekommen sind und die in der Regel äußerst komplizierte und zeitaufwändige Auf- und Abstufungen in den Hierarchien und Netzwerken der EU-Organe und -Instanzen erfordern, wiegen natürlich schwer. Stattdessen wird, um es in der Begrifflichkeit Albert O. Hirschmans (1970) auszudrücken, eine eigengesetzliche *Voice*-Spirale in Gang gehalten, die die Mitgliedsstaaten gewissermaßen dazu zwingt, an dem europäischen Einscheidungsprozess gerade im nationalen Interesse weiter mitzuwirken, um mögliche politische Einflusschancen nicht zu verspielen. In dem Verhandlungssystem der EU erhöhen nur Partizipation und Partizipationsbereitschaft die Chancen einer nationalen Interessenwahrung, während ein Austritt aus dem gemeinsamen Verband einer kontraproduktiven und riskanten, in den politischen Folgen kaum abschätzbaren Selbstisolation gleichkäme. Dadurch ist schon wegen der institutionsbedingten Eigendynamik eine weitere Fortsetzung und Verstärkung des Integrationskurses (aber nicht unbedingt auch der Erweiterungen) zu erwarten. Hinzu kommen die korporativen Interessen der Organe und ihrer Funktionseliten, die in den meisten Fällen auf Besitzstandswahrung und den Ausbau der eigenen Befugnisse, Legitimität und Ressourcen abzielen.

3. Europäische Bürger, europäisches Bewusstsein?

Unter dem Dach der EU, das sollten voranstehende Ausführungen deutlich machen, werden die Einzelstaaten weder aufgelöst, noch gehen die nationalen Gesellschaften in einer integrierten europäischen Gesellschaft auf. Weder kann Europa eine ethnische oder primordiale Identität ausbilden, noch ist es in der Lage, sich als eine europäische Bürgergemeinschaft zu konstituieren. „Ethnos" und „Demos" sind Kategorien, mit denen das herkömmliche nationale Vergesellschaftungsmodell beschrieben werden kann. Der europäische Verband lässt sich aber selbst mit diesen Kategorien nicht präzise genug fassen. „Ethnos" als Referenzeinheit des politischen Selbstverständnisses kann die EU schon deshalb nicht für sich in Anspruch nehmen, weil die Völker Europas bereits umfassend nationalstaatlich vergesellschaftet sind und infolgedessen kein einheitliches europäisches Volk vorausgesetzt werden kann. Europa ist daher nur als „Vielvölkerstaat" denkbar, der auf einem ethnischen Pluralismus beruht (Lepsius 1990: 254). Der Weg in einen europäischen Nationalstaat ist damit von vornherein verschlossen.

Aber auch die Kategorie „Demos" ist nur bedingt auf die EU anwendbar. Versteht man darunter eine primär politisch-rechtlich begründete Gemeinschaft von Staatsbürgern, dann scheidet bei genauerer Betrachtung auch diese scheinbar naheliegende Bezugsebene für die europäische Einigung aus. Die entscheidende Frage ist, ob die europäische Ebene den nationalstaatlichen *Citizenship*-Rechten vergleichbare soziale Inklusionsfunktionen übernehmen kann oder sollte. Genau das erscheint zweifelhaft. Die spezifisch transnationale Dimension der Unionsbürgerschaft erschöpft sich in quantitativ und qualitativ äußerst beschränkten Rechtsansprüchen, die für die Unionsbürger zudem auch nur ergänzend zur nationalen Staatsbürgerschaft Wirksamkeit entfalten können: Ein europaweites Mobilitäts- und Aufenthaltsrecht, das aktive und passive Wahlrecht für EU-Ausländer bei Kommunalwahlen sowie bei den Wahlen zum Europäischen Parlament für EU-Ausländer, das Recht auf diplomatischen und konsularischen Schutz für EU-Bürger im Ausland auch durch Botschaften oder Vertretungen von Mitgliedsstaaten, deren Staatsangehörigkeit der Betreffende nicht besitzt; schließlich das Petitionsrecht beim Europäischen Parlament. An dieser Aufzählung wird schon deutlich, dass die Unionsbürgerschaft zwar mit neuen subjektiven Rechten verknüpft ist, diese aber vor allem grenzüberschreitend tätige EU-Bürger schützen. Mit der Institution der Unionsbürgerschaft verbinden sich also keine universalen politischen und sozialen Rechte, die über den Rechtsstatus des Staatsbürgers eines Mitgliedsstaaten nennenswert hinausgingen, sondern sie verbürgt in erster Linie nur den rechtlichen Status und eine Privilegierung der Markt- bzw. Wirtschaftsbürger.

So gesehen ist die Unionsbürgerschaft nur das subjektivrechtliche Korrelat zum systemischen Funktionszusammenhang des europäischen Wirtschaftsraumes ohne Binnengrenzen und mit allgemeiner Freizügigkeit für die EU-Bürger. Damit erweist sie sich in ihrer normativen Reichweite aber als äußerst begrenzt. Es besteht weitgehend Übereinstimmung, dass die Unionsbürgerschaft die nationalen Bürgerrechte nicht ersetzen kann (Preuß 2001). Zudem gründet die Unionsbürgerschaft nicht nur äußerlich und formal auf dem Besitz der nationalen Bürgerrechte; die Gerichte der Mitgliedsländer sind auch nach wie vor die entscheidenden Kontroll- und Garantieinstanzen. Zudem definieren die Staaten weitgehend autonom die damit verbundenen Pflichten und Auflagen. Somit begründet die Einführung der Unionsbürgerschaft zwar eine neue duale oder „verschachtelte" Staatsbürgerschaft (Faist 2000), aber (noch) keinen selbständigen postnationalen Mitgliedschaftsstatus (Lepsius 2000b: 303ff.). Die nationale Staatsbürgerschaft bleibt demzufolge nach wie vor die normative Legitimationsfigur für die Bestimmung und vor allem für die juridisch-prozedurale Konkretisierung von politischen und sozialen Rechten. Die Unionsbürgerschaft als solche kodifiziert keine über den mobilen europäischen Marktbürger hinausgehende politische und soziale Gleichheitsnorm, die als kulturell-normative Wertbeziehung zu einem Katalysator für Ungleichheitskritik oder Benachteiligtenproteste fungieren könnte. Ihre Inklusionskraft beschränkt sich – sieht man vom Erasmus- bzw. Sokrates-Studentenaustausch ab – auf die mobilen Arbeitnehmer, die, solange ein europaweiter Arbeitsmarkt auf Grund von sprachlichen und anderen kulturellen Barrieren praktisch unbedeutend ist, typischerweise Angehörige der europäischen Funktionseliten von Wirtschaft, Politik und Wissenschaft sind.

Zusammengefasst: Die europäischen Bürgerrechte haben keine ausreichend eigenständige soziale Deutungs- und Integrationskraft. Deshalb sind auch die zivilgesellschaftlichen Solidaritätspotentiale in der Europäischen Union nur schwach entwickelt. Die entscheidende Bezugsebene für das politische Bewusstsein der Bürger ist in aller Regel derjenige Staatsverband, dessen Staatsangehörigkeit sie besitzen. Nicht zufällig bildet dieses politische System, mithin das nationale Parlament, in föderalen Systemen die Länder- oder regionale Ebene, das nationale Parteiensystem, die nationale politische Öffentlichkeit und die nationale Regierung, im politischen Selbstverständnis der Bürger nach wie vor die wichtigste, wenn nicht die einzig relevante politisch-institutionelle Referenzeinheit. In der öffentlichen Wahrnehmung ist und bleibt somit die nationale Verfassungsordnung die wichtigste Bezugseinheit für die politische Identifikation und politische Kommunikation der nationalen Gesellschaften.

Selbst die europäische Tagespolitik wird von der Bevölkerung aller Erfahrung nach primär unter dem Gesichtspunkt vermeintlich nationaler Interessen wahrgenommen.[8] Daher ist es nicht verwunderlich, dass sich bisher keine nennenswerte europäische Identität ausgebildet hat. Das europäische Bewusstsein hinkt der supranationalen Institutionenbildung gerade deshalb weit hinterher, weil die Mitgliedsstaaten die grundlegenden politischen Funktionen moderner Demokratien, sowohl die demokratischen Repräsentations- und Partizipationsmöglichkeiten, die Rechts- und Verwaltungsfunktionen als auch die soziale Konfliktabsorption (etwa die Regulierung von sozialer Ungleichheit) sowie die damit verbundene Systemlegitimation weitgehend autonom und selbstbezüglich leisten. Obwohl ein nicht unbeträchtlicher Teil der nationalen Gesetzgebung, besonders im wirtschaftspolitischen Bereich, mittlerweile aus europäischen und anderen internationalen Agenturen hervorgeht, bildet letztlich das nationale politische System die ausschlaggebende Zurechnungs- und Verantwortungseinheit. So gesehen sind weder der in seinen Außengrenzen weitgehend unbestimmte europäische geographische Raum, noch die im hohen Maße durch die nationalen Historiographien gefilterte europäische Geschichte, noch die mehrfach historisch und regional gespaltenen Kulturen Europas[9] als „substantielle" Grundlage eines vorpolitischen europäischen Wir-Gefühls anzuführen.

Die soziale Konstruktion von politischen Kollektividentitäten ist mithin keine Frage der sozialpsychologischen Alchimie oder der philosophischen Spekulation, sondern weitgehend von institutionellen Bestimmungsfaktoren und Prägekräften

---

8   Empirisch belegen das mit großer Konstanz einschlägige Umfragen.
9   Man denke nur an die Folgen der Kirchenspaltungen im Zusammenhang des Schismas und der Reformation oder auch an die Nachwirkungen der politischen Teilung Europas während des Kalten Krieges.

abhängig. Auch die Europäische Union kann daher als ein potentielles Identifikationsangebot betrachtet werden. Allerdings wird dies bisher nur in einem äußerst begrenzten Umfang von der Bevölkerung, hauptsächlich von den gesellschaftlichen Eliten, wahrgenommen. Bei der Bevölkerung sind bestenfalls Ansätze einer doppelten, national-europäischen Identitätsbildung erkennbar. Doch dominieren im kollektiven Selbstverständnis der europäischen Gesellschaften bei weitem die nationalen (und regionalen) Deutungs- und Identifikationsmuster.

4. Europäische Verfassung, europäische Demokratie?

Eine Verfassung für die EU hätte alle diese Umstände zu berücksichtigen. Lepsius hat deshalb eine mögliche Konstitutionalisierung des europäischen Verbandes in Anlehnung an eine Begriffsbildung Emerich K. Francis' das Konzept des „Nationalitätenstaates" als Modell für den europäischen Verband vorgeschlagen. Wenn sich die europäische Einigung nicht auf eine „Nation Europa" stützen und sie auch nicht selbst vollbringen kann, „ohne die Zerstörung der westeuropäischen Nationen vorzunehmen, das heißt die Legitimationsbasis der westeuropäischen [heute gesamteuropäischen, M.B.] Nationalstaaten, ihr jeweiliges ‚Demos' aufzulösen" (Lepsius 1990: 254), dann kann es nur ein Ziel geben: „[U]nter Beibehaltung der Nationalstaaten Westeuropas [heute: Gesamteuropas, M.B.] eine Koordination und Zusammenfügung von Entscheidungsfeldern zu erreichen, eine teilweise Einschränkung der Souveränität der Nationen zu erreichen und aus ihnen Nationalitäten werden zu lassen." (ebd.) Die Grundvoraussetzungen eines europäischen Nationalstaates wären demnach eine angemessene Mitbeteiligung der Nationalitäten, bei Aufrechterhaltung ihrer relativen Autonomie innerhalb des supranationalen Verbandes. Daraus ergeben sich als Hauptaufgaben für eine europäische Verfassung vor allem eine eindeutige Abgrenzung der Regelungsbefugnisse zwischen der nationalen und der supranationalen Ebene, die Garantie der nationalen Souveränität sowie der Schutz von nationalen bzw. ethnischen Minderheiten auf dem Gebiet der EU.

Der Konvent für Europa, der von 2002 bis 2003 getagt und den Entwurf eines Verfassungsvertrages für die EU ausgearbeitet hat, war sich dieser besonderen Herausforderungen teilweise bewusst und hat sich auch um die Lösung einiger grundlegender institutioneller Fragen bemüht. Doch das Hauptziel dieses bisher letzten Projekts einer großen Systemreform, die mit dem altbekannten Demokratie- und Identifikationsdefizit verbundenen Legitimationsprobleme der EU zu beheben, wurde letztlich verfehlt. Das zeichnete sich schon frühzeitig im Konvent ab, der dem weiter oben kritisierten Traum von einer deliberativen Demokratisierung und einer konstitutionellen Neugründung der EU als einer europäischen Föderation verhaftet blieb (Göler 2006). Die Vorstellung der Demokratisierbarkeit des supranationalen Regierungssystems, sei es durch eine Ausweitung der Kompetenzen des Europäischen Parlaments, sei es durch eine europäische Verfassung, gehört mit zu den beständigsten Mythen der neueren Geschichte der europäischen Integration. Unsere bisherige Analyse sollte demgegenüber deutlich gemacht haben, dass die EU nicht als staatlicher Verband im herkömmlichen Sinn, aber auch nicht als demokratisches Gemeinwesen beschrieben werden kann. Die Demokratiefähigkeit ist der EU, wie gezeigt, vor allem aufgrund des Fehlens eines Demos, also eines politisch verfassten europäischen Staatsvolks, abzusprechen (u. a. Grimm 1995). Worauf es dabei aber entscheidend ankommt, ist nicht nur der in Europa vorherrschende kulturelle Pluralismus, der sich naturgemäß gegen Homogenisierung sperrt. Wichtiger noch ist, dass die Staatsvölker in Europa bereits politisch organisiert, mithin als demokratische Nationalstaaten verfasst sind. Eine Fusion in eine europäische demokratische Nation ist weder zu erwarten, noch steht sie auf der politischen Agenda der EU oder auch nur einer ihrer Mitgliedsstaaten. Dessen ungeachtet wirkt der Traum von einer europäischen Nationswerdung als Illusion einer konstitutionalisierten EU weiter fort.

Die Europäische Union befindet sich mithin zur Zeit erneut in einer Situation, die zu einem Überdenken ihrer grundlegenden Leitideen und Ordnungsvorstellungen auffordert. Dabei stellt sich das Problem, ob die Europäische Union sich zu einem europäischen Bundesstaat weiterentwickeln soll und kann, ob sie ein primär wirtschaftspolitischer Zweckverband bleiben soll oder ob sie mit innovativen Föderalismusmodellen (etwa dem von Lepsius vorgeschlagenen Nationalitätenstaat) eine neue Stufe der Staatsbildung einschlagen wird. Die künftige Entwicklung wird diese Frage in der Praxis der institutionellen Ordnungskonstellationen beantworten.

Literatur

Anderson, Benedict (1983): Imagined Communities. Reflections on the Origin and Spread of Nationalism. London: Verso

Bach, Maurizio (1999): Die Bürokratisierung Europas. Verwaltungseliten, Experten und politische Legitimation in Europa. Frankfurt am Main: Campus

Bach, Maurizio (Hrsg.) (2001): Die Europäisierung nationaler Gesellschaften. Wiesbaden: VS Verlag für Sozialwissenschaften
Bach, Maurizio (2008): Europa ohne Gesellschaft. Politische Soziologie der europäischen Integration. Wiesbaden: VS Verlag für Sozialwissenschaften
Bainbridge, Timothy (2002): The Penguin Companion to European Union. London: Penguin Books
Dreyer, Horst (Hrsg.) (2000): Rechtssoziologie am Ende des 20. Jahrhunderts. Gedächtnissymposion für Edgar Michael Wenz. Tübingen
Faist, Thomas (2000): Soziale Bürgerschaft in der Europäischen Union. Verschachtelte Mitgliedschaft. In: Bach (2001). 229-250
Falke, Josef (2000): Komitologie-Entwicklung. Rechtsgrundlagen und erste empirische Annäherung. In: Joerges/Falke (2000). 43-159
Fischer, Joschka (2000): Vom Staatenverbund zur Föderation – Gedanken über die Finalität der europäischen Integration. Rede am 12. Mai 2000 in der Humboldt-Universität Berlin. In: Frankfurter Allgemeine Zeitung, 15.5.2000. Nr. 112. 15
Giesen, Bernhard (1999): Kollektive Identität. Die Intellektuellen und die Nation 2. Frankfurt am Main: Suhrkamp
Göler, Daniel (2006): Deliberation – Ein Zukunftsmodell europäischer Entscheidungsfindung? Analyse der Beratungen des Verfassungskonvents 2002-2003. Baden-Baden: Nomos
Grimm, Dieter (1995): Braucht Europa eine Verfassung? München
Hofmann, Andreas/Wessels, Wolfgang (2008): Der Vertrag von Lissabon – eine tragfähige und abschließende Antwort auf konstitutionelle Grundfragen? In: Integration. Nr. 311. 3-20
Hirschman, Albert O. (1970): Exit, Voice, and Loyality. Responses to Decline in Firms, Organizations, and States. Cambridge, Mass.: Harvard University Press
Joerges, Christian/Falke, Josef (Hrsg.) (2000): Das Ausschußwesen der Europäischen Union. Praxis der Risikoregulierung im Binnenmarkt und ihre rechtliche Verfassung. Baden-Baden: Nomos
Kleger, Heinz (Hrsg) (1997): Transnationale Staatsbürgerschaft. Frankfurt am Main / New York: Campus
Lepsius, Rainer (1990): Interessen, Ideen und Institutionen. Opladen: Westdeutscher Verlag
Lepsius, Rainer (2000): Die Europäische Union als rechtlich konstruierte Verhaltensstrukturierung. In: Dreyer (2000). 289-305
Luhmann, Niklas (1975): Legitimation durch Verfahren. Frankfurt am Main: Suhrkamp
Neyer, Jürgen (2000): Risikoregulierung im Binnenmarkt: Zur Problemlösungsfähigkeit der europäischen politischen Verwaltung. In: Joerges/Falke (2000). 257-328
Preuß, Ulrich (1997): Probleme eines Konzepts europäischer Staatsbürgerschaft. In: Kleger (1997). 249-270
Sartori, Giovanni (1992): Demokratietheorie. Darmstadt: Wissenschaftliche Buchgesellschaft

Was hält die EU-Gesellschaften zusammen?

Stefan Immerfall

1. Die Europäische Union als Elitenprojekt

Die Europäische Union ist als eine Art „friedliches Imperium" eine Erfolgsgeschichte. Das beweist schon die Schlange beitrittswilliger Mitglieder. Die ursprüngliche Sechser-Gemeinschaft ist auf 27 Mitglieder, ihre Bevölkerung von 160 auf 480 Millionen angewachsen. Ein Ende ist nicht in Sicht, selbst wenn einige Mitgliedsländer die Erweiterungsdynamik nun bremsen wollen. Die politische Integration Europas war im Wesentlichen eine Angelegenheit der politischen, bürokratischen und auch wirtschaftlichen Eliten (Bornschier et al. 2000). Dass sie damit auch eigene Interessen verfolgen, verwundert nicht, wenngleich es richtig ist, darauf immer wieder aufmerksam zu machen (Haller 2009).

Die europäischen Eliten haben ein Gebilde geschaffen, das über einen teilweisen Souveränitätsverzicht seiner Mitgliedstaaten Wohlfahrtsgewinne ermöglichen soll. Ähnlich wie Immanuel Kant die Ehe als Verbindung zweier Personen zum wechselseitigen Gebrauch ihrer Vermögen und ihrer Geschlechtsorgane definierte, lässt sich die Europäische Gemeinschaft/Union als Zusammenschluss betrachten, der den längerfristigen Nutzen der Glieder mehren soll. Dazu bedarf es ihrer Selbstbindung (Elster 2000): Die Mitgliedstaaten verpflichten sich, dem Recht der Europäischen Union auf ihren Territorien Geltung zu verschaffen. Sie tun das unter der Bedingung, dass auch alle anderen Mitgliedsländer dies tun.

Die mit dem europäischen Projekt verbundenen Ziele waren – zunächst – Friedenssicherung und dann – und vor allem – Wohlstandsmaximierung durch Marktintegration. Um die Durchsetzung der dazu notwendigen Maßnahmen zu garantieren und auf Dauer zu stellen, wurde mit dem transnationalen Vertrags- und Rechtssystem zugleich ein neues, politisch-administratives System zu dem Zweck geschaffen, die nationalen Partikularinteressen zu zähmen und übernationalen Interessen Bahn zu brechen (vgl. den Beitrag von Bach in diesem Band). Entgegen der neoliberalen Ideologie entstehen Märkte keineswegs naturwüchsig. Dazu bedarf es politischer Interventionen (Sweet/Fligstein 2002). Mit der Aufgabe, Märkte zu schaffen und zu überwachen, ist im Lauf der Zeit der Europäischen Union, namentlich der Kommission, erhebliche Macht zugefallen.

Mit dieser, auch als Methode Monnet bezeichneten Strategie sind die europäischen Gesellschaften bislang gut gefahren. Die Europäische Union stellt außerhalb der Vereinigten Staaten den einzigen Versuch dar, im kontinentalen Maßstab eine Wirtschaftsgemeinschaft zu schaffen, welche die ökonomische und die politische Logik miteinander vereint (Hix 2008: 11). Dass dieses Gebilde nicht besonders demokratisch gestaltet ist, hat lange nicht gestört. Wie Lord Dahrendorf spöttelte, könnte sich die EU selbst nicht aufnehmen, da sie an den in Kopenhagen festgelegten Demokratiekriterien scheitern würde. Doch nun ist die „Methode Monnet" an ihre Grenzen gestoßen. Drei Gründe sind dafür verantwortlich.

Erstens ist die EU zunehmend alltagsrelevant geworden. Sie beeinflusst (um nicht zu sagen „kolonisiert") alltägliche Entscheidungen der Leute. Sie verändert, was sie einkaufen und, mehr noch, wo und zu welchem Preis sie einkaufen, wo sie ihre Ferien oder ihren Lebensabend verbringen, wie sie für ihr Lebensalter vorsorgen (ich erinnere an die anstehende Entscheidung des EuGH, welche die Mallorquinische Finca Riester-sparplanfähig machen wird), wo ihre Kinder studieren (ich erinnere an den Ansturm deutscher Studierender in NC-Fächern nach dem Fall der österreichischen Universitätszulassungsregel) und wo sie sich die Zähne richten lassen und die Knieoperation durchführen (ich erinnere an die diversen Urteile zur Dienstleistungsfreiheit im Gesundheitsbereich; für weitere Beispiele und Nachweise Immerfall 2006: 109f.). Kurzum: „die Leute" kommen ins Spiel (Vobruba 2005), die EU wird zu einem alltäglichen Gegenstand der politischen Debatte.

Zweitens: Wichtiger vielleicht noch als die direkten, sind die indirekten Wirkungen der europäischen Integration. Die Beseitigung von Handelsschranken und Behinderungen des freien Wettbewerbs bleibt nicht ohne Auswirkungen auf die Problemlösungsfähigkeit der nationalen Politik. In einem offenen Markt sind marktkorrigierende Maßnahmen der Nationalstaaten erschwert, während der EU aufgrund der unterschiedlichen wirtschaftpolitischen Interessen der Mitgliedsländer im Regelfall nicht zugestanden wird, sozialpolitisch gestaltend einzugreifen (Scharpf 2006).

Oft sind diese indirekten Wirkungen wenig greifbar. So haben Ganghof und Genschel (2008) die Wechselwirkung zwischen Kapitalbesteuerung und der persönlichen Einkommenssteuer untersucht. Wettbewerbsfähige Kapitalbesteuerung ist im Binnenmarkt unumgänglich, beschränkt aber auch die Möglichkeit, große Einkommen hoch zu besteuern und somit die verteilungspolitische Handlungsfreiheit der Mitgliedstaaten. Weil kaum zurechenbar eigneten sich die Folgen der marktschaffenden Politik der EU nur selten zur Mobilisierung einer breiten politischen Öffentlichkeit. Doch auch hier nehmen die öffentlichen Reaktionen zu. Der Kampf um und das Scheitern der Dienstleistungsrichtlinie stellt ein eindrückliches Beispiel dar (Rucht 2009).

Ein dritter Punkt kommt hinzu. Konsensuelle Politik wird auch im Zentrum der EU immer langwieriger. Die EU ist nicht nur größer, sondern auch heterogener geworden. Das zwingt entweder zu immer langwierigeren Verhandlungen oder zu Abstimmungsverfahren nach dem Mehrheitsprinzip, für die das EU System eigentlich nicht gedacht ist und die die Gefahr nationaler Gegenreaktionen mit sich bringen.

In summa trägt das elitäre, konsensuelle Instrument der Einheitssicherung immer weniger. Die Entpolitisierung der Integration kommt an ihre Grenzen. Allerdings stehen weder „alte" Verfahren der Herrschaftsbildung, wie etwa Zwang, Vertreibung und Ausschluss zur Verfügung, noch moderne, namentlich die der modernen Verfassung (Lübbe-Wolff 2009), welche auf den Nationalstaat zugeschnitten sind. Es wird daher wichtiger, die Haltung der EU-Bürger mit einzubeziehen, wenn die Zukunft der EU erörtert wird.

Dies soll im Folgenden anhand von drei Fragen untersucht werden: 1. Wie weit trägt die Zustimmung der EU-Bürger zur politischen Integration und welche Loyalitäten zur EU lassen sich daraus ableiten? 2. Empfinden sich die EU-Bürger in den verschiedenen Mitgliedstaaten wechselseitig als Mitglieder einer (einzigen) politischen Gemeinschaft? 3. Wie ähnlich sind die Mitgliedsgesellschaften hinsichtlich solcher Werte, die für das Funktionieren der EU von besonderer Bedeutung sind?

2. Eine immer engere Union der Völker Europas?

Zehn Jahre hat es von der fehlgeschlagenen Verfassungsdiskussion bis zum Vertrag von Lissabon (Reformvertrag) gedauert. In ihm zeigen sich die europäischen Staatschefs wiederum „entschlossen, den Prozess der Schaffung einer immer engeren Union der Völker Europas (...) weiterzuführen"[1]. Doch wie sehen die beschworenen „Völker Europas" die Grundlagen ihres Zusammenschlusses? Sind sie wirklich entschlossen, „immer enger vereint ihr Schicksal gemeinsam zu gestalten" und „das gemeinsame Werk" fortzuführen, wie es noch im ursprünglichen Verfassungsvertrag hieß?

---

1   Präambel, konsolidierte Fassung EUV vom 13.12.2007; siehe http://www.auswaertiges-amt. de/diplo/de/Europa/LissabonVertrag/VertraegeKonsolidiert.pdf

Nimmt man die Einstellungen der Bürger zur Europäischen Union als Indikator, so zeigt sich, dass die große Mehrzahl der Bürger durchaus die Vorteile der EU anerkennt. Nur eine Minderheit spricht sich für deren Auflösung aus. Allerdings ist es der Europäischen Union nicht gelungen, im Laufe der Zeit die allgemeine Zustimmung emotional zu verbreitern und im Gefühlshaushalt der Bürger affektiv zu verankern. Zwar weckt Europa mit seiner Geschichte und Kultur durchaus ein diffuses Gefühl der Zusammengehörigkeit. Aber dieses gilt mehr dem Kulturraum Europa als dem „real existierenden Europa" (Immerfall 2006: 25). Überdies ist dieser Kulturraum von Gehalt und Ausdehnung höchst unscharf bestimmt und die nationalen Bevölkerungen unterscheiden sich durchaus darin, welche Regionen ihrer Auffassung nach ihm gehören und welche nicht. Demgegenüber kann die EU sozusagen verstandesmäßig im Bereich wirtschaftlicher Freiheiten punkten; Reisefreiheit und offene Grenzen werden geschätzt. Sie ruft jedoch kaum spontane Assoziationen hervor, schon gar keine affirmativen Gemütsbewegungen. Beispielsweise würden es weniger als 40 Prozent wirklich bedauern, wenn die EU aufgelöst werden würde und nur eine Minderheit kann sich vorstellen, sich künftig mit Europa stärker als mit ihrem Nationalstaat oder ihrer Region zu identifizieren.

Zwei weitere Hinweise müssen berücksichtigt werden: Zum einen schwanken die Einstellungen zur Europäischen Union im Zeitablauf. Ein Trend hin zu mehr Zugehörigkeitsgefühl ist allerdings nicht erkennbar. Zum zweiten gibt es anhaltende Niveauunterschiede zwischen den Ländern. Allgemein genießt die EU von Nord nach Süd zunehmende Sympathie. Für die südeuropäischen Länder stellte die EU einen Wechsel auf die Modernisierung ihrer Länder dar, während Skandinavien und Großbritannien Eingriffe in ihre legitimen Besonderheiten befürchten. Die osteuropäischen Neumitglieder wiederum sind zum einen enttäuscht über die ihrer Meinung nach zu kleinlich gewährte Unterstützung, zum anderen tun sie sich schwer, eben gewonnene Souveränitätsrechte schon wieder teilen zu sollen.

Wenn man nun versucht, die bestimmenden Kräfte auf die Haltungen der Bürger zur Europäischen Union im Ganzen zu quantifizieren, so ergibt sich zusammenfassend folgendes Bild[2]: Die wichtigste Bestimmungsgröße dafür, ob und wie sehr man die Mitgliedschaft in der EU befürwortet, die Integration vorantreiben und der EU weitere Rechte zuerkennen möchte, ist das, was die Soziologen

---

2   Um die Wirkgrößen EU-weit gegeneinander abzuwägen, wurde der Einfluss der nationalen Zugehörigkeit herausgerechnet. Die folgenden Aussagen basieren auf Hooghe/Marks (2005) und Immerfall/Boehnke/Baier (2009). Sie beziehen sich nur auf die EU15, also die EU vor der Osterweiterung. Parteiensysteme und politische Entwicklungen sind in den neuen Mitgliedsländern noch zu sehr im Fluss, um ähnliche Aussagen für die vergrößerte EU machen zu können (Berglund/Ekman 2009).

als soziotropische Nutzenerwägung bezeichnen. Das heißt, diejenigen Bürger befürworten eine intensivere Integration, die davon überzeugt sind, dass sich diese auf ihre Region oder ihr Gemeinwesen günstig auswirkt. Einflussreich, aber weniger wichtig sind egozentrische Nutzenerwägungen, also die Einschätzung, ob man persönlich profitiert oder nicht. Deshalb neigen im Allgemeinen Personen mit einer höheren Ausbildung eher zu einer positiven Bewertung der EU als Personen mit einem niedrigen Bildungsgrad, weil erstere sich vom freien Binnenmarkt mehr Vorteile versprechen. Dies gilt zumindest in wohlhabenden Mitgliedstaaten; in ärmeren rechnen sich auch einfache Arbeiter verbesserte Einkommenschancen in einem offenen europäischen Wirtschaftsraum aus.

Stark überdurchschnittlich befürworten die Eliten die EU-Integration, bietet sie ihnen doch neue Chancen auf Positionen, Prestige und Macht (Hooghe 2003; Haller 2009). Wie Craig Parsons (2003) für Frankreich zeigte, hat die europäische Gemeinschaftsidee nicht zuletzt deshalb über konkurrierende Vorstellungen triumphiert, weil die politischen Führungen sie auch ohne Wählermandat verfolgt haben.

Doch nicht nur Nutzenerwägungen prägen die Haltung zur EU. Auch Personen, die eine emotionale Bindung an Europa als Ganzes entwickelt haben, befürworten eine verstärkte EU-Integration. Nationale Identität hat dagegen – betrachtet man alle Variablen zusammen – einen zwiespältigen Einfluss. Wird der Nationalstaat im Bewusstsein der Befragten mit Schutz durch Abschließung zusammen gedacht, wird die EU eher abgelehnt; verbindet sich mit ihm indes die Idee von kultureller Öffnung, ergänzen sich nationale und europäische Identität. Mit dieser Janusköpfigkeit nationaler Identität werden die in der Literatur gleichermaßen anzutreffenden Befunde erklärbar, wonach nationale und europäische Identität zum einen in einem Konkurrenzverhältnis stehen können, zum anderen in einem Komplementärverhältnis.

Bemerkenswert ist auch, welche Faktoren für die Bewertung der EU nur eine geringe Rolle spielen. Das ist zum einen die Geschlechtszugehörigkeit, denn häufig wurde gemutmaßt, dass Frauen der EU-Integration kritischer gegenüberstehen würden als Männer. Nach unseren Analysen, die die verschiedenen sozioökonomischen Merkmale wie Bildung, Alter, Einkommen oder sozioökonomischer Status berücksichtigen, gibt es hingegen kaum Unterschiede. Das Gleiche gilt für die politische Rechts-Links-Orientierung. Die EU-Integration ist von vornerein weder ein linkes noch ein rechtes Projekt. Das hängt vielmehr von den konkreten Zeitumständen ab.

Ein wichtiger Faktor dagegen ist die Frage, ob die jeweiligen nationalen Eliten sich weitgehend einig sind (wie das in Deutschland der Fall ist), oder ob sie in Fragen der EU stark gespalten sind (wie in Österreich oder den skandinavischen Ländern). Dies zeigt erneut, wie sehr die Entwicklung der EU von den politischen Eliten bestimmt wird. Allerdings ist fraglich, ob nicht eine stärke Mobilisierung von EU-Kontroversen zu Rissen auch in den homogenen Eliten führen wird (Rucht 2009).

Nun bedingen Haltungen noch keine Handlungen. Die irische Bevölkerung war auch während der letztlich in ein Nein mündenden Kampagne gegen den Reformvertrag der EU stets freundlich gesonnen. Die weitaus überwiegende Mehrheit fand die Mitgliedschaft ihres Landes in der EU außerordentlich nützlich. Dennoch hat sich eine Mehrheit der Abstimmenden gegen den Reformvertrag entschieden, zumal ihnen frühere Erfahrungen aus dem Nizza-Referendum nahelegten, dass sie notfalls ein zweites Mal abstimmen dürfen – und zwar zu besseren Bedingungen. So kam es denn auch. Loyalität und Dankbarkeit – oder allgemeiner gesagt: unbedingte emotionale Bindungen – sind keine Kategorien der Beurteilung der EU. Bei den meisten Bürgern, so sie sich mit der EU auseinandersetzen, ist es eine Sache des Verstandes, der Abwägung, des Kalküls. Ein Gefühl der Zugehörigkeit und der Verbundenheit stellt sich nur bei einer kleinen Minderheit ein.

Umgekehrt gilt aber auch, dass die Zahl eingefleischter EU-Hasser gering ist. Selbst EU-Skeptiker bedienen sich bedenkenlos der Freiheiten des EU-Binnenmarktes. Auch gewohnheitsmäßige EU-Gegner aus Großbritannien kaufen ihren Wein in Frankreich oder lassen sich an der Algarve in Portugal nieder. Vielleicht sind wir hier dem Geheimnis der EU auf der Spur, aus allen Rückschlägen immer wieder gestärkt hervorzugehen: Die EU ist den Bürgern auch ohne ein Gefühl der Verbundenheit zur Selbstverständlichkeit geworden.

3. Wie stark ist das Gefühl der Zusammengehörigkeit?

Wie nehmen die Bürger unterschiedlicher Mitgliedstaaten einander wahr? Begreifen sie sich als einer Einheit zugehörig? Dies könnte man angesichts der gewachsenen grenzüberschreitenden Beziehungen und Prozessen zwischen den europäischen Gesellschaften durchaus erwarten (Mau/Büttner 2009). Solche Beziehungen können geschäftlicher Natur sein, es kann sich um Tourismus und Einkaufen handeln, aber auch um Forschungsnetzwerke, Ausbildungsaufenthalte im Ausland oder persönliche Freundschaften. Dort, wo entsprechende Daten vorliegen, kann auch eine Zunahme transnationaler Ehen nachgewiesen werden (Diez Mendrano 2008).

Zwar ist es richtig, dass nicht alle Bürger an grenzüberschreitenden Interaktionen teilhaben; vielmehr ist deren Wahrscheinlichkeit vom sozialökonomischen

Hintergrund geprägt. Ferner beschränken sich die Interaktionsnetzwerke natürlich nicht auf die europäischen Gesellschaften. Vielfach ist der Austausch mit den USA sogar größer als mit den europäischen Nachbarn. Insgesamt dürften nach den Erhebungen von Steffen Mau (2007) immerhin ein Drittel der Deutschen regelmäßig Kontakt mit Bürgern außerhalb der eigenen Nation haben.

Entsteht nun aufgrund dieser dichter und intensiver werdenden Netzwerke so etwas wie ein europäischer Raum des Vertrauens? Vertrauen ist in mehrfacher Hinsicht für das Funktionieren einer politischen Gemeinschaft wichtig. So muss sich eine unterlegene Minderheit darauf verlassen können, nicht dauerhaft der Möglichkeit beraubt zu werden, ein anderes Mal die Mehrheit zu erlangen.

Jan Delhey (2007; Immerfall/Priller/Delhey 2009) und andere haben gezeigt, dass die Menschen den Angehörigen der eigenen Nation systematisch ein stärkeres Vertrauen entgegenbringen als Angehörigen anderer Nation. Der Kreis von Menschen, mit dem man sich identifiziert, ist für die Mehrheit weiterhin stark nationalstaatlich geprägt. Die benachbarten Bevölkerungen werden zwar nicht mehr als potentielle Feinde gesehen; Stereotypen und Vorurteile sind aber weiterhin verbreitet (Boster/Maltseva 2006). Jan Delhey hat mehrere Faktoren identifiziert, die erklären, warum einigen Nationen mehr vertraut wird als anderen. Wichtig sind kulturelle Ähnlichkeit, die Größe des Landes (kleineren Nationen wird in der Regel mehr als großen vertraut) und vor allem ihr Modernisierungsgrad. Dazu zählen, wie weiter unten noch deutlich wird, demokratische Tradition und die Vermutung eines niedrigen Korruptionsgrades. Die Mitgliedschaft eines Landes in der EU, die Länge der Mitgliedschaft oder die Aussicht auf Mitgliedschaft spielen für die Beurteilung hingegen keine Rolle.

Auch in anderer Hinsicht zeigt sich, dass sich die EU-Bürger nur ausnahmsweise gegenseitig als Angehörige einer gemeinsamen, politischen und sozialen Gemeinschaft wahrnehmen. So wurde die Frage untersucht, ob sie ihre eigenen Lebensumstände an denen in anderen Ländern messen, möglicherweise aus solchen Vergleichen sogar politische Forderungen ableiten. Die Voraussetzung solcher Vergleiche ist gegeben, denn Bürger und Bürgerinnen können die Lebenssituation in anderen Ländern durchaus realitätsnah einschätzen (Delhey/Kohler 2005). Dabei scheint nur der „aufwärts" gerichtete Vergleich von einer gewissen Bedeutung zu sein. Das heißt, die Befragten sind eher unzufrieden, wenn sie ihre eigene Lebenssituation als schlechter als die im Nachbarstaat einschätzen. Eine ungünstigere Lebenssituation im Nachbarstaat hat auf die eigene Befindlichkeit keinen Einfluss. Ferner wurde geprüft, ob und wie die Medien in deutschen Grenzregionen über die Einkommenssituation im jeweiligen Nachbarland berichten (Roose 2008; Schäfer/Schmidt/Zeckau 2009). In der Tat wird die Situation jenseits der Grenze thematisiert und immer wieder mit der Lage in Deutschland verglichen. Je größer die Unterschiede, umso stärker wird die Gefährdungsproblematik hervorgehoben und die Offenheit der Grenze als problematisch eingeschätzt. Anders sieht es dort aus, wo sich das Wohlstandsgefälle angleicht oder gar umkehrt. Auch hier zeigt sich, dass grenzüberschreitender Zusammenhalt stark von wirtschaftlichem Wohlstand abhängt.

4. Ein gemeinsames kulturelles Selbstverständnis?

Eine gewisse Korrespondenz zwischen dem kulturellen Selbstverständnis der EU und den gesellschaftlichen Idealen der Bürger in den verschiedenen Mitgliedstaaten ist notwendig, ansonsten würden die Legitimationsprobleme der EU verschärft. Wie ausgeprägt ist diese Übereinstimmung? Diese Frage kann anhand der Untersuchungen von Jürgen Gerhards (2007; 2009) beantwortet werden. Als empirischen Referenzpunkt nimmt Gerhards die im europäischen Gesetzeskorpus kodifizierten und durch Mitgliedsbeschluss legitimierten Aussagen zu einer Reihe von Wertsphären. Die so bestimmte kulturelle Blaupause der EU vergleicht er anhand von repräsentativen Meinungsumfragen mit den vorherrschenden Orientierungen in den Mitgliedsländern und in den Beitrittskandidaten. Untersucht werden u. a. die religiösen Orientierungen, Familienwerte und Geschlechterrollen, demokratische Einstellungen und politisch-kulturelle Konzepte und schließlich wohlfahrtsstaatliche Einstellungen.

In jeder dieser vier Wertsphären findet Gerhards unterschiedlich große innereuropäische Varianzen. Häufig entspricht der nordwesteuropäische Teil der EU am stärksten der EU-Position, obgleich gerade diese Region besonders EU-skeptisch ist. Hingegen unterstützen die neuen EU-Mitgliedsländer die vorgegebenen EU-Werte weit weniger. Besonders auffällige Abweichungen vom kulturellen Selbstverständnis der EU finden sich bei den islamischen Beitrittskandidaten. Gerhards erklärt diese Differenzen allerdings nicht kulturell, sondern mit dem Modernisierungsgrad und ist insofern zuversichtlich, dass mit zunehmendem Wohlstand demokratische Werte und Geschlechtergleichheit in der Familie und am Arbeitsplatz stärkere Zustimmung finden werden. Selbst wenn diese optimistische Aussage zutrifft, wären weitere EU-Erweiterungen insofern ein Schönwetter-Projekt, als die Angleichung der Werteorientierungen solides wirtschaftliches Wachstum erfordert.

Hinsichtlich wohlfahrtsstaatlicher Werte stellt Gerhards fest, dass sich die Bürger eine aktivere Rolle wünschen als die EU gegenwärtig zu leisten imstande ist. Auch hier beruht die Hoffnung, Unterschiede zwischen dem Elitenprojekt und der öffentlichen Meinung zu überbrücken, demnach auf wirtschaftlichem Wachstum.

Binnenmarktfreiheit und Freizügigkeit – die zentralen Säulen der EU – bedingen den gleichberechtigten Zugang aller EU-Bürger zum Arbeitsmarkt und zumindest zu den an die Erwerbstätigkeit gekoppelten sozialen Leistungen. Die Idee der Chancengleichheit wird im Zuge der Europäisierung zunehmend aus dem nationalstaatlichen Kontext herausgelöst. Das gilt vor allem für den Bereich der Arbeitnehmerrechte, aber auch für Teilbereiche der sozialen Sicherheit. Diese „europäisierte Chancengleichheit" wird dem Prinzip nach mehrheitlich von der deutschen Bevölkerung getragen (Gerhard/Lengfeld 2009). Eine entsprechende Untersuchung etwa für Großbritannien, in der polnische Arbeitnehmer auch für ihre in Polen zurückgebliebenen Kinder Kindergeld beanspruchen dürfen[3], steht indes noch aus.

Ferner ist zu bedenken, dass die Mobilität innerhalb der EU gering ist – zum Leidwesen der Kommission – und ungleich geringer als in den USA. Der weitaus größte Teil der Immigranten kommt aus Nicht-EU-Ländern (Mau/Verwiebe 2008: Kap. 6). Im Übrigen hat die Phase des liberalen Migrationsregimes des 19. Jahrhunderts, in dem die Menschen weitgehend unbehelligt die Grenzen überqueren und in anderen Ländern leben und arbeiten konnten, keineswegs zu einer Annäherung der Gesellschaften geführt. Dies ist ein starkes Argument dafür, „dass die migratorischen Erfahrungen und die politischen Konstruktionen von Europa zwei verschiedene Dinge sind" (Mergel 2008: 254).

5. Fazit: Pragmatische Verbundenheit und ihre Grenzen

Die politischen Eliten werden nicht müde zu betonen, dass die EU auf einem festen Fundament geteilter kultureller und humanistischer Werte ruht. Mit Blick auf die Haltungen der Bürger gibt es aber wenig Anhaltspunkte für die Entwicklung eines europäischen Zusammengehörigkeitsglaubens. Das Reservoir gefühlter Gemeinsamkeiten ist dünn. Folgebereitschaft, z. B. die Bereitschaft zur solidarischen Umverteilung, dürfte demnach wohl nicht auf „Gemeinsamkeits-Empfindungen" (Max Weber) beruhen, sondern allenfalls dem Glauben an die durch die EU-Integration erzielten Wohlfahrtsgewinne folgen.

Wie gesehen befürworten die Eliten die EU-Integration weitaus stärker als es die Wahlbevölkerung tut. Diese Kluft hat sich ausweislich der letzten Referenden und den jüngsten Europawahlen noch vertieft (Hobolt/Spoon/Tilley 2009). Es ist

---
3   Siehe The Telegraph, „Britain pays child benefit for more than 50,000 children living abroad",
     31 Oct 2009.

nicht mehr sicher, dass „die Leute" (Vobruba) ihren pro-EU Eliten am Ende doch immer folgen. Diese haben daraus die Konsequenz gezogen, „die Leute" wieder aus dem Spiel zu nehmen und den Reformvertrag dem Votum der Bürger wieder zu entziehen (was in Irland aus verfassungsmäßigen Gründen nicht möglich war). Die Strategie der Re-Entpolitisierung ist allerdings nicht ungefährlich, könnte sie doch radikal europakritische Positionen begünstigen (Hooghe/Marks 2009).

Eine Gegenposition spricht sich hingegen für die Politisierung des europapolitischen Prozesses aus. Vor allem möchte sie die Bürgerbeteiligung über eine Parlamentarisierung der EU stärken. Eine solche Parlamentarisierung wird mit dem Argument befürwortet, dass sich dann eindeutige politische Fronten bilden und mithin die Wähler in europapolitischen Fragen endlich vor klare Alternativen gestellt werden würden (Hix 2007). Mit Blick auf die hier präsentierten Belege ist eine echte Parlamentarisierung der EU ebenfalls hoch riskant. Dagegen ist nicht nur einzuwenden, dass es weithin an einer europäischen Öffentlichkeit und an einem europäischen Parteiensystem fehlt (Immerfall 2006: Kap. 6). Vielmehr bestünde die Gefahr, dass Konflikte verstärkt nationalisiert werden könnten – mit ernsten Gefahren für das delikate System der föderalen Balance. Die Kompromissfindung würde stark erschwert, wenn Konflikte, die als Kriterien für die politische Entscheidungsfindung auf europäischer Ebene bedeutsam sind, wieder mehr im nationalen Rahmen gedeutet werden. Diese Gefahr besteht solange als nationenübergreifende Wählerkoalitionen nicht in Sicht sind, zum Beispiel eine europäische Mittelschicht unabhängig von ihrer nationalen Zugehörigkeit gemeinsame Interessen formuliert (Fligstein 2008).

Auch das Gemeinschaftsrecht, namentlich die Gemeinschaftsverträge, beginnend mit dem Vertrag über die Gründung der Europäischen Gemeinschaft für Kohle und Stahl (1951) bis zum Vertrag von Nizza (2001) und dem am 1. Dezember 2009 in Kraft tretenden Reformvertrag kann die EU-Gesellschaften nur bedingt zusammenhalten. Zwar ist die Europäische Union eine durch das Mittel des völkerrechtlichen Vertrags konstituierte Rechtsgemeinschaft. Dies gilt unabhängig von der kontrovers geführten Diskussion um ihre Verfassungsfähigkeit. Doch bindungswirksame Verträge stellen handlungsleitende Institutionen nur solange dar, als sie wenigstens hingenommen werden. Dies umso mehr als das europäische Richterrecht stark expandiert ist und dabei alle möglichen nationalen Regeln torpediert hat, die vermeintlich oder tatsächlich gegen europäische Wirtschaftsfreiheiten verstießen (Scharpf 2009). Obgleich die Rechtsprechung des Europäischen Gerichtshofs damit in Bereiche eingegriffen hat, die für den sozialen Ausgleich in den Mitgliedstaaten höchst sensibel sind und das Gerechtigkeitsempfinden ihrer Bürger verletzt hat, müssen sie diese Entscheidungen gegenüber ihren Bürgern durchsetzen, weil es der EU an unmittelbarer Sanktionsgewalt mangelt. Eine solche Folgebereitschaft der Mitgliedstaaten ist nicht selbstverständlich. Beispielsweise hat es das deutsche Bundesverfassungsgericht stets offen gelassen, dem Europäischen Gerichtshof in Luxemburg zu widersprechen, wenn es die in den europäischen Verträgen niedergelegten Kompetenzgrenzen überschritten sähe.

Alles in allem haben mehr als ein halbes Jahrhundert Integrationsgeschichte nur begrenzte Loyalitäten für die EU hervorgebracht. Der Reformvertrag, der in seinen Wirkungen ohnehin stark überschätzt wird, wird für lange Zeit die letzte, weitreichende Vertragsrevision gewesen sein. Was bleibt sind die durch die EU-Integration erzielten Wohlfahrtsgewinne. Solange die Bürger an ihren kollektiven Nutzen glauben, wird der Wille zur Zusammenarbeit auch ohne massenhaftes Zugehörigkeitsgefühl fortbestehen. Es gibt genug Gelegenheiten, diesen Nutzen deutlich zu machen. Die Auseinandersetzung mit General Motors um Opel ist ein anschauliches Beispiel. Es wird für alle Opel-Länder billiger, wenn die Kommission als oberste Wettbewerbsbehörde verhindert, dass sie sich zum Erhalt „ihrer" Werke gegeneinander ausspielen lassen.

Wenn dies der EU gelingt, ist es nicht notwendig, positive Emotionen zu wecken und die Herzen der Bürger gewinnen zu wollen. Ihre teueren, dennoch oft tapsig wirkenden und offenbar wenig wirksamen Anstrengungen zur kulturellen Konstruktion einer europäischen Identität kann sie sich sparen. Politische Herrschaftsordnungen stellen keinen Wert an sich dar. Darin liegt der pragmatische Charme der Europäischen Union.

Literatur

Berglund, Sten/Ekman, Joakim (2009): Cleavages and Political Transformations. In: Immerfall/ Therborn (2009)

Bornschier, Volker (Hrsg.) et. al. (2000): State-building in Europe. The Revitalization of Western European Integration. Cambridge: Cambridge University Press

Boster, James Shilts/Maltseva, Kateryna (2006): A Crystal Seen from Each of Its Vertices. European Views of European National Characters. In: Cross-Cultural Research 40. Nr. 1. 47-64

Delhey, Jan/Kohler, Uli (2006): From Nationally Bounded to Pan-European Inequalities? On the Importance of Foreign Countries as Reference Groups. In: European Sociological Review 22. Nr. 2. 125-140

Delhey, Jan (2007): Do Enlargements Make the European Union Less Cohesive? An Analysis of Trust between EU Nationalities. In: Journal of Common Market Studies 45. Nr. 2. 253-279

Diez Mendrano, Juan (2008): Europeanization and the Emergence of a European Society. Institut Barcelona d'Estudis Internacionals (IBEI) / Universitat de Barcelona: Working Paper. 2008. Nr. 12

Elster, Jon (2000): Ulysses Unbound. Studies in Rationality, Precommitment, and Constraints. Cambridge: Cambridge University Press

Fligstein, Neil (2008): Euroclash: the EU, European identity, and the future of Europe. Oxford: Oxford University Press

Ganghof, Steffen/Genschel, Philipp (2008): Taxation and democracy in the EU. In: Journal of European Public Policy 15. Nr. 1. 58-77

Gerhards, Jürgen, (2007): Cultural Overstretch? Differences between old and new member states of the EU and Turkey. London: Routledge

Gerhards, Jürgen (2009): Culture. In: Immerfall/Therborn (2009)

Gerhards, Jürgen/Lengfeld, Holger (2009): Europäisierung von Gerechtigkeit aus Sicht der Bürger. In: Aus Politik und Zeitgeschichte B 47. 21-26

Haller, Max (2009): Die Europäische Integration als Elitenprozess. Das Ende eines Traums? Wiesbaden: VS Verlag

Hix, Simon, (2008): What's wrong with the European Union and how to fix it. Malden, MA: Polity Press

Hobolt, Sara B./Spoon, Jae-Jae/Tilley, James (2009): A Vote Against Europe? Explaining Defection at the 1999 and 2004 European Parliament Elections. In: British Journal of Political Science 39. Nr. 1. 93-115

Hooghe, Liesbet (2003): Europe divided? Elites vs. public opinion on European integration. European Union Politics 4. Nr 3. 281-304

Hooghe, Liesbet/Marks, Gary (2005): Calculation, Community and Cues: Public Opinion on European Integration. European Union Politics 6. Nr. 4. 419-443

Hooghe, Liesbet/Marks, Gary (2009): A Postfunctionalist Theory of European Integration: From Permissive Consensus to Constraining Dissensus. In: British Journal of Political Science 39. Nr. 1. 1-23

Immerfall, Stefan (2006): Europa – politisches Einigungswerk und gesellschaftliche Entwicklung. Eine Einführung. Wiesbaden: VS Verlag

Immerfall, Stefan/Therborn, Göran (Hrsg.) (2009): Handbook of European Socities. New York: Springer

Immerfall, Stefan/Boehnke, Klaus/Baier, Dirk (2009): Identity. In: Immerfall/Therborn (2009)

Immerfall, Stefan/Priller, Eckhard/Delhey, Jan (2009): Association and Community. In: Immerfall/Therborn (2009)

Lübbe-Wolff, Gertrude (2009): Integration durch Verfassung. Eröffnungsvortrag auf dem 38. Kongress des Deutschen Juristinnenbundes am 24. September 2009 in Karlsruhe

Mau, Steffen (2007): Transnationale Vergesellschaftung. Die Entgrenzung sozialer Lebenswelten. Frankfurt: Campus Verlag

Mau, Steffen/Büttner, Sebastian (2009): Transnational Integration in Europe. In: Immerfall/Therborn (2009)

Mau, Steffen/Verwiebe, Roland (2008): Die Sozialstruktur Europas. Bern: UTB Uni Taschenbücher Verlag

Mergel, Thomas (2008): Migration im 19. und 20. Jahrhundert. Transnationale Mobilität, Herkunftsbewußtsein und europäisches Selbstverständnis. In: Kaelble, Hartmut/Kirsch, Martin (Hrsg), Selbstverständnis und Gesellschaft der Europäer. Aspekte der sozialen und kulturellen Europäisierung im späten 19. und 20. Jahrhundert. Frankfurt: Peter Lang. 251-297

Parsons, Craig (2003): A Certain Idea of Europe. Ithaka, NY: Cornell University Press

Roose, Jochen (2008): In nächster Nähe so fern? Grenzübergreifende Regionalberichterstattung als Aspekt von europäischer Integration. Zeitschrift für Soziologie 37. Nr. 4. 321-341

Rucht, Dieter (2009): Collective Action. In: Immerfall/Therborn (2009)

Schäfer, Mike S./Schmidt, Andreas/Zeckau, Terersa (2009): Transnationale soziale Ungleichheiten in den Medien. Aus Politik und Zeitgeschichte B 47. 27-32

Scharpf, Fritz W. (2006): The Joint-Decision Trap Revisited. Journal of Common Market Studies 44. Nr. 4. 845-864

Scharpf, Fritz W., 2009: Legitimität im europäischen Mehrebenensystem. In: Leviathan 37, Nr. 2. 244-280

Sweet, Alec Stone/Fligstein, Neil (2002): Constructing Markets and Polities: An Institutionalist Account of European Integration. In: American Journal of Sociology 107. Nr. 5. 1206-1243

Vobruba, Georg (2005): Die Dynamik Europas. Wiesbaden: VS Verlag

III

Außereuropäische Gesellschaften

Schmelztiegel USA?

Rüdiger Wersich

Die Geschichte der Integration von Zuwanderern in die Gesellschaft der USA wird allzu oft mit Hilfe des Symbols des Schmelztiegels idealisiert und verklärt. Sahen die Gründerväter die ethnische Vielfalt der Einwanderer als erhaltenswert oder wollten sie einen homogenen Nationalstaat nach britischem Muster schaffen? „E Pluribus Unum" – „Einheit aus der Vielfalt" – ist das nationale Motto. Welche Konzepte zur Integration und Amerikanisierung von Einwanderern spielten und spielen eine Rolle?

Dieses Kapitel soll helfen zu klären, ob an die historischen Konzepte "Anglo-Konformität", „Schmelztiegel" und "kultureller Pluralismus" angeknüpft werden kann, wenn es darum geht, die aktuelle Frage zu beantworten, was eine multikulturelle Gesellschaft wie die USA zusammenhält. Wie können die Vereinigten Staaten, und wie können wir hier in Deutschland faire und gerechte Gesellschaften schaffen, in denen sehr vielfältige Gruppen demokratisch und harmonisch zusammenleben können?

1. Mythos und Wirklichkeit

In den USA leben Menschen aus aller Welt zusammen, offensichtlich jedoch nicht ohne Konflikte und Ungerechtigkeiten. Hat der Schmelztiegel funktioniert oder ist Amerika eine gespaltene und polarisierte Nation?

Blicken wir exemplarisch auf einige gesellschaftliche Bereiche (vgl. *Statistical Abstract of the United States*. U.S. Census Bureau: www.census.gov):

- Viele Kirchen sind nach wie vor häufig segregierte Einrichtungen.
- In den Speisesälen der Schulen sitzen Kinder der zweiten und dritten Einwanderergeneration je nach Herkunft ihrer Vorfahren zusammen.
- Viele Medien sind ethnisch geprägt: 13 Prozent der erwachsenen US-Bevölkerung bevorzugen *ethnic media* gegenüber *mainstream media*. Fernsehshows und Filme werden als „schwarz" oder „weiß", „latino" oder „asiatisch" bezeichnet.

- In 19,4 Prozent der Haushalte wird eine andere Sprache als Englisch gesprochen. Extrem ist die Situation z. B. in Miami, Florida, wo drei Viertel der Einwohner eine andere Sprache und zwei Drittel nicht fließend Englisch sprechen.
- Der schnelle demographische Wandel führt dazu, dass in einigen Jahren keine ethnische Gruppe innerhalb der US-Bevölkerung eine Mehrheit haben wird. Das ist heute schon der Fall in Kalifornien, Hawaii, Neu Mexiko; es folgen in Kürze Nevada, Texas, Maryland und New Jersey. 1997 betrug der Anteil der Weißen an der Gesamtbevölkerung noch 73 Prozent. Wird es durch die neue Einwanderung zu „demographischer Balkanisierung" und zum Beispiel zu weiteren Konflikten zwischen Latinos und Afroamerikanern über Vorteile und Kosten des bilingualen Schulunterrichts kommen?
- Auf dem Arbeitsmarkt gibt es weniger Jobs als früher mit traditionellen Aufstiegsmöglichkeiten, sondern ethnische Nischen, in die Außenseiter nur schwer eindringen können. So arbeiten z. B. Mexikaner in Kalifornien als Gärtner, Haus- und Küchenpersonal, auch in der Textil- und Möbelindustrie, Koreaner als kleine Geschäftsleute, Filipinos als Kranken- und Pflegepersonal, als Medizintechniker, und Afroamerikaner in öffentlichen staatlichen Dienstleistungen.
- Auf dem Wohnungsmarkt zeigt sich, dass Weiße nicht nur die zentralen Innenstädte, sondern auch die Region oder den Einzelstaat verlassen – hin zu homogenen weißen Kleinstädten und ländlichen Regionen.

Die Beispiele zeigen, dass das alte Assimilationsmodell des „Schmelztiegels" nicht (mehr) funktioniert. Es gibt nicht mehr den dominanten *Mainstream*, sondern viele Strömungen. Aber selbst innerhalb der Strömungen müssen wir differenzieren: Die Zensuskategorie „Asiaten" umfasst so unterschiedliche ethnische Gruppen wie Chinesen, Inder, Japaner, Koreaner und Filipinos. Zur Kategorie *Hispanics/Latinos* gehören u. a. Mittel- und Südamerikaner, Mexikaner, Kubaner und Puerto Ricaner.

Ähnlich wie in Deutschland sind die Einwanderer der ersten Generation bereit, in schlecht bezahlten Jobs zu arbeiten. Aber ihre Kinder, die durch Gleichaltrige zu höheren Ansprüchen und zum vorherrschenden Konsumverhalten animiert werden, sind frustriert und durch die oft schlechte Qualität der Innenstadtschulen nicht auf anspruchsvollere Tätigkeiten vorbereitet.

Wie kann die zukünftige Entwicklung aussehen? Wird sich die Assimilation und Integration der Einwanderer fortsetzen (wenn auch mit Problemen), wird es *eine* amerikanische Nation geben („E Pluribus Unum")? Wird es viele partikulare unverbundene Gemeinschaften und Gruppierungen geben, ohne Gemeinsamkeiten, das, was Soziologen als „versäulte Gesellschaft" bezeichnen, in der es leicht zu Konflikten kommt? Oder wird es eine mittlere Form geben, eine pluralistische Gesellschaft mit einigen wenigen gemeinsamen Kernvorstellungen über Staatsbürgerschaft *(citizenship)* und ein liberal-kapitalistisches Wirtschaftssystem, aber wenig wirkliche Interaktion zwischen den Gruppen? Werden die Vereinigten Staaten zum Prototyp einer „transnationalen" Nation?

Wenn man über Erfolg oder Misserfolg des amerikanischen Schmelztiegels spricht, kommt es sehr darauf an, wie man den Begriff „Assimilation" definiert. Bedeutet er nur „Angleichung" oder „Anpassung" an bestehende Verhältnisse, dann trifft er die heutige Realität nicht, denn faktisch gibt es in den USA eine Fülle von Subkulturen oder auch Parallelgesellschaften, über die viele Amerikaner nicht glücklich sind. Dennoch ist der Schmelztiegel das bekannteste Symbol für das Einwanderungsland USA, das wir bis heute überall in der offiziellen Selbstdarstellung, in Schulbüchern, und auch in der Populärkultur wieder finden. Das Bild, oder die Metapher vom *Melting pot* ist eines von drei Konzepten, die erklären sollen, wie aus Millionen von Einwanderern die amerikanische Nation, ein neuer Nationalcharakter, eine neue Nationalität entstanden ist. Die drei Konzepte werden zwar häufig historischen Epochen zugeordnet, haben aber im Grunde in Vergangenheit und Gegenwart immer nebeneinander bestanden.

Wir wollen die Modelle im Folgenden genauer betrachten:
1. Anglo-Konformität *(Anglo conformity)*
2. Schmelztiegel (*Melting pot*)
3. Kultureller Pluralismus (*Cultural pluralism; multiculturalism*)

2. Historische und gegenwärtige Konzepte für die Integration von Einwanderern

2.1 Anglo-Konformität (Anglo conformity)

Die Gründerväter, die die Werte und Institutionen des Landes formten, waren englische Protestanten, aber Millionen von Einwanderern haben diese Werte und Institutionen verändert. Der Begriff *Anglo conformity* geht auf die Gründungsphase zurück und bedeutet, dass englische Institutionen (modifiziert durch die Amerikanische Revolution), die englische Sprache, sowie angelsächsische kulturelle Muster im amerikanischen Leben zum dominierenden Standard werden sollten. Die Einwanderer aus den monarchisch und despotisch regierten Staaten der alten Welt sollten ihre kulturelle Erblast zugunsten angelsächsisch geprägter Sitten, Gewohnheiten und Ideen aufgeben.

In der gesamten amerikanischen Geschichte unterstützten politische Entscheidungen das Primat der *White Anglo-Saxon Protestants (WASPs):* Durch das öffentliche Schulwesen und besonders auch durch das Fernsehen und andere Massenmedien wurden die Einwandererkinder gründlich mit dieser amerikanischen Leitkultur vertraut gemacht und assimiliert. Ausnahmen bilden sogenannte „sichtbare Minderheiten" (*visible minority groups*) wie *Native Americans, African Americans, Asian Americans, Hispanics/Latinos* u. a., bei denen Vorurteile und Diskriminierung den Akkulturations- und Assimilationsprozess verlangsamt haben. Dennoch müssen sich Angehörige dieser Gruppen den angelsächsischen Traditionen anpassen, wenn sie in die Mittelklasse aufsteigen wollen. Zum Beispiel sind Fernsehmoderatoren, gleich welcher ethnischen Gruppe sie angehören, in Sprache und Habitus vollständig amerikanisiert. Jungen Afro-Amerikanern, die sich in Schule oder Hochschule dem vorherrschenden Arbeits- und Lebensstil angepasst haben, wird von Gleichaltrigen häufig vorgeworfen, sich wie Weiße zu verhalten *(„acting white")*.

Anglo-Konformität ist auch die Grundlage der so genannten „nativistischen" Bewegungen in der US-Geschichte sowie der Amerikanisierungsbewegungen während des Ersten Weltkriegs. Mit dem Begriff „Nativisten" bezeichnet man in Amerika Geborene, die sich gegen weitere Einwanderung stemmten. Sie fürchteten, dass sich die neuen Einwanderer, die häufig aus katholischen Ländern kamen, nicht zu den traditionellen protestantischen amerikanischen Werten bekennen würden. Beispiele für fremdenfeindlichen „Nativismus" sind:

- Die *American Party,* die *Know Nothing Movement* (1840er und 1850er Jahre),
- Die *American Protective Association* (1880er Jahre),
- Der Einwanderungsstopp für Chinesen durch den *Chinese Exclusion Act* (1882),
- Die Quotengesetze *(National Origin Acts)* der 1920er Jahre,
- Die Aktivitäten des zweiten *Ku Klux Klans* in den 1920er Jahren,
- Die zwangsweise Amerikanisierung während des Ersten Weltkriegs (*pressure cooking assimilation* statt *melting pot).*

Trotz der nativistischen Aktivitäten gab es erst ab den 1880er Jahren nennenswerte Bundesgesetze zur Einschränkung der Einwanderung. Erst als große Mengen von katholischen Iren und zahlreiche Deutsche einwanderten, waren die Nativisten erfolgreicher mit ihren Aktionen gegen „radikale Ausländer" und forderten entsprechende Gesetze.

Insbesondere die deutschen Einwanderer fielen wegen der breiten Nutzung ihrer Muttersprache auf. Zum Beispiel fühlten sich schon in den 1750er Jahren die britischen Siedler in Pennsylvania unwohl, weil ein Drittel ihrer Landsleute Deutsch sprachen. Benjamin Franklin mokierte sich über die Cliquenwirtschaft *(clannishness)* der deutschen Siedler, über ihre vielen separaten Vereine und deutschsprachigen Zeitungen. Er meinte, die Deutschen würden zu langsam Englisch lernen.

Ein weit verbreiteter Mythos ist die Legende, dass Deutsch beinahe die offizielle Sprache der USA geworden wäre. Sie geht zurück auf ein Ereignis im Jahr 1795, als Frederick A.C. Muehlenberg der erste Sprecher des US-Repräsentantenhauses war. Eine Petition von Deutschen aus dem Bundesstaat Virginia verlangte die Publikation wichtiger Bundesgesetze in deutscher Sprache. Dieser Vorschlag wurde vom Repräsentantenhaus in Washington mit einer Stimme Mehrheit, 42 zu 41, abgelehnt, mit der entscheidenden Stimme des Deutschamerikaners Muehlenberg.

Zur Anglo-Konformität müssen wir auch die gegenwärtigen Bemühungen zählen, die einen Verfassungszusatz wollen, der Englisch zur offiziellen Regierungssprache auf allen Ebenen machen würde *(English Language Amendment)*. Dieser Verfassungszusatz, dessen entscheidender erster Satz lautet „The English language shall be the official language of the United States", wurde am 27. April 1981 von Senator Hayakawa (Kalifornien) als gemeinsame Resolution im US-Kongress in Washington eingebracht, scheiterte jedoch bereits in den Ausschüssen. Allerdings gibt es Gesetze in 30 Einzelstaaten, die Englisch als offizielle Landessprache *(Official English)* vorschreiben.

Außerdem gibt es eine recht aktive Lobby-Organisation (1983 von Senator Hayakawa gegründet), die sich „U.S. English, Inc." nennt, etwa 1,8 Millionen Mitglieder hat, und sich für Englisch als offizielle Amtssprache einsetzt, um der „Hispanisierung" der USA entgegen zu wirken.

2.2 Schmelztiegel (Melting pot)

Das Bild vom Schmelztiegel, mit dem die Assimilation und Integration von Einwanderern in die Kultur der USA beschrieben wird, entstand bereits während der Kolonialzeit. Hector St. John de Crèvecoeur, Farmer und Schriftsteller im Staat New York, beschrieb in seinen 1782 veröffentlichten – und in Europa viel gelesenen – „Briefen eines amerikanischen Farmers" Amerika als das Land großer Möglichkeiten, in dem Klassen und Nationalitäten zu einem neuen Menschenschlag verschmelzen. Von Crèvecoeur erfuhren europäische Leser zum ersten Mal vom Leben an der westlichen Siedlungsgrenze *(frontier)*, von der Amerikanisierung von Einwanderern aus unterschiedlichen europäischen Ländern und von dem „amerikanischen Traum", sich durch eigene harte Arbeit aus einfachen Anfängen zu Wohlstand und Erfolg hochzuarbeiten – ohne Rücksicht auf Titel und Standesunterschiede, die die feudalistischen Staaten Europas kennzeichneten.

Im dritten Brief schreibt Crèvecoeur: „Was ist ein Amerikaner?"„(Die Amerikaner) sind eine Mischung aus Engländern, Schotten, Iren, Franzosen, Niederländern, Deutschen und Schweden ... Ihre Heimat ist nun das Land, das ihnen Boden, Brot und Schutz bietet. *Ubi panis ibi patria* – ist das Motto aller Emigranten ... Hier werden Individuen aus allen Nationen zu einem neuen Menschenschlag *(a new race of men)* verschmolzen, deren Anstrengungen und deren Nachkommen eines Tages die Welt verändern werden ..." (Crèvecoeur 1782) Crèvecoeur hat als Erster die klassische Aussage über das Verhältnis zwischen Assimilation der Einwanderer und amerikanischer Nationalität formuliert und dafür das Bild des Verschmelzens benutzt.

Ralph Waldo Emerson hat das Bild ein halbes Jahrhundert später ähnlich beschrieben:

> „In this continent, asylum of all nations, the energy of Irish, Germans, Swedes, Poles, and Cossacks, and all the European tribes, of the Africans, and of the Polynesians, will construct a new race, a new religion, a new state, a new literature ..." (Eintrag in seinem *Journal*, 1845, zitiert bei Gordon 1970: 357)

Die Politik der offenen Tür in Sachen Immigration spiegelte während der ersten hundert Jahre der Union der Vereinigten Staaten den Glauben an die Wirksamkeit des Schmelztiegels wider, den Glauben, dass alle Einwanderer absorbiert werden können und zum entstehenden amerikanischen „Nationalcharakter" beitragen können.

Anderer Meinung war der Historiker Frederick Jackson Turner. Er vertrat 1893 in seinem berühmten Vortrag vor der *American Historical Association* („*The Significance of the Frontier in American History*") die bis heute viel diskutierte These, dass *nicht* das europäische Erbe der dominante Einfluss bei der Formung amerikanischer Institutionen und amerikanischer Demokratie war, sondern die Erfahrungen an der westwärts vorangetriebenen Siedlungsgrenze. Dort im Schmelztiegel der *frontier* zwischen Zivilisation und Natur wurden seiner Meinung nach die Einwanderer amerikanisiert, befreit, und zu einer „gemischten Rasse" verschmolzen.

Der Begriff Schmelztiegel wurde aber erst 1908 durch ein melodramatisches Theaterstück des englischen Schriftstellers Israel Zangwill richtig populär, in einer Zeit massiver Einwanderung, in der zwischen 1900 und 1910 etwa eine Million neuer Immigranten pro Jahr in die USA kamen. In dieser Periode, in der das „Einwandererproblem" viel öffentliche Aufmerksamkeit erhielt, wurde der Schmelztiegel zum Schlagwort für die neue amerikanische Gesellschaft, für die „First New Nation".

Zangwills Melodram (Freese 2006) ist eine modernisierte Romeo und Julia-Geschichte. Sie handelt von David, einem jungen russisch-jüdischen Einwanderer, einem Komponisten, der an der großen „amerikanischen Symphonie" arbeitet, in der alle Ethnien der Menschheit ihre Differenzen ablegen und zu einer brüderlichen Gemeinschaft verschmolzen werden. Der junge Komponist verliebt sich in Vera, eine Christin, aber die beiden traditionell orientierten Familien von David und Vera sind gegen die Verbindung. Das Drama endet mit der triumphalen Aufführung der „amerikanischen Symphonie" und der Vereinigung von David und Vera, die von der Dachterrasse eines New Yorker Wohnhauses auf die vom fernen Sonnenuntergang vergoldete Freiheitsstatue blicken. David beschreibt den Schmelztiegel:

> „America is God's crucible, the great Melting Pot, where all the races of Europe are melting and re-forming! ... Germans and Frenchmen, Irishmen and Englishmen, Jews and Russians – into the Crucible with you all! God is making the American." (zit. nach Gordon 1970: 359)

In Zangwills Drama vermischen sich ausnahmslos *alle* ethnischen Gruppen in den großstädtischen Schmelztiegeln. Der Vorgang ist nicht abgeschlossen, Amerika ist im Prozess des Werdens. Zwangwill nannte sein Drama ein „Tendenz-Schauspiel", das ein Problem, nämlich die Situation von Juden in den USA, dramatisiert, statt eine Antwort zu geben. Viele kritische Stimmen, auch von jüdischer Seite, fanden das Bild des Schmelztiegels aber nicht akzeptabel, weil es die Entfremdung vom eigenen kulturellen Erbe fördert. Das Konzept geriet aber insbesondere durch die Philosophie des kulturellen Pluralismus unter Druck.

Das Idealbild des Schmelztiegels wurde darüber hinaus Mitte des 20. Jahrhunderts durch soziologische Studien über Mischehen modifiziert, die herausfanden, dass es einen klaren Trend bei britischen, deutschen und skandinavischen Einwanderern gab, innerhalb ihres eigenen „protestantischen Pools" zu heiraten. Dagegen suchten irische, italienische und polnische Immigranten innerhalb ihres eigenen „katholischen Pools" und jüdische Einwanderer die Partner ebenfalls hauptsächlich innerhalb ihrer eigenen Gruppe. Die Grenzen nationaler Herkunft wurden also leichter überschritten als die von religiösen Gruppen (Kennedy 1944).

Diese Idee des dreifachen Schmelztiegels *(triple melting pot)* als Theorie der amerikanischen Assimilation wurde später von dem Religionssoziologen Will Herberg in seinem bekannten Essay von 1955 „Protestant, Catholic, Jew" aufgegriffen und trug zur Diskussion über die Konzeption pluralistischer Gesellschaften bei. Sie schließt allerdings auch wieder die indianischen Ureinwohner und die Afroamerikaner aus.

Eine soziologische Studie von 1963 mit dem Titel *Beyond the Melting Pot* von Nathan Glazer und Daniel P. Moynihan untersuchte fünf ethnische Gruppen in New York (Afroamerikaner, Juden, Italiener, Iren und Puerto Ricaner) und kam zu dem Ergebnis, dass sich manche ethnischen Gruppen dem „Einschmelzen" widersetzen. Es leuchtet ein, dass Gruppen, die Vorurteilen und Diskriminierung ausgesetzt sind, eher dazu neigen, sich vom *Mainstream* abzusondern.

Widerstand gegen das Konzept gab es in der 1920er Jahren auch von Seiten einiger Eugeniker, die die Vermischung der Rassen als Irrweg bezeichneten. Ihrer Meinung nach führte dies zu unerwünschten Vermischungen *(mongrelization)*, nicht zur Schaffung einer höherwertigen Nationalität (Harry H. Laughlin, Henry Pratt Fairchild u. a.).

Die Metapher vom „Schmelztiegel" wird wegen ihrer Mehrdeutigkeit mit Recht auch immer wieder problematisiert: Wird nur der Einwanderer durch den Prozess verändert oder auch Amerika? Handelt es sich um biologische Vermischung durch Mischehen oder um kulturelle Assimilation? Ist es ein deskriptiver Begriff oder ein zielgerichtetes Konzept? Inwieweit hat die amerikanische Gesellschaft multiethnische Kultureinflüsse aufgenommen?

2.3 Kultureller Pluralismus *(Cultural pluralism)*

Auch das moderne Konzept des kulturellen Pluralismus mit der Betonung ethnischer Identität als Alternative zum Schmelztiegel ist im Grunde nicht neu. Alle nicht-englischen Einwanderer schufen ethnische Enklaven und bemühten sich, mindestens einige ihrer kulturellen Besonderheiten zu erhalten: Als Oasen des Vertrauten im fremden Land, zur Schaffung einer Gesellschaft im Kleinen, in der sie in der vertrauten Sprache kommunizieren und vertraute Institutionen erhalten konnten, als Zusammenschluss zu gegenseitiger Hilfe und Unterstützung. Kultureller Pluralismus war also ein Faktum in der amerikanischen Gesellschaft, bevor er eine Theorie oder ein Konzept der Einwanderungsgesellschaft wurde. Kultureller Pluralismus manifestierte sich als Gegenkraft zu drakonischen Amerikanisierungsprogrammen im Zusammenhang mit der so genannten „neuen Einwanderung" aus Süd- und Südost-Europa während des Ersten Weltkriegs und danach. Die Amerikanisierungsprogramme führten oft zu starker Entfremdung zwischen Einwanderern und ihren Kindern, zu „ethnischem Selbsthass", zerbrochenen Familienstrukturen und Jugendkriminalität.

In dieser Zeit, die durch Nationalismus und Krieg geprägt war, fand die Wertschätzung des kulturellen Erbes der Einwanderer Unterstützung in den Diskussionen einiger Intellektueller, die gegenüber den „Amerikanisierern" eine liberale, internationalistische und tolerante Haltung betonten (John Dewey, Norman Hapgood, Randolph S. Bourne). Entscheidend geprägt wurde die pluralistische Position als Antithese zum Schmelztiegel durch eine Reihe von Artikeln von Horace Kallen in der Zeitschrift *The Nation,* die 1915 unter dem Titel „Democracy versus the Melting Pot" erschienen. Kallen wies die Theorien, die der Amerikanisierung, der Anglo-Konformität und dem Schmelztiegel zugrunde lagen, als Erklärungsmodelle oder als Konzepte für die Zukunft zurück. Seiner Meinung nach haben die Einwanderer Englisch gelernt für die allgemeine Kommunikation, haben am wirtschaftlichen und politischen Leben der Nation teilgenommen, aber gleichzeitig ihre eigene Sprache, ihre Religion, ihre gemeinschaftlichen Institutionen und die Kultur ihrer Vorfahren erhalten. Dies sei keine Verletzung historischer amerikanischer politischer Prinzipien, sondern sei Ausdruck demokratischer Ideale, die für Individuen wie auch für Gruppen gelten müssten. In seinem Essay von 1915 beschrieb er, wie ein wirklich demokratisches harmonisches Staatswesen aussehen könnte (Gleason 1980:43):

> „Its form would be that of the federal republic; its substance a democracy of nationalities... The common language of the commonwealth, the language of its great tradition, would be English, but each nationality would have for its emotional and involuntary life its own peculiar dialect or speech... Thus ‚American civilization' may come to mean the perfection of the cooperative harmonies of ‚European civilization' – the waste, the squalor and the distress of Europe being eliminated – a multiplicity in a unity, an orchestration of mankind..."

Kallen war der Ansicht, dass kulturelle Vielfalt und Nationalstolz sehr wohl zusammenpassen. Er betrachtete seine Vision als Gegenpol zu dem vorherrschenden Zeitgeist, der von Fremdenfeindlichkeit, Angst vor politischem Radikalismus *(Red Scare)* und Nationalismus *(100 percent Americanism)* geprägt war. Während vor dem Ersten Weltkrieg das Prinzip galt, dass die Akzeptanz und die Assimilation der neuen Einwanderer Amerika stärken würde, gab es 1914 einen Wandel hin zu der Vorstellung, dass der Schmelztiegel aus den Einwanderern patriotische Amerikaner nach dem Muster derjenigen machen sollte, die als erste hier angekommen waren, also faktisch eine Rückkehr zum Ideal der Anglo-Konformität.

Zu Kallens Vorstellungen passte da eher die Überzeugung von Carl Schurz, der als deutscher 1848er in den USA zum aktiven Vermittler zwischen den beiden Nationen und Kulturen geworden war und als „ethnischer Politiker" half, die richtige Balance zwischen der Assimilation in der amerikanischen Gesellschaft und dem Erhalt der ethnischen Gruppenidentität zu finden. Er sagte am 8. März 1899 beim Ehrenbankett zu seinem 70. Geburtstag in New York (Schurz 1906 – 1912: Lebenserinnerungen):

> „Der notwendige Amerikanisierungsprozess schließt keineswegs ein, daß der Eingewanderte die guten und wünschenswerten Eigenschaften, Denkarten und Sitten, die er von der alten

Heimat mitgebracht hat, in der neuen baldigst abwerfen soll... Wer von uns neben der erlernten englischen Sprache die Pflege der alten beibehält, wird dadurch nicht ein schlechterer Patriot, sondern ein gebildeterer Amerikaner."

Die Debatte über das Konzept des kulturellen Pluralismus findet nicht nur in den Vereinigten Staaten statt. Während in den USA oft das Bild des gemischten Salats *(salad bowl)*, in dem die Elemente noch deutlich zu erkennen sind, aber alle zum gemeinsamen Ganzen beitragen, verwendet wird, finden wir in Kanada das Bild des multikulturellen Mosaiks *(cultural mosaic)*. Bei dieser Symbolik werden die eigenen, klar abgegrenzten Kulturen von Einwanderungsgruppen betont, die *nicht* zu einer einzigen homogenen Kultur verschmelzen. In Kanada wie auch in Australien wird das Bild des kulturellen Mosaiks als Integrationsstrategie verwendet, mit der gezielten Förderung von kulturellen Praktiken und Sprachen, die nebeneinander existieren. Ziel ist es, die Toleranz gegenüber der Vielfalt der Einwanderer zu stärken.

Problematisch am Symbol des Mosaiks wie auch dem gelegentlich zu findenden Bild der „Flickendecke" *(patchwork quilt)* ist allerdings, dass sich diese Begriffe auf etwas Statisches beziehen. Der Prozess der Entwicklung einer kulturell vielfältigen Gesellschaft in den USA oder in Kanada ist aber durchaus dynamisch.

Massive Kritik am Konzept des kulturellen Pluralismus kam in den vergangenen Jahren vor allem von Samuel P. Huntington, der in seinem Buch *Who Are We?* (2004b) die Ängste vor der Bedrohung des „amerikanischen Traums" und vor dem Verlust der amerikanischen Leitkultur, d. h. des anglo-protestantischen Kerns der amerikanischen Identität durch die große Zahl der hispanischen Immigranten, artikuliert:

„The persistent inflow of Hispanic immigrants threatens to divide the United States into two peoples, two cultures, and two languages. Unlike past immigrant groups, Mexicans and other Latinos have not assimilated into mainstream U.S. culture, forming instead their own political and linguistic enclaves – from Los Angeles to Miami – and rejecting the Anglo-Protestant values that built the American dream. The United States ignores this challenge at its peril." (Huntington 2004 a: 1)

Die „Flut von Einwanderern" aus Lateinamerika, insbesondere aus Mexiko, beschreibt er als besondere Herausforderung für die amerikanische Identität, weil sie anders ist als frühere Immigration. Sechs Faktoren seien anders:

- Die Einwanderer kommen aus einem benachbarten Land mit einer 2000 Meilen langen Grenze zu den USA.
- Die hohe Zahl der Einwanderer und die hohe Fruchtbarkeit der Familien.

- Die hohe Zahl der illegalen Einwanderer (etwa 350.000 pro Jahr; im Jahr 2003 wurde die Gesamtzahl der in den USA lebenden undocumented immigrants auf 8 bis 10 Millionen geschätzt).
- Die regionale Konzentration.
- Das langfristige Andauern der hohen Einwandererzahlen.
- Die historisch begründeten Forderungen nach US-Territorium: Mexikanische Migranten lassen sich ja vorwiegend in Gebieten nieder, die einmal Teil von Mexiko waren; Begriffe wie Mexamerica, Mexifornia oder Reconquista machen die Runde.

Huntington empfindet den Widerstand der lateinamerikanischen Einwanderer gegen Akkulturation und Integration als bedrohlich und kritisiert die bestehenden bilingualen und bikulturellen Bildungsprogramme. Er befürchtet, dass die USA als Ganzes eine zweisprachige Nation werden. Diese „Lateinamerikanisierung" der USA würde aber nicht von allen akzeptiert, und er sieht die Möglichkeit, dass sich ein neuer Nativismus entwickelt, insbesondere bei weißen Männern, die sich als neue Minderheit und Außenseiter fühlen könnten. Das Risiko neuer Rassenkonflikte erscheint ihm groß, denn in gespaltenen und polarisierten Gesellschaften könnten die Verlierer relativ leicht von Nationalisten und Extremisten mobilisiert werden.

Huntingtons Thesen finden auch in anderen Ländern Resonanz, wie die Übersetzungen seiner Bücher beweisen (z.B. Huntington 2006). Es gelingt ihm immer wieder, heftige Diskussionen in Gang zu setzen. Seine Definition der amerikanischen Identität und Kultur, die sich im American Creed (English language, Christianity, religious commitment, rule of law, and the Protestant values of individualism, work ethic, and the belief that humans try to create a „city on a hill") ausdrückt, umfasst aber nur begrenzte Teile der gegenwärtigen Realität der US-Gesellschaft.

3. Fazit

Der Schmelztiegel ist ein Symbol – keine Theorie. Als Symbol steht er für die Interaktion verschiedener ethnischer Gruppen. Das Wort aus der Metallurgie ist jedoch inadäquat: Ein Behälter wird erhitzt, die heiße Masse in Formen gegossen, die zu einem uniformen Produkt führen. Besonders diese Uniformität trifft nicht die Realität.

Während die Schmelztiegel-Symbolik noch am ehesten für die so genannte „alte Einwanderung" (17. bis Anfang 19. Jahrhundert) zutraf, die sich biologisch und kulturell vermischte, wenn auch immer unter dem Dach der Anglo-Konformität, haben sich die so genannten „neuen Einwanderer", besonders die Südosteuropäer und Katholiken, zwar akkulturiert, wurden aber nicht „eingeschmolzen". Diese kulturelle Anpassung hat häufiger stattgefunden als strukturelle Assimilation, die durch enge soziale Beziehungen auf persönlicher Ebene charakterisiert ist.

Die Symbolik des Schmelztiegels gilt weiterhin nicht für „sichtbare Minderheiten". So wurden bis 1967 etwa Afroamerikaner, Latinos, Chinesen, Japaner und amerikanische Indianer in vielen US-Einzelstaaten durch so genannte „Rassenmischungsgesetze" (miscegenation laws) daran gehindert, Ehen mit Personen europäischer Abstammung einzugehen. Einige ethnische und religiöse Gruppen halten ihre separaten Strukturen und sozialen Welten aufrecht, um ihre Identität nicht zu verlieren. Ein Beispiel hierfür sind die zu den Mennoniten gehörenden „Old Order Amish".

Der Ausschluss der Afroamerikaner aus dem Prozess der strukturellen Assimilation hat jedoch nicht zu einer allgemeinen panafrikanischen Identität geführt, obwohl es Ansätze von schwarzem Nationalismus in der „Black Power"-Bewegung, in der „Nation of Islam" sowie in afrozentristischen Gruppierungen gab und gibt.

In den kulturell pluralistischen Gesellschaften, wie sie heute für die USA wie auch für zahlreiche europäische Staaten kennzeichnend sind, stehen wir vor der gemeinsamen Herausforderung, die Heterogenität anzuerkennen und demokratische, gerechte und faire Gesellschaftsordnungen zu schaffen, in denen sehr vielfältige und verschiedenartige Gruppen und Gruppierungen in relativer Harmonie zusammenleben können.

Für die USA bleibt offen, ob Nationalgefühl und ethnischer Pluralismus einander ergänzen können oder ob die Entwicklung zu einer „Nation von Minderheiten" das Konfliktpotential erhöhen wird. Eine gespaltene und polarisierte Gesellschaft ohne allgemein akzeptierte Gemeinsamkeiten und Werte mit integrierender und stabilisierender Funktion wird destabilisierende Konflikte auf Dauer kaum vermeiden können.

Vielleicht kann Präsident Barack Obama aufgrund seiner eigenen Lebensgeschichte zum Mediator zwischen dem schwarzen und weißen Amerika werden und als Angehöriger einer universellen amerikanischen Generation Geschichte schreiben, indem er als Integrationsfigur die Einheit aus der Vielfalt („E Pluribus Unum") symbolisiert und ein gerechtes Zusammenleben in einer genuinen „amerikanischen Nation" zum realistischen Ziel werden kann?

Literatur

Chametzky, Jules (1989/90): Beyond Melting Pots, Cultural Pluralism, Ethnicity.... In: Melus. Vol. 16. No. 4. 3-17.
Freese, Peter (Hrsg.) (2006): Israel Zangwill, The Melting Pot. München: Langenscheidt.
Freese, Peter (2008): American National Identity in a Globalized World...". In: American Studies Journal, No. 51. 1-18.
Glazer, Nathan and Daniel P. Moynihan (1970): Beyond the Melting Pot: The Negroes, Puerto Ricans, Jews, Italians and Irish of New York City. Cambridge: MIT Press.
Gleason, Philip (1980): American Identity and Americanization. In: Thernstrom, Stephan (1980).
Gordon, Milton (1964): Assimilation in American Life: The Role of Race, Religion, and National Origins. New York: Oxford University Press.
Gordon, Milton (1970): Assimilation in America: Theory and Reality. In: Lankfort/Reimers (1970) 351-367.
Herberg, Will (1955): Protestant, Catholic, Jew. An Essay in American Religious Sociology. Chicago: University of Chicago Press.
Huntington, Samuel P. (2004 a): The Hispanic Challenge. In: Foreign Policy, No. 141. 1-16.
Huntington, Samuel P. (2004 b): Who Are We? America's Great Debate. New York: Simon & Schuster.
Huntington, Samuel P. (2006): Der Kampf der Kulturen. Hamburg: Spiegel-Verlag.
Kennedy, Ruby Jo Reeves (1944): Single or Triple Melting Pot? Intermarriage Trends in New Haven, 1870-1940. In: American Journal of Sociology, No. 49. 331-339.
Lankfort, John/Reimers, David (1970): Essays on American Social History. New York: Holt, Rinehart and Winston
Skerry, Peter (2000): Do we really want immigrants to assimilate? In: Society, Vol. 37. No. 3. 57-62.
Sollors, Werner (1986): Beyond Ethnicity: Consent and Descent in American Culture. New York: Oxford University Press.
Statistical Abstract of the United States. U.S. Census Bureau: www.census.gov
Thernstrom, Stephan (1980): Harvard Encyclopedia of American Ethnic Groups. Cambridge & London: Harvard University Press.

Der kanadische Multikulturalismus: Ein Erfolgsmodell sozio-politischer Integration?

Rainer-Olaf Schultze unter Mitarbeit *von Nina Gerstenkorn*

Der kanadische Multikulturalismus gilt Vielen – in Politik und Wissenschaft, aber auch bei den Betroffenen – als Erfolgsmodell – normativ exportfähig oder doch zumindest in Ansätzen übertragbar in andere Gesellschaften postnationaler Konstellation. Orientiert an der Leitfrage „Was hält Gesellschaften zusammen?", geht es im Folgenden – im Anspruch sehr viel bescheidener – primär um Deskription – und zwar mittels makroskopischer Draufsicht auf ein Land, dessen Zusammenhalt in Anbetracht widriger Rahmenbedingungen und tief greifender gesellschaftlicher *cleavages* stets höchst prekär gewesen ist und das heute dennoch nach den USA und der Schweiz die drittälteste föderale Demokratie der Moderne ist.

Zu den zentralen *cleavages* zählen politisch-ökonomisch: die Assoziations-Dissoziations-Konflikte um das Verhältnis zu dem übermächtigen südlichen Nachbarn USA, der Klassenkonflikt zwischen Kapital und Arbeit, fragmentiert durch drei regional-ökonomische Konfliktlinien, nämlich zwischen (industriellem) Zentrum und (Ressourcen-)Peripherie, zwischen armen und reichen Provinzen, sowie der regional-ökonomischen Konfliktlinie zwischen Stadt und (Hinter-)Land (Schultze/Schneider 1997; Brede/Schultze 2008).

Sozio-kulturell sind es vor allem drei Konfliktlinien: (1.) der Antagonismus von anglo- und frankophoner Welt, (2.) der Konflikt der weißen Mehrheitsgesellschaft mit den indigenen Völkern sowie (3.) die Integrationsprobleme und -konflikte in einer multikulturellen Einwanderungsgesellschaft. Die Konflikte überlagern sich selbstverständlich und sind auf vielfältige Weise miteinander vermittelt. Im Folgenden stehen die drei sozio-kulturellen Konfliktdimensionen im Mittelpunkt.

Die Analyse gliedert sich in vier Abschnitte; präsentiert werden:

1. Basisdaten zur multikulturellen Bevölkerungsstruktur und Einwanderungspolitik;
2. Überlegungen zu den kanadischen sozio-kulturellen Integrationsmodellen in Geschichte und Gegenwart;

3. Anmerkungen zu aktuellen Integrationsproblemen und Gefahren des kanadischen Multikulturalismus;
4. Antwortversuche auf die Leitfrage, was denn die kanadische Gesellschaft heute zusammenhält.

1. Daten zur multikulturellen Bevölkerungsstruktur und Einwanderungspolitik

1.1 Das ethnische Bevölkerungsmosaik

Kanada zählt bekanntlich neben den USA, Australien oder auch Lateinamerika zu den klassischen Einwanderungsgesellschaften. Seine heute ca. 33 Millionen Einwohner stammen aus mehr als 160 verschiedenen Ländern mit mehr als 100 verschiedenen Sprachen. Etwa 20 Prozent der Bevölkerung sind gegenwärtig nicht im Lande geboren. Im letzten Jahrzehnt lag die Zahl der Einwanderer jährlich zwischen 230.000 und 300.000, also bei etwa 0,7 Prozent der Bevölkerung. Dies entspricht prozentual einer größeren Einwanderung nach Kanada als in die USA oder Australien.

Einen ersten Eindruck über das ethnische Bevölkerungsmosaik vermittelt die von Rainer Geißler leicht verändert übernommene Tabelle 1.

Die Tabelle kombiniert Basis-Informationen zur historischen, demographischen und lebensweltlichen Dimension und sie informiert – von unten nach oben gelesen – grob über den Beginn der Einwanderung der einzelnen Ethnien und damit auch über die Dauer ihrer Existenz in der kanadischen Gesellschaft.

- Die Ureinwohner hatten den amerikanischen Kontinent mit einer großen Zahl von Kulturen viele Jahrtausende lang allein bewohnt. Heute sind sie durch die neuzeitliche Einwanderung auf kleine, sehr multikulturelle Gruppen und Minderheiten reduziert.
- Die *Founding Nations* (Anglo- und Frankokanadier) kamen seit dem 17. Jahrhundert ins Land – zunächst die Franzosen, dann im Osten, am Atlantik, auch die Briten; seit dem 18. Jahrhundert siedelten verstärkt britische Kolonisten (Engländer, vor allem aber auch Schotten und Iren), wobei in den Jahren unmittelbar nach dem US-amerikanischen Unabhängigkeitskrieg einige Tausend so genannte *United Empire Loyalists* auch aus dem Süden, den damaligen USA, einwanderten.

Tabelle 1: Das ethnische Bevölkerungsmosaik Kanadas

%/in Tsd.	Absolute Zahlen in Tausend						
13,4/ 3.980	Visible minorities vor allem seit den 1970er Jahren						
	Asiaten 2.740		Schwarze 660		Lateinamerikaner 220		Araber 190
13 (29)/ 3.750 (8.730)	Europäische Minderheiten vor allem seit Mitte/Ende des 19. Jahrhunderts						
	Deutsche 710 (2.740)	Italiener 730 (1.270)	Ukrainer 330 (1.070)	Holländer 310 (920)	Polen 260 (820)	Norweger 50 (360)	Sonstige 1.360 (1.550)
35 (89)/ 10.500 (26.440)	Founding nations Im Osten seit ca. 400 Jahren Westlich des St. Lorenz seit 150-200 Jahren						
	Briten 2.670 (9.970)			Franzosen 1.150 (4.770)		Kanadier 6.750 (11.700)	
1,9 (4,4)/ 565 (1.320)	First nations seit ca. 12.000 bzw. 4.000 (Inuit) Jahren						
	Nordamerik. Indianer 456 (1.000)			Inuit 37 (56)		Métis 72 (308)	

Angaben ohne Klammern: aus ethnisch homogenen Familien
Angaben in Klammern: aus ethnisch heterogenen Familien
Quelle: www.statcan.ca, Datenbasis: Zensus 2001, verändert übernommen von R. Geißler 2003: 20.

- Die britische Kolonialmacht versuchte zweimal – nach 1763 und ab 1840 – eine Politik der Assimilierung vis-à-vis den Quebeckern durchzusetzen. Sie gab beide Versuche aber vergleichsweise schnell auf und erkannte die rechtliche, die kulturell-religiöse, die kulturell-sprachliche und die religiös-schulische Eigenständigkeit der frankophonen Quebecker an. Im Zuge der Staatsgründung garantierte der kanadische Föderalismus durch den British North America Act, die kanadische Verfassung, seit 1867 die Existenz Quebecs und seiner Bevölkerung als kulturell, aber auch politisch (lange Zeit nicht jedoch ökonomisch) frankophon dominierte Provinz. Anglo- und Frankokanadier bildeten seither die beiden zahlenmäßig, kulturell und politisch dominanten

Gruppen Kanadas. Vor einem Jahrhundert stellten sie 90 Prozent der Bevölkerung, seitdem geht ihr Anteil kontinuierlich zurück.
- Bis Mitte des 19. Jahrhunderts waren die frankokanadischen Quebecker noch in der Mehrheit. Sie verloren ihren Mehrheitsstatus um ca. 1850 aufgrund fehlender Einwanderung aus Frankreich. Den Quebeckern blieb allein *la revanche des berceaux*, die „Rache der Wiegen". Der Bevölkerungsanteil der Provinz an der kanadischen Gesamtbevölkerung liegt heute bei knapp unter 25 Prozent.
- Die (nicht-britischen oder nicht-französischen) europäischen Minderheiten kamen in zwei Wellen seit Ende des 19. Jahrhunderts ins Land (siehe unten).
- Die so genannten *visible minorities* kamen verstärkt erst nach dem grundlegend veränderten Einwanderungsrecht ab 1967 ins Land – ein „farben- und ethnien-blindes" Einwanderungsgesetz (siehe unten).

Zusätzlich zur historischen Dimension vermittelt Tabelle 1 auf der Basis der Selbstbezeichnung im Zensus von 2001 aber auch einen Eindruck über die absoluten Bevölkerungszahlen der Hauptgruppen sowie deren Anteil an der Gesamtbevölkerung. Die Tabelle lässt zugleich Schlüsse über die ethnisch-kulturelle Homogenität der kanadischen Familien, aber auch über den hohen und weiter steigenden Anteil von sogenannten „*Intermarriage*-Familien" zu, insbesondere zwischen den europäischen Kanadiern, aber auch darüber hinaus. Es gilt nicht – oder vielleicht auch noch nicht – in gleichem Maße für die Angehörigen der in großer Zahl erst seit den 1970er Jahren eingewanderten „*Visible minority*-Familien". Laut dem Census von 2001 war der Anteil an *mixed couples* unter den Kanadiern japanischer Herkunft mit 70 Prozent sehr hoch, erreichte bei den Lateinamerikanern 45 Prozent, unter den Afroamerikanern 43 Prozent und war mit 13 Prozent am geringsten bei Familien aus Südasien.

1.2 Zur kanadischen Einwanderungspolitik: europäische Minderheiten

Die kanadische Einwanderungspolitik ist seit der Gründung des Bundesstaates 1867 selbstverständlich stets von *push-* und *pull-*Faktoren bestimmt gewesen, wobei ökonomische Determinanten von der Erschließung und Besiedelung des Landes über die Ressourcennutzung bis hin zur Nachfrage nach *High-tech-Jobs* stets das Hauptkriterium bildeten. Allerdings spielten in der Vergangenheit ethno-kulturelle und rassische Determinanten eine durchaus bedeutende und diskriminierende Rolle (zur Einwanderungsgeschichte siehe den Überblick bei Fleras/ Elliott 2007 mit der relevanten Literatur).

Grafik 1: Kanadische Einwanderungspolitik: „erwünschte" und „unerwünschte" Ethnien

**Immigration Act (1869) / Immigration Act (1910) :
Politik der erwünschten vs. unerwünschten Ethnien**

erwünscht	nicht-bevorzugt	eingeschränkt	unerwünscht & strikt limitiert
Briten/ West- und Nordeuropäer	Ost- und Mitteleuropäer	Juden; Südeuropäer	„Blacks"/Asiaten*/ (auch Iren) sowie: Kriminelle/ physisch u. psychisch Kranke

→ Kanada als „white man's country"
→ assimilierende und sozial-darwinistische Immigrationspolitik

*1910 wurden zeitweise Inder und Chinesen als "Gastarbeiter" aus ökonomischen Beweggründen akzeptiert.(bis 1923)

Quelle: Eigene Darstellung in Anlehnung an Fleras/Elliott 2007: 239f.

Zunächst prägten sozial-darwinistische Einschätzungen die kanadische Einwanderungspolitik, die zwischen Weißen und Nicht-Weißen diskriminierte und letztere allein als zeitweilige Gastarbeiter und nur in streng begrenzter Zahl ins Land ließ. Die (nicht-britischen oder nicht-französischen) europäischen Minderheiten kamen – wie gesagt – in zwei Wellen ins Land: Seit Ende des 19. Jahrhunderts zur Besiedlung des agrarischen Westens und nach dem Zweiten Weltkrieg – unter den Bedingungen des industriewirtschaftlichen Nachkriegsbooms der 1950er Jahre. Sie stellen heute ca. ein Drittel der Kanadier. Erwünscht waren außer den Briten vor allem Einwanderer aus West- und Nordeuropa, die als kulturell verwandt und leicht assimilierbar galten, zudem für die Erschließung und Besiedelung des agrarischen Westens als besonders geeignet. Diese ethno-kulturelle Präferenz der kanadischen Mehrheitsgesellschaft veränderte sich nach dem Ersten und Zweiten Weltkrieg. Nach dem Ersten Weltkrieg kamen verstärkt Einwanderer aus Ost-Mitteleuropa ins Land, vor allem auch aus der Ukraine und aus Russland im Gefolge des russischen Bürgerkrieges und nach der Machtübernahme der Bolschewiki. Nach dem Zweiten Weltkrieg speiste sich die Einwanderung nach

Kanada schwerpunktmäßig zunächst gleichfalls aus Flüchtlingen aus Ost-Mitteleuropa und aus Einwanderern aus Nachkriegs-Deutschland. In den 1950/60er Jahren erweiterte sich der Kreis insbesondere um Immigranten aus den südeuropäischen Ländern: Italien, Griechenland, Spanien (Vogelsang 1997).

1.3 Zur kanadischen Einwanderungspolitik: Visible Minorities

Zum Paradigmenwechsel in der Einwanderungspolitik kam es durch das Einwanderungsgesetz von 1967. An die Stelle des sozial-darwinistisch imprägnierten ethno-kulturell-rassischen Auswahlprinzips trat eine „farben-blinde" Einwanderungspolitik – mit Arbeitsmarktanforderungen, humanitären Beweggründen, Familienzusammenführung als den drei zentralen Auswahlkriterien (Fleras/Elliott 2007; Triadafilopoulos 2008: 24-55). Zielgruppe waren nicht mehr Arbeiter des ersten Sektors, sondern ausgebildete Fachkräfte in Industrie und Technik. Es ging nicht mehr primär um die Einwanderung in den ländlichen Raum. Zielort wurden die metropolitanen großstädtischen Räume. Der Fokus „Einwanderung" als kurzfristige Bereitstellung von Arbeitskräften zu sehen, wich der Sichtweise, dass „Einwanderung" als dauerhafte Quelle ökonomischen Wachstums verstanden wurde. Zudem nahmen verschiedene Provinzen ihre Einflussmöglichkeiten aktiv wahr. Dies gilt vor allem für die Quebecker Regierung, um zielgerichtet einen beachtlichen Anteil der gesamtkanadischen Einwanderung in die frankophone Sprach-, Schul- und Kulturwelt Quebecs zu lenken.

Tabelle 2: Einwanderungspolitiken

	Entwicklungen ab 1967	Immigration Act 1978 & Entwicklungen der 1990er	Immigration and Refugee Protection Act 2002
Intention	Aufnahme insbesondere nach klassen-/ berufsspezifischen Kriterien: individuelle Bildungs- und Berufsqualifikation Außerdem: • Familien- zusammenführung • Flüchtlinge	Vereinbarung von wirtschaftlichen und humanitären Zielen kanadischer Einwanderungspolitik. Außerdem: „Entdeckung" der Einwanderer nicht nur als Arbeitskräfte, sondern auch als Konsumenten und Investoren der kanadischen Wirtschaft.	Aktive Steuerung der Einwanderung nach den Anforderungen einer wachsenden wissensbasierten Wirtschaftentwicklung
Aufnahme- „klassen"	• Family class • Ecomonic class • Refugee class	• Family class • Ecomonic class • Refugee class	• Family class • Ecomonic class • Refugee class
Aufnahme- verfahren	Punktesystem (Einführung)	Punktesystem	Punktesystem mit Arbeitsmarkt- Einkommens- und Investitionsausrichtung
Merkmale	• „(sozio-ökon.) *class* statt *race*"-Prinzip • „colour-blind" → expansionistisch	• vom Immigranten als zeitweiliger Arbeitskraft, zur langfristigen ökon. Stütze. • Zeit konstanter und hoher Einwanderung → integrativ	• Verschärfte Aufnahmekriterien (Sprachkenntnisse; Bürgschaft für Familienmitglieder) • Bevorzugung von ökon. „leicht integrierbaren" Einwanderern → restriktiv

Quelle: Eigene Darstellung, in Anlehnung an Fleras/Elliott 2007: 244f.

Seit 1967 unterscheidet die kanadische Einwanderungspolitik – wie Tabelle 2 ausweist – drei Haupt-Einwanderungsklassen: Familienzusammenführung, Flüchtlinge und Asylanten sowie drittens die Gruppe der Wirtschaftsimmigranten, die nach dem allseits bekannten und vielfach kopierten kanadischen Punktesystem (siehe Tabelle 3) ausgewählt werden. Dabei spielen ökonomische Kriterien wie die Integration in den Arbeitsmarkt sowie insbesondere Kapitalimport und Direktinvestitionen von potentiellen Einwanderern eine zentrale Rolle. Und dennoch sind – wie die Zahlen aus dem Jahre 2006 deutlich machen – mit 55 Prozent nur etwas mehr als die Hälfte der Einwanderer der „*economic class*" zuzurechnen, während über 40 Prozent von ihnen nach wie vor über Familienzuzug (28 Prozent) oder als Flüchtlinge (13 Prozent) oder Asylanten (4 Prozent) ins Land kommen (Citizenship and Immigration Canada: Statistics 2006).

Tabelle 3: The Skilled Worker Point System

Education – 25 points	25 points for education (maximum for PhD or MA, 5 points for high school dip)
Language skills – 24 points	24 points for language proficiency (up to 16 points for first official language – reading, writing, speaking, understanding; up to 8 points for the second official language)
Work experience – 21 points	21 points for work experience (top points for 4 years of experience in a highly skilled occupation, 15 points for one year)
Employment status – 10 points	10 points for arranged employment in Canada
Age – 10 points	10 points for age (maximum points for those between 21 and 49; 2 points less each year over 49 0r under 21 years of age)
Adaptability – 10 points	10 points for adaptability (5 points for full-time job experience in Canada; 5 points for full time study in Canada; 5 points for having a close relative in Canada , 5 points for a spouse with university degree)

Quelle: Fleras/Elliott 2007: 249

Grundlegend allerdings veränderte sich in den letzten 40 Jahren – als Folge des Paradigmenwechsels – die Herkunft der Einwanderer. Es kamen seither überwiegend Angehörige der so genannten *visible minorities* – das farben- und ethnienblinde Einwanderungsrecht ließ dies jetzt zu – ins Land. Im Jahr 1981 machten die *visible minorities* mit ca. 1 Million rund 4,7 Prozent der kanadischen Bevölkerung aus. Im Zensusjahr 2006 waren es über 5 Millionen und damit ein Anteil von 16,2 Prozent. Allein im Zeitraum von 2001 bis 2006 wuchs die Bevölkerung der *visible minorities* fünf mal schneller (27,2 Prozent) als das der Gesamtbevölkerung (5,4 prozent). Wie drastisch sich die Herkunft der Einwanderer veränderte, macht Grafik 2 ansatzweise sichtbar.

Grafik 2: Region of birth of recent immigrants to Canada, 1971 to 2006

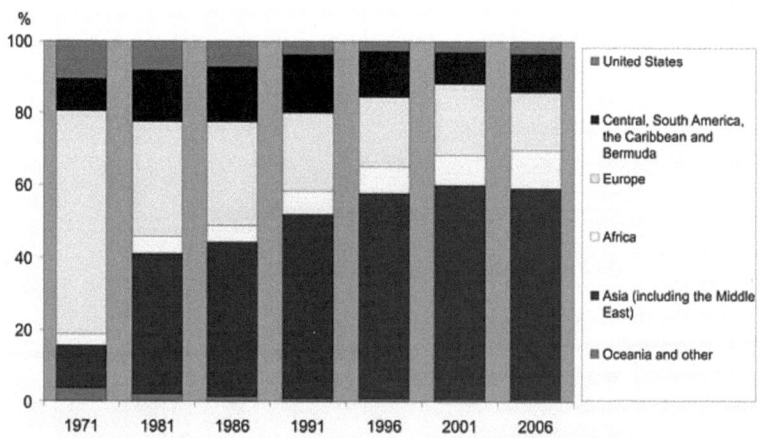

Notes:
1. "Recent immigrants" refers to landed immigrants who arrived in Canada within five years prior to a given census.
2. "Other" includes Greenland, St Pierre and Miquelon, the category "other country", as well as a small number of immigrants born in Canada.

Quelle: Canada Year Book 2008, Statistics Canada Catalogue no. 11-402-X, S.159.

Waren vor 1961 über 90 Prozent der Einwanderer aus Europa ins Land gekommen, sank ihr Anteil drastisch. Zwar stellen sie nach wie vor die zweitstärkste Einwanderergruppe, doch machten sie im Zensusjahr 2006 noch gerade 16,1 Prozent aus, verglichen zu 61,6 Prozent im Jahr 1971. 83,9 Prozent der Einwanderer, die zwischen 2001 und 2006 nach Kanada kamen, sind nicht in Europa geboren. Dafür stieg der Anteil der Einwanderer aus Asien (einschließlich Mittlerer Osten) drastisch an. Von rund 12 Prozent Ende der 1960er Jahre stieg die Anzahl der in Asien geborenen Immigranten auf 38,9 Prozent in den späten 1970ern. Eine weitere Dekade später waren es bereits über die Hälfte (50,9 Prozent). In den Zensusjahren 2001 bzw. 2006 pendelte sich die Anzahl bei 59,4 bzw. 58,3 Prozent vorerst ein. Von den zwischen 2001 und 2006 ins Land gekommenen Immigranten waren damit sechs von zehn asiatischer Herkunft. Ganze 14 Prozent aller Neuankömmlinge stammten allein aus der Volksrepublik China (Statistics Canada 2007: 9 f.).

Diese Globalzahlen sagen nichts über die regionalen Verteilungen oder über die lokale Konzentration der Zuwanderung im Allgemeinen, wie vor allem der *visible minorities* im Besonderen, aus. Denn die Einwanderer zieht es fast durchweg in die wenigen großstädtisch-metropolitanen Regionen und insbesondere nach Metropolitan Toronto und Vancouver. Sechs von zehn *visible minorities* leben in einer der beiden Städte.

Grafik 3: Bevölkerungsanteil der *visible minorities* in kanadischen Städten 2006

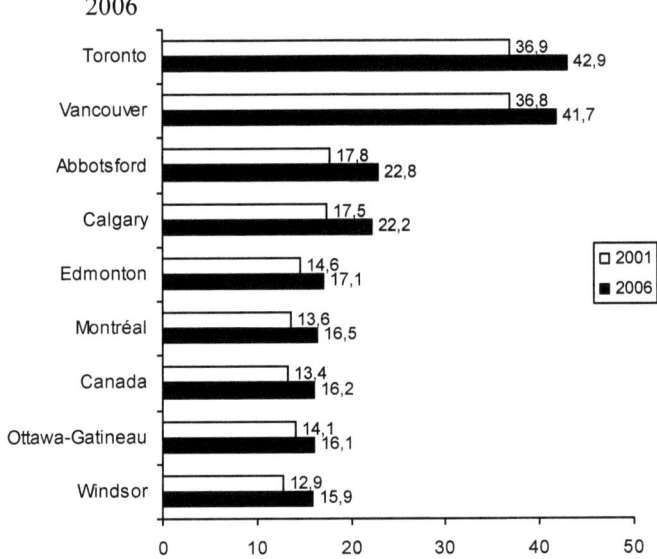

Quelle: Eigene Darstellung; Datenbasis: Canadian Heritage, Datenbasis Zensus 2001, Statistics Canada 2007: 26.

In Toronto und Vancouver gehören mittlerweile über 40 Prozent der Bevölkerung zu den *visible minorities*. Insgesamt leben die *visible minorities* Kanadas vor allem in folgenden drei Metropolen: Toronto liegt mit 42,9 Prozent unangefochten an der Spitze, Toronto nahm allein 40,4 Prozent aller Einwanderer auf, die zwischen 2001 und 2006 ins Land kamen; 81,9 Prozent davon zählten zu den *visible minorities*. Die beiden größten Gruppen stellten in 2006 dabei die Südasiaten (31,5 Prozent aller *visible minorities* in Toronto) und Chinesen (22,4 Prozent). In Montréal hingegen stellten die arabischstämmigen *visible minorities* die größte Gruppe dar (16,7 Prozent aller *visible minorities* in Montréal). Damit sind in Montréal mit 37,2 Prozent auch insgesamt gesehen die meisten Araber Kanadas zu finden. In Vancouver machte 2006 der Bevölkerungsanteil der *visible minorities* 41,7 Prozent aus. Zehn Jahre zuvor waren es noch gute zehn Prozentpunkte weniger gewesen. Mit 18,2 Prozent chinesischem Bevölkerungsanteil liegt Vancouver an der Spitze aller metropolitanen Einzugsgebiete. Allein zwischen 2001 und 2006 wuchs deren Bevölkerungsanteil um 11,3 Prozent an, zwischen 1996 und 2001 waren es sogar 22,8 Prozent. Fast drei Viertel aller Chinesen Vancouvers sind nicht in Canada geboren (Statistics Canada 2007: 29ff.).

Resümierend kann formuliert werden: Aus einer von den anglo- und frankophonen „*founding nations*" gebildeten binationalen Gesellschaft, die seit dem letzten Drittel des 19. Jahrhunderts bis in die 1960er Jahre zum europäisch bestimmten kulturellen Mosaik ergänzt wurde, hat sich eine heute von bunter Vielfalt definierte multikulturelle Gesellschaft entwickelt.

2. Sozio-kulturelle Integrationsmodelle in Geschichte und Gegenwart

Der vorstehend skizzierte Paradigmenwechsel in der Einwanderungspolitik ist indes nur ein – wenn auch ein zentrales – Element eines grundlegenden Wandels in der Strategie und in den Bausteinen sozio-kultureller Integration, der in der Mitte der 1960er Jahre einsetzte. Die sozio-kulturelle Integrationsstrategie in der Vergangenheit war bis in die 1960er Jahre bestimmt vom „sowohl als auch". Sie war einerseits bestimmt von Dualismus der anglo- und frankophonen Subgesellschaft. Zwar hatte die britische Kolonialmacht – wie geschildert – eine Politik der Assimilierung vis-à-vis den Quebecern durchzusetzen versucht, sie gab beide Versuche aber vergleichsweise schnell auf. Allerdings lebten die beiden Subgesellschaften bis weit ins 20. Jahrhundert hinein als „Two Solitudes" – wie dies genannt worden ist – weitgehend nebeneinander her. Mit Amartya Sen (2006) wird man von einem System des „*dual monoculturalism*" sprechen können, vermittelt und zusammengehalten durch Elitenakkommodation.

Grafik 4: Sozio-kulturelle Herausforderungen an die kanadische Multikulturalismuspolitik der Gegenwart

Soziokulturelle Herausforderungen an die Multikulturalismuspolitik
→ Entlang der unterschiedlichen Geltungsansprüche / Integrations-
(an)forderungen der

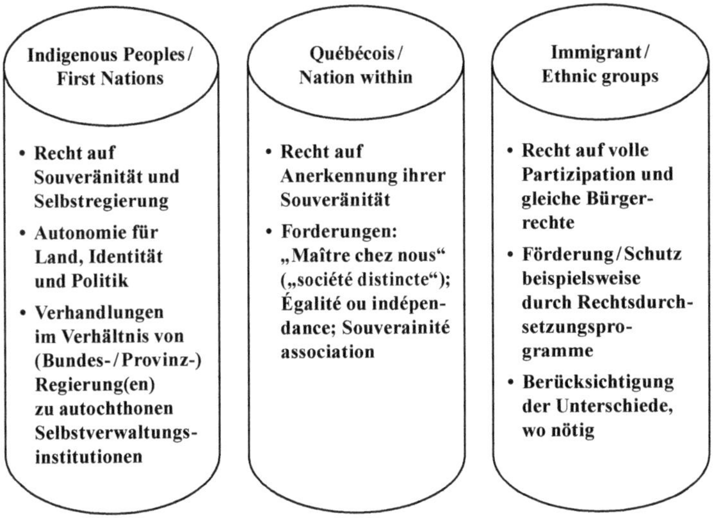

Indigenous Peoples / First Nations
- Recht auf Souveränität und Selbstregierung
- Autonomie für Land, Identität und Politik
- Verhandlungen im Verhältnis von (Bundes-/Provinz-) Regierung(en) zu autochthonen Selbstverwaltungsinstitutionen

Québécois / Nation within
- Recht auf Anerkennung ihrer Souveränität
- Forderungen: „Maître chez nous" („société distincte"); Égalité ou indépendance; Souverainité association

Immigrant / Ethnic groups
- Recht auf volle Partizipation und gleiche Bürgerrechte
- Förderung/Schutz beispielsweise durch Rechtsdurchsetzungsprogramme
- Berücksichtigung der Unterschiede, wo nötig

Quelle: Eigene Darstellung

Innerhalb der beiden Subgesellschaften bestanden andererseits für die indigene Bevölkerung wie für die weiteren weißen Einwanderungsgruppen in der Vergangenheit starke Assimilierungszwänge. Ethno-kulturelle Vielfalt und das religiös plurale (allerdings rein weiße) *Canadian mosaic* entwickelten sich seit den 1920er Jahren bestenfalls ansatzweise und zudem regional schwerpunktmäßig konzentriert in den Prärieprovinzen, kaum jedoch in Atlantik-Kanada und Ontario, so gut wie gar nicht in der frankophonen Subgesellschaft Quebecs.

Die sozio-kulturellen Widersprüche und Konflikte, die den Zusammenhalt des Landes mehrfach in Frage stellten, spitzten sich insbesondere seit Anfang der 1960er Jahre zu. Soziokulturell sieht sich die kanadische Mehrheitsgesellschaft seither mit Herausforderungen dreifachen Ursprungs konfrontiert:

- Erstens: Mit den Forderungen der *Québécois* nach Anerkennung ihrer Identität als Nation, schlagwortartig auf die Formeln des „*Maître chez nous*", „*Egalité ou indépendance*" bzw. der „*Souveraineté-association*" gebracht.
- Zweitens: Mit den Forderungen der ethnischen Einwanderungsgruppen, der so genannten „Drittkanadier", nach Anerkennung ihrer kulturellen Identität, nach vollen Bürgerschafts- und Partizipationsrechten und nach positiver Diskriminierung durch A*ffirmative action*-Programme.
- Drittens: Mit den Forderungen der indigenen *First Nations* auf Anerkennung ihrer alten Vertragsrechte verbunden mit deren Zielen Selbstverwaltung und Selbstregierung (Vogelsang 1999; Murphy 2003; Moll 2006).

Die kanadische Politik reagierte mit der Einsetzung der „*Royal Commission on Bilingualism and Biculturalism*" Mitte der 1960er Jahre zunächst auf die „*révolution tranquille*" in der Quebecker Gesellschaft und deren Forderungen nach politischer, ökonomischer und kultureller Gleichberechtigung (siehe Royal Commission 1967ff., Thunert 1992, 1997). Die Philosophie des ersten Antwortversuches der liberalen Bundesregierungen unter Lester Pearson und Pierre Elliott Trudeau war liberal und individualistisch, nicht jedoch kommunitär:

> „...Trudeau, Canada's version of a philosopher king, sought to bridge the gap between anglophone and francophone Canadians with a truly liberal, pan-Canadian vision centred on the individual as a free and equal rights-bearing citizen. Instead of according specific rights to French Canadians as a collectivity, Trudeau's concept of a bilingual country from coast to coast defined language as an attribute of the individual. Francophones would be freed from their national Québec ‚ghetto', and both English- and French-speaking Canadians would be able to consider the whole of Canada their country and field of endeavour. With language separated from ethnic and/ or religious heritage, it would be the individual choice of each citizen whether to identify with and to preserve select aspects of his or her heritage... The Charter of Rights and Freedoms that came into force in 1982 was meant to codify the values of individual liberty and self-fulfilment and to serve as a unifying principle for the country. What Trudeau aimed for was nothing less than a new mode of national integration – neither assimilationist nor ideological, but procedural. Canada would become a ‚procedural republic', held together by the commitment to a democratic regime with its corresponding rights and practices." (von Bredow et al. 2004: 173)

Gegen diese Zielsetzung setzten die Vertreter der europäischen Einwanderer-Communities nicht nur die in Band 4 der „*Royal Commission on Bilingualism and Biculturalism*" (1971) nachgeschobene Analyse des Beitrages der „Drittkanadier" für die Gesamtgesellschaft durch, sondern im politischen Prozess auch die „Politik des Multikulturalismus in einem zweisprachigen Rahmen". Dieser Kompromiss bildete eine der wesentlichen Voraussetzungen für ein verändertes Multikulturalismusverständnis hin zu einem komplexeren, kontextsensiblen und damit differenzierten Umgang mit den unterschiedlichen Integrations(an)forderungen von Quebeckern, Indigenen und ethnischen Einwanderungsgruppen. Im Kontext der Beratungen der Grundrechtscharta der 1980er Jahre führte dies zur Institutionalisierung von kollektiven, kommunitären Grundrechten. Die ethnischen Gruppen setzten dies zusammen mit der Frauenbewegung und den anderen Neuen Sozialen Bewegungen der Zeit durch. Im Ergebnis kam es also nicht nur zur Einführung der offiziellen Zweisprachigkeit von Küste zu Küste auf der Ebene der Bundespolitik und nicht nur zur Garantie individueller Grundrechte, sondern auch zur Einführung von kollektiven Gruppenrechten für Frauen, Behinderte, für sprachliche und ethnische Minderheiten – mittlerweile auch für die Ureinwohner.

2.1 Die drei Säulen kanadischer Multikulturalismuspolitik

Die kanadische Multikulturalismuspolitik ruht damit seit Anfang der 1970er Jahre auf drei Säulen mit teilweise aufeinander abgestimmten – teilweise aber auch sehr spezifischen – Antworten auf die unterschiedlichen Geltungsansprüche von Quebeckern, Indigenen und den weiteren ethnischen Einwanderungsgruppen (Kymlicka 2007).

Dabei ist von einer Multikulturalismuspolitik im weiten Sinne eine im engen Sinne zu unterscheiden. Im weiten Begriffsverständnis spielt der Identitätsanspruch als Nation – im Sinne Hegels als „historischer Nation" – sowohl der Quebecker als auch der indigenen *First Nations* – eine zentrale Rolle. Es ist hergeleitet aus der gesellschaftlichen Realität der *societé(s) distincte(s),* politikphilosophisch begründet und gerechtfertigt mit dem Charles Taylor'schen Konzept der *„deep diversity"* und praktisch-politisch gestützt im Falle der Indigenen auf deren alte *Treaty*-Rechte, im Falle der Quebecker gestützt auf deren Existenz als *„nation within",* und zwar in beiden Fällen vor Gründung des kanadischen Bundesstaates im Jahre 1867.

Das Konzept der *„deep diversity"* behauptet und rechtfertigt dabei unterschiedliche Geltungsansprüche ethnisch-kultureller Gruppierungen (Taylor 1993, 1993a) – je nachdem wie tiefgreifend durch Geschichte, Kultur, Sprache, Tradition etc. die *„shared understandings"* (Taylor 2000), der gemeinsame Wertehorizont und die gesellschaftlichen Strukturen sind, in die man als Individuum hineingeboren worden ist. Was für die frankophonen Quebecker als Anspruch formuliert wird, gilt selbstverständlich auch für die autochthonen *„First Nations".* Das Konzept der *„deep diversity"* unterstellt folglich, dass es neben einem politischen Verfassungspatriotismus weiterer identitätsstiftender Elemente bedarf sowie eines kulturellen Rahmens, der die Gesellschaft zusammenhält, der die „Einheit in der Vielfalt" garantiert.

Grafik 5: Kontextsensible Formen kanadischer Multikulturalismuspolitik – „Die drei Säulen"

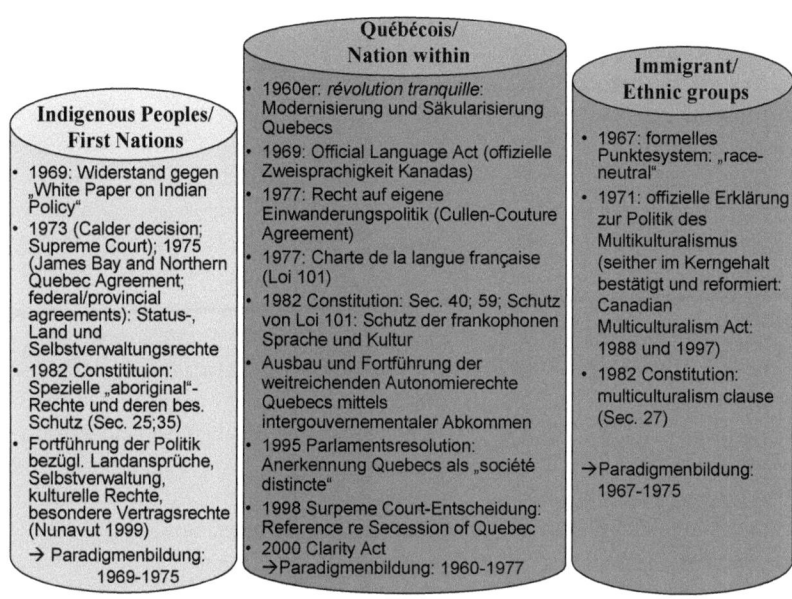

Quelle: Eigene Darstellung; in Anlehnung an: Kymlicka 2007; Kymlicka 2007a.

Die Multikulturalismuspolitik vis-à-vis den Quebeckern geht denn auch weit über Kultur und Sprache hinaus – wie zentral und auch kontrovers die Politik der Zweisprachigkeit im Bund, der Einsprachigkeit in der Provinz in Alltag und Schule als Folge der *Charte de la langue française* und *des Loi 101* auch stets gewesen sein mögen. Der seit den 1960er Jahren offenkundige Paradigmenwechsel stärkte insgesamt die Selbstbestimmung der Quebecker – bis hin zu Autonomie und Teilsouveränitäten in vielen Politikfeldern durch die Praxis des *Opting out* und bilateraler intergouvernementaler Abkommen im asymmetrischen kanadischen Föderalismus (Schultze 2008; Broschek 2009). Ihren besonderen Ausdruck fand diese Entwicklung u. a. im Jahre 1995 in der Anerkennung des Charakters der *société distincte* durch einen deklaratorischen Beschluss des kanadischen Unterhauses, durch die Gewährung von Veto-Rechten an Quebec in Fragen der Verfassungsänderung durch den *Constitutional Amendments Act* 1996, sowie – und nicht zuletzt – durch ein *Supreme Court* Urteil von 1988 und den darauf aufbauenden *Clarity Act* 2000. In ihnen verwarf der *Supreme Court* zwar das Recht auf eine unilateral beschlossene Abspaltung Quebecs, stützte jedoch die Position der Provinz insofern, als es die kanadische Politik darauf verpflichtete, die „*distinctness*" bei politischen Entscheidungen anzuerkennen und zu schützen und zudem den Quebeckern grundsätzlich die Möglichkeit einräumte, auf dem Wege politischer Verhandlungen die Sezession anzustreben. Im *Clarity Act* legte die liberale Unterhausmehrheit unter Premierminister Chrétien die genauen Bedingungen fest, unter denen die Bundesregierung in solche Verhandlungen eintreten würde. Damit wurde erstmals die Abspaltung Quebecs von Rest-Kanada als legitime Möglichkeit anerkannt (siehe: Reference re Secession of Canada, 1998/08/20, 2 S.C.R. 217; Clarity Act, 2000/06/29, 2000 C-26).

Ähnlich grundlegend wandelte sich die Politik des Bundes, aber auch der Provinzen vis-à-vis den indigenen *First Nations*. Abgesichert durch *Charter* und Verfassung (sections 25, 35), wurde die Politik der Assimilierung und bestenfalls des paternalistischen Umgangs mit den Autochthonen abgelöst – jedenfalls im Grundsatz und als Zielvorstellung – vom Paradigma der Anerkennung der traditionalen Rechte und Lebensweisen, des Aushandelns unter Gleichberechtigten, jedenfalls sofern es sich um die *Treaty*-Rechte handelt, sowie und vor allem um die Anerkennung des Rechts auf „*self government*", unter anderem durch die Schaffung des provinz-gleichen Territoriums Nunavut (Herderson 2007; Papillon 2008).

Die Multikulturalismuspolitik im engeren Begriffsverständnis zielt auf die Integration der dritten „Minderheiten-Säule", also auf die Einwanderungsgruppen jüngeren Datums, insbesondere auf die der *visible minorities*. Ursprünglich 1971 von der liberalen Bundesregierung Trudeau proklamiert – 1982 und 1985 durch die Grundrechtscharta verfassungsrechtlich abgesichert – 1988 und 1997 sowohl von der konservativen Regierung Mulroney als auch der liberalen Nachfolge-Regierung Chrétien weiterentwickelt – basiert sie insbesondere auf den folgenden sechs Grundsätzen:

- prinzipielle Akzeptanz ethno-kultureller Verschiedenheit („*diversity*");
- Recht auf kulturelle Differenz;
- Prinzip kultureller Gleichwertigkeit und gegenseitiger Toleranz;
- Einheit-in-Verschiedenheit („*unity-within-diversity*");
- Recht auf gleiche Chancen;
- Prinzip des „aktiven Staates" als Manager der Politik des Multikulturalismus.

In der Erläuterung des Gesetzes von 1971 gingen Premierminister Pierre Elliot Trudeau und die liberale Bundesregierung insbesondere von vier Feldern staatlicher Unterstützung aus:

1. „...the government will seek to assist all Canadian cultural groups that have demonstrated a desire and effort to continue to develop a capacity to grow and contribute to Canada..."
2. „...the government will assist members of all cultural groups to overcome cultural barriers to full participation in Canadian society....".
3. „...the government will promote creative encounters and interchange among all Canadian cultural groups in the interest of national unity...".
4. „...the government will continue to assist immigrants to acquire at least one of Canada's official languages in order to become full participants in Canadian society." (*Trudeau*, House of Commons Debates, Oct. 8, 1971, 8545)

Konkret stand während der ersten Phase der Multikulturalismus-Politik des Bundes die Förderung des kulturellen Erbes der ethnischen Gruppen im Mittelpunkt. Wenn man so will, und zugegeben pointiert formuliert: Gefördert wurden Sprache, Konfession und Folklore (siehe Tabelle 4). Die offizielle Politik des Bundes wurde dann in zwei Schritten reformiert und weiterentwickelt, ohne allerdings den Aspekt der Förderung des „*multi-cultural heritage*" der Einwanderungsgruppen aufzugeben (Fleras/Elliott 2007). Allerdings sind seit den späten 1980er Jahren und als Reflex auf die Einwanderung der *visible minorities* die Anti-Diskriminierungsaspekte ins Zentrum der Multikulturalismus-Politik des Bundes gerückt. Ihr Hauptziel besteht seither darin, die Integrationsbedingungen insgesamt fairer zu gestalten – durch symbolische Handlungen, durch „*affirmative action*"-Programme in privaten wie öffentlichen Institutionen, durch eine Politik der systemischen Diskriminierung mit dem Ziel der Gleichstellung auf dem Arbeitsmarkt. Hinzu getreten sind in den letzten Jahren Bemühungen um die zivilgesellschaftliche ethnien-übergreifende Integration sowie und insbesondere Bemühungen um eine bessere bürgerschaftlich-politische Partizipation und Teilhabe.

Tabelle 4: Kanadas Integrativer Multikulturalismus – Phasen der Politik

	Ethnischer Multikulturalismus (1970s)	Gleichstellungs- multikulturalismus (1980s)	Zivilgesellschaftlicher Multikulturalismus (1990s-2000s)
Fokus	Hervorhebung von Unterschieden	Herstellung von Gleichheit	Zusammenleben
Bezugsgröße	Kultur	Struktur	Gesellschaftsbildung
Gegenstands- bereich	Ethnizität	Inter-ethnische Beziehungen	Bürgerschaft
Zielsetzung u. Relevanz	Individuelle Anpassung	Institutionelle Inklusion	Engagement/Teilhabe in/an der Gemeinschaft
Problemquelle	Vorurteile	Systemische Diskriminierung	Exklusion
Problemlösung	Kulturelle Sensitivität	Gleichstellung auf dem Arbeitsmarkt	Inklusion
Schlüssel- Metapher	„Mosaic"	„Level playing field"	„Belonging"

Quelle: In Anlehnung an Fleras/Elliott 2007; S. 285

Unter dem Anti-Diskriminierungsaspekt auf der symbolischen Ebene sei exemplarisch nur auf den „Turban-Polizisten" verwiesen, im Blick auf die Gleichstellung nur auf die Vergabe von herausgehobenen öffentlichen Ämtern, die schon seit den 1980er Jahren keinesfalls nur mehr wie in der Vergangenheit abwechselnd von Anglo- und Frankokanadiern besetzt werden. Sie werden mittlerweile unter sehr viel differenzierteren, ethnisch-kulturellen Gesichtspunkten vergeben. Die Auswahl ist inzwischen – wie man dies nicht zuletzt auch am herausgehobenen Beispiel der kanadischen Generalgouverneure zeigen kann – durchaus kommunitär bestimmt.

Tabelle 5: Kanadische Generalgouverneure seit 1979

1979-1984	Ed Schreyer	Anglo-german/Prairies
1984-1990	Jeanne Sauvé	Franco/Québec
1990-1995	John Hnatyshyn	Anglo-ukrainian/Prairies
1995-1999	Roméo LeBlanc	Franco/New Brunswick
1999-2005	Adrienne Clarkson	Anglo-chinese/Ontario
2005-	Michaëlle Jean	Franco-carribbean/Haiti/Québec

Quelle: Eigene Zusammenstellung

Formal erfolgt die Einsetzung des amtierenden Staatsoberhauptes durch die britische Monarchin Elizabeth II., die faktisch aber an den Vorschlag des kanadischen Premierministers gebunden ist. Die Wahl fällt zwar – wie schon in der Vergangenheit – abwechselnd auf Anglo- und Frankokanadier, zugleich stellt jedoch zumindest seit den 1970er Jahren die ethnisch-kulturelle Vielfalt ein wichtiges Auswahlkriterium dar, das es möglichst zu berücksichtigen gilt. Zudem waren drei der sechs Amtsinhaber seit 1979 Frauen. Die Besetzung dieses, wie auch vieler anderer öffentlicher Ämter entspricht damit zum einen dem pluralistisch-kommunitären Grundverständnis und sie reflektiert zum anderen weiterhin den besonderen Anspruch der beiden *„founding nations"* von Anglo- und Frankokanadiern.

Der Paradigmenwechsel in der Multikulturalismus-Politik der Mehrheitsgesellschaft, ihre differenzempfindliche Spezialisierung vis-à-vis den drei großen „Minderheiten-Säulen" oder „Silos" der kanadischen Gesellschaft – so u. a. Will Kymlicka (2007, 2007a) – seit den 1960er Jahren ist primär das Resultat der skizzierten innerkanadischen Herausforderungen; er ist aber auch von außen mitbeeinflusst. Endogen sind die Veränderungen ganz sicher und vor allem ausgelöst durch die Stille Revolution Quebecs. Nicht nur, aber insbesondere im Blick auf die indigenen Völker und die Einwanderung jüngeren Datums sind die Wirkungen von außen nicht zu unterschätzen – nämlich der Einfluss dessen, was man als Prozess der *„human rights revolution"* bezeichnet hat, die sich zeitgleich global wie in der kanadischen Nachbarschaft vollzieht – also etwa die Dekolonisation in Afrika und Asien, das *„civil rights movement"* der Schwarzen in den USA wie die weiteren Emanzipationsprozesse der Neuen Sozialen Bewegungen der Zeit. Innerkanadisch aufgegriffen von den Protagonisten der Sozialen Bewegungen hatten sie notwendig auch eine Neudefinition der multi-kulturellen, multi-ethnischen Beziehungen zur Folge (ebenda).

2.2 Drei Typen liberaler Multikulturalismuspolitik nach Will Kymlicka

Will Kymlicka und andere Autoren haben den differenzierten kanadischen Politikansatz und die Erfahrungen damit verallgemeinert und drei Typen liberaler Multikulturalismuspolitik abgeleitet (Kymlicka 2007a: 66ff.), die sie ihren vergleichenden Analysen als Maßstab zur Beurteilung, aber auch als normative Empfehlung zu differenzempfindlicher multikultureller Inklusion zugrunde legen. Die Maßnahmenkataloge enthalten folgende Elemente:

Policy-Index für Typ A: Gesellschaften mit indigenen Völkern (indigenous people)

- Anerkennung der Landrechte *(recognition of land rights/title)*;
- Anerkennung des Rechts auf Selbstregierung *(recognition of self-government rights);*
- Anerkennung der alten und/oder Abschluss neuer Verträge *(upholding historic treaties and/or signing new treaties)*;
- Anerkennung des traditionalen Rechtssystems *(recognition of customary law);*
- Anerkennung der kulturellen Rechte *(recognition of cultural rights, language; hunting/fishing)*;
- Repräsentation und Konsultationsgarantie in den Institutionen der Bundespolitik *(guarantees of representation/consultation in the central government);*
- Verfügung der territorialen Rechte indigener Völker durch Verfassung oder einfache Gesetze *(constitutional or legislative affirmation of the district status of indigenous peoples);*
- Unterstützung und Übernahme völkerrechtlicher Regelungen über Indigenenrechte *(support/ratification for international instruments on indigenous rights);*
- Rechtsdurchsetzungsprogramme *(affirmative action programs)*

Policy-Index für Typ B: Gesellschaften mit alteingesessener/n nationalen Minderheit/en (substate/minority nationalisms)

- gliedstaatlich-föderale beziehungsweise quasi-föderale Autonomie *(federal or quasi-federal territorial autonomy);*
- Anerkennung der Minderheitssprache als Amtssprache, regional und/oder national *(official language status, either in the region or nationally);*
- Repräsentation in den Institutionen der Bundespolitik und in der Verfassungsgerichtsbarkeit *(guarantees of representation in the central government or on Constitutional Courts);*

- öffentliche Finanzierung des Bildungswesens (Universitäten, Schulen, Medien) in der Minderheitssprache *(public funding of minority-language universities/ schools media);*
- Inkorporierung des Multikulturalismus im Verfassungsrecht *(constitutional or parliamentary affirmation of multiculturalism);*
- Anerkennung als Völkerrechtssubjekt *(according international personality; e.g. allowing the substate region to sit on international bodies, sign treaties, have their own Olympic team).*

Policy-Index für Typ C: Gesellschaften mit multikultureller Einwanderung (immigrant groups)

- Inkorporierung des Multikulturalismus im Verfassungsrecht *(constitutional, legislative or parliamentary affirmation of multiculturalism, at the central and/or regional and municipal levels);*
- doppelte Staatsbürgerschaft *(allowing dual citizenship);*
- Akzeptanz kultureller Normen der Minderheiten und öffentliche finanzielle Förderung ihrer Organisationen *(funding of ethnic group organizations to support cultural activities);*
- Ausnahmeregelung bei Kleiderordnungen *(exemptions from dress codes);*
- Repräsentation der Minderheiten bei der Medienlizensierung und in den öffentlich-rechtlichen Medien *(inclusion of ethnic representation/sensitivity in the mandate of public media licensing);*
- Multikulturalismus als Gegenstand der Lehrpläne der Schulen *(adoption of multiculturalism in the school curriculum);*
- öffentliche Finanzierung bilingualer Sprach- und Schulbildung, inklusive der jeweiligen Muttersprachen *(funding of bilingual education or mother-tongue instruction);*
- Rechtsdurchsetzungsprogramme *(affirmative action programs).*

Die Policy-Elemente der drei Säulen weisen Übereinstimmungen, aber auch zahlreiche Unterschiede auf, die aus den widerstreitenden Geltungsansprüchen resultieren und die – wenn sie aufeinander treffen – offenkundig ein beachtliches Konfliktpotential aufweisen. Und dennoch bieten sich derartige Konzeptualisierungen differenzempfindlicher Multikulturalismuspolitiken nicht nur unter heuristisch-analytischen Gesichtspunkten an. Die Elemente unterschiedlicher Ziele und Instrumente in zwei der drei Typen liberaler Multikulturalismuspolitik können durchaus wichtige Bausteine für erfolgversprechende Identitätspolitiken etwa auch in den Ländern der Europäischen Union liefern – und sie tun dies ansatzweise bereits, denkt man beispielsweise an die Devolutions- und Föderalisierungsprozesse in einigen der EU-Mitgliedsländer (Schultze 2008).

3. Aktuelle Integrationsprobleme und Gefahren

Die kanadische Multikulturalismuspolitik – oder besser im Plural: die kanadischen Mulitkulturalismuspolitiken sind selbstverständlich keineswegs widerspruchsfrei; sie weisen eine Reihe von offenkundigen Problemen und Gefahren auf.

3.1 Ghettobildung und Vertikales Mosaik

Die Gefahr von Ghettobildung und Vertikalem Mosaik wird von Autoren verschiedenster Provenienz beschworen, wie etwa auch von Neil Bisondaath (1994), selbst Angehöriger einer *visible minority*. Solche Kritiker verweisen auf die Gefahr, sich nicht in der gesamten Gesellschaft sozial und auch kulturell bewähren zu können; sie beklagen die Tendenzen einer Reduktion auf die eigene Ethnie, die der Politik des Multikulturalismus immanent sei. Sie thematisieren die offenkundige Gefahr der Herstellung und Aufrechterhaltung der sozialen und ökonomischen Ungleichheitsstrukturen zwischen wie innerhalb der Subkulturen. Und sie knüpfen insofern an die klassische Studie des kanadischen Soziologen John Porter an, der bereits 1965 in bewusster Abwandlung der kanadischen Selbstdefinition vom „*Canadian Mosaic*" Kanada als ethnisch-kulturelles „*Vertical Mosaic*" mit ethnischer Stratifizierung und Hierarchisierung gesehen hat. Die Befunde – auch die aktuellen – sind unverändert und in mehrfacher Hinsicht ambivalent:

a. Dies betrifft die Besitzverhältnisse und Einkommensdifferenzen, die teilweise beachtlich sind. Letztere betrugen beispielsweise 2001/2002 zwischen den „Weißen" und den Angehörigen der *visible minorities* im Durchschnitt rund ein Viertel (Reitz/Banerjee 2007). Die Armutsrate lag doppelt so hoch – bei 14 bzw. 26 Prozent (der weißen Kanadier bzw. der *visible minorities*). Ganz zu schweigen von der vielfach verzweifelten Lage großer Teile der Indigenen in den Städten. Allerdings relativiert sich die ökonomische Ungleichheit, kontrolliert man für Bildung, wobei sowohl die Kenntnis einer der beiden offiziellen Sprachen als Zweitsprache als auch das Bildungsniveau eine wichtige ausgleichende Rolle spielen. Diejenigen mit Migrationshintergrund, die ihre Schulbildung in Kanada erhalten haben, schneiden – von Ausnahmen wie den schwarzen jungen Männern abgesehen – nicht schlechter, teilweise – wie

die Kinder asiatischer Einwanderer – sogar besser ab als der Durchschnitt (Reitz/Banerjee 2007; Soroka et al 2007).
b. Es betrifft die Widersprüche bei den Berufschancen vieler hochqualifizierter Einwanderer. Über das Punktesystem der Einwanderungsgesetzgebung des Bundes ins Land gekommen, be- und verhindern Provinzregelungen und/ oder berufständische Lizenzierungserfordernisse die Berufsausübung oder sie machen mindestens langwierige und teuere Zusatzausbildungen und Examina notwendig. Viele Einwanderer sind infolgedessen gezwungen, sich zunächst mit niederen Jobs zufrieden zu geben – in den letzten Jahren circa die Hälfte derjenigen Einwanderer, die über das Punktesystem ins Land kamen (Fleras/Elliott 2007).
c. Auch im kanadischen Fall leistet die „Politik der Anerkennung" den konservativ-traditionalen Kräften der Minderheiten Vorschub und liefert ihnen Möglichkeiten, die vormodernen Werte und Traditionen ihrer *„communities"* zu überhöhen und aufrechtzuerhalten. Sie steht zudem in der Gefahr, sozioökonomische Konflikte zu verschleiern. Der Multikulturalismus ist auch in Kanada durchaus janusköpfig: Er mag den ethnisch-kulturellen Gruppenstatus bewahren helfen; aber er steht auch in der Gefahr, soziale Ungleichheiten zu zementieren.

3.2 Individuelle versus kollektive Grundrechte

Ein mindestens ebenso wichtiger Problemzusammenhang betrifft das durchaus prekäre Verhältnis zwischen individuellen und kollektiven Grundrechten. Die Kanadier leben spätestens seit den 1980er Jahren in und mit diesem Spannungsverhältnis. Sie sind – formuliert man es plakativ – ein Vorreiter post-moderner Patchwork-Gesellschaften und Lebensstile. Folgt man der nicht zuletzt von kanadischen Autoren getragenen Debatte, sind alle diejenigen kollektiven Rechte und Ansprüche unproblematisch, die aus individuellen Grundrechten herleitbar sind. Beispielsweise kann man das Tragen des Turbans oder auch des Kopftuches indirekt aus dem individuellen Grundrecht auf Religionsfreiheit ableiten, sofern die Religionsfreiheit individuell für alle gilt und die gleichen Rechte anderer nicht eingeschränkt werden. Dies gilt auch für Schutz und Unterstützung einer Reihe anderer Elemente kultureller Gruppenidentität, denn – dem liberalen Verständnis folgend – sind Gruppenrechte legitim, solange sie sich als „derivative Rechte" aus den kulturellen Rechten jedes einzelnen Gruppenmitgliedes abgeleitet verstehen lassen.

Allerdings bedarf es – ich folge hier neuerlich Will Kymlicka – einer weiteren Unterscheidung. Kymlicka (1998, 1999) differenziert zwischen zwei Typen von Gruppenrechten, nämlich zwischen solchen, die „innengeleitet", und solchen, die „außengeleitet" sind. Infolgedessen dürften auch solche Gruppenrechte zu rechtfertigen sein, mit denen sich Gruppen und deren Institutionen nach außen gegen Pressionen von Seiten ihrer gesellschaftlichen Umwelt schützen. Nach „innen" gerichtet und bezogen auf die eigenen Gruppenmitglieder sind die Dinge indes hoch problematisch, droht doch der Verlust individueller Grundrechte – wohnt solchen kollektiven Rechten – wie Jürgen Habermas (2005: 312) dies formuliert hat – durchaus „ein Potential gruppeninterner Unterdrückung inne". Und dies wird umso problematischer, wenn die Ansprüche nicht oder nicht mehr diskursiv begründet werden, denn in der modernen Demokratie kann die Existenz und Reproduktion der Kulturen wie ihrer Gemeinschaften immer nur ermöglicht, nicht aber der „Artenschutz" garantiert werden (Habermas in Taylor 1993a).

Theoretisch mögen diese Unterscheidungen einleuchten. Die Abgrenzungen sind indessen – auch dies zeigt der kanadische Fall – schwierig. Die Praxis ist komplizierter, widersprüchlicher und strittiger, zumal die Gesetzgeber von Bund und Provinzen, aber auch die Gerichte, keine einheitliche Linie in ihren Entscheidungen verfolgen:

- Beispielsweise erklärte der kanadische *Supreme Court* letztinstanzlich und entgegen der vorangegangenen Entscheidung des Quebecer *Court d'Appel* das Tragen des Kirpan – eine Art Dolch, der bei den orthodoxen Sikhs als religiöses Symbol der Männer dient und niemals abgelegt werden darf – in der Schule für zulässig – und zwar mit der Begründung, dass der Kirpan nicht als Waffe anzusehen sei, sondern von den Sikhs in Ausübung der grundrechtlich durch die Charter geschützten Religionsfreiheit getragen werde, während selbstverständlich anderen das Tragen von Waffen in der Schule untersagt sei (siehe: Multani v. Commission scolaire, 2006/03/02, S.C.R. 256).
- Umstritten ist z. B. auch, ob das reformierte kanadische Wahlgesetz es den muslimischen Frauen erlaubt, ihre Stimme im Wahllokal verschleiert abzugeben. Darüber ist es vor der Unterhauswahl von 2008 zu einer scharfen Kontroverse zwischen dem unabhängigen Chef der kanadischen Wahlbehörde wegen seiner Pro-Entscheidung und der konservativen Bundesregierung unter Premierminister Stephen Harper gekommen, die die von der Behörde getroffene Entscheidung für unzulässig hielt, da eine eindeutige Identifikation nicht möglich, zudem die Gleichbehandlung aller Wahlberechtigten nicht gewährleistet sei.

- Beispielsweise versuchten muslimische Organisationen in Ontario die weitreichenden Möglichkeiten des dortigen außergerichtlichen Schlichtungsrechtes in Zivilsachen oder auch im Familienrecht zu nützen, um in solchen Schlichtungsverfahren die Sharia zur Anwendung kommen zu lassen (Boyd 2007). Erst nach mehrjährigen kontroversen öffentlichen Debatten reagierten 2005 Provinzregierung und Provinzparlament mit der Änderung der entsprechenden Gesetzesgrundlagen, etwa auch des Familienrechtes, um sicherzustellen, dass außergerichtliche Schlichtungsverfahren nur unter kanadischem Recht durchgeführt werden.

3.3 Widersprüche zwischen den Multikulturalismus-Politiken

Widersprüchlich und konflikthaft sind schließlich die Unterschiede zwischen den drei differenzempfindlichen Multikulturalismus-Politiken.

- Beispielsweise verfügen die *„nations within"*, die Quebecker, aber auch die Inuit in Nunavut, auf bestimmten Feldern über eigenständige und damit abweichende Rechtssysteme – nicht jedoch die multikulturellen Gruppen der „dritten Säule". Die in Anlehnung an Charles Taylor dafür vorgetragenen Rechtfertigungsgründe sind zumindest diskussionswürdig. Die identitätsstiftenden Elemente der *„deep diversity"* sind im Übrigen kontextabhängig; sie können und werden sich – wie die Erfahrung aus Quebec zeigt, wo im Kontext der „Stillen Revolution" die Sprache die Religion abgelöst hat – im historischen Prozess wandeln.

- Durchaus problematisch und Anlass zu politischen Auseinandersetzungen sind die Politiken positiver Diskriminierung. Es betrifft aus der Sicht der multikulturellen Einwanderergruppen die Privilegierung der beiden Amtssprachen, aus der Sicht der Angehörigen der beiden Mehrheitsgesellschaften die *affirmative action*-Programme zugunsten der *visible minorities*.

- Konflikthaft und nur schwer vermittelbar sind auch die widersprüchlichen Begründungen und die daraus abgeleiteten Ansprüche zwischen den *„nations within"* – die Auseinandersetzungen zwischen den Indigenen und den Provinzregierungen um die Landrechte belegen dies – sowie und insbesondere die widersprüchlichen Konzepte des Multikulturalismus. Der Multikulturalismus im engeren Sinne stellt keine Ansprüche auf politische Autonomie und/oder nationale Selbstbestimmung. *Société distincte* und *deep diversity* hingegen zielen – wie wir gesehen haben – über die Bewahrung ethno-kultureller Gruppenidentitäten hinaus. Es geht in Theorie und Praxis um politische Autonomie und nationale Selbstregierung.

4. Was hält die kanadische Gesellschaft zusammen? – Ein Antwortversuch

Was also hält die kanadische Gesellschaft – trotz der vielfältigen c*leavages* und trotz all der geschilderten Problemlagen – zusammen? Drei Aspekte verdienen besonders hervorgehoben zu werden: die Wertedimension, institutionelle und prozedurale Aspekte sowie die soziale Dimension.

4.1 Wertedimension

In ihrer großen Mehrheit verstehen sich die Kanadier zwar als Nordamerikaner; sie definieren sich aber eben seit alters her als die „anderen Nordamerikaner". Die Abgrenzung von den USA – gesellschaftlich, politisch und kulturell – bildet folglich in Geschichte wie Gegenwart ein, wenn nicht das wesentliche Element des kanadischen Selbstverständnisses, wobei im Laufe der Zeit unterschiedlichen Bestandteilen ein unterschiedlicher Stellenwert zugekommen ist. Von zentraler Bedeutung war und ist dabei bis heute die Formel des *„Peace – Order and Good Government"*, wie sie seit der Staatsgründung 1867 Verfassungsrang hat – das kanadische Pendant zum US-amerikanischen Motto des *„Life, Liberty and the Pursuit of Happiness"* der Unabhängigkeitserklärung. In ihr äußert sich einerseits eine – gegenüber den USA mit ihrer *„grassroots democracy"* – vergleichsweise stark etatistische politische Kultur. Andererseits führt dies aber auch zu einem „aktiven Staat" mit einem seit der britischen Kolonialzeit durchgängig hohen Maß an Staatsinterventionismus. Der *„private enterprise culture"* der USA steht das *„public enterprise country"* Kanada – wie dies genannt worden ist – gegenüber (Hardin 1984; Schultze 1986). Dies schließt seit der Weltwirtschaftskrise den Grundkonsens des Sozialstaats ein, ganz konkret und insbesondere das universalistische Gesundheitssystem als Symbol nationaler Identität.

Ähnlich verhält es sich mit der – zwar immer auch umstrittenen, aber doch von den Eliten wie dem *„common man"* in ihrer großen Mehrheit akzeptierten und auch praktizierten Norm kultureller Vielfalt. Historisch gesehen mit seinem Dualismus von anglo- und frankophoner Subgesellschaft begonnen, erweitert zunächst zum Selbstverständnis des pluralen Mosaiks und dann seit den 1960er/70er Jahren zum Multikulturalismus als Wert und Symbol des Kanadas von heute etabliert. Ganz konkret äußert sich diese Norm beispielsweise in der Offenheit der Immigrationsgesellschaft gegenüber der kulturellen Differenz der Einwanderer, aber auch in der außerordentlich hohen Identifikation der Einwanderer mit ihrer neuen Heimat. Immerhin wurden in der jüngeren Vergangenheit über 90 Prozent von ihnen kanadische Staatsbürger.

Betrachtet man die kanadische Gesellschaftsentwicklung im Lichte Marshalls (1992) drei-stufigen Modells rechtsstaatlich-liberaler, demokratisch-politischer und wohlfahrtsstaatlich-sozialer Inklusion, so ist die kanadische den westeuropäischen Gesellschaften nicht nur sehr viel ähnlicher als der des südlichen Nachbarn; sondern sie ist auch diejenige, die ihr Selbstverständnis des sozialen Zusammenlebens am ehesten und am umfassendsten um die Dimension kultureller Inklusion erweitert hat. Kanada ist aufgrund der Institutionalisierung kollektiver Grundrechte durch die Charter, durch seine „Politik der Anerkennung" wie aufgrund der konkreten Praxis des Multikulturalismus heute ganz sicher Vorreiter auf dem Felde differenzempfindlicher kultureller Inklusion. Oder mit den Worten von Keith Banting und seiner Ko-Autoren Courchene und Seidle:

> „On the one side, the celebration of diversity has become a feature of the country's very conception of itself, part of the conception of the ‚nation' that newcomers are invited to join ... On the other side, the celebration of shared traditions, history, values and identity represents a decidedly secondary element in the glue that holds the county together." (Banting et al. 2007: 654)

4.2 Institutionelle und prozedurale Dimension

Zusammengehalten wird die Gesellschaft – führt man die Inklusionsüberlegungen weiter – nicht zuletzt durch ein Bürgerschaftsverständnis, das sich an den Bedingungen der Pluralität orientiert und von den Kanadiern auf den Begriff der *„inclusive citizenship"* gebracht worden ist (Fleras/Elliott 2007). Das Konzept geht zunächst – wie könnte es für eine Einwanderungsgesellschaft anders sein – vom Staatsbürgerschaftsanspruch der Einwanderer aus. Personen, die den *„landed immigrant status"* besitzen, haben nach vier Jahren Aufenthalt im Lande das Recht auf Einbürgerung – verbunden mit allen individuellen Bürgerrechten, politischen Partizipationsrechten und sozialen Teilhaberechten. Seit der Verfassungsreform Anfang der 1980er Jahre umschließt das Konzept der *„inclusive citizenship"* zusätzlich zu den allgemeinen weitere differenzierte und nationen- wie gruppenspezifische Bürgerrechte, konkret die Anerkennung der *„linguistic duality"* des Landes, die Existenz der *„nations within"* sowie die Anerkennung des *„multicultural heritage"* des Landes und seiner Bürger und damit die Bewahrung wie Förderung deren kultureller Traditionen und Rechte durch Staat und Politik.

Institutionell zu nennen ist sodann die besondere Form des kanadischen Föderalismus in seiner von Beginn an dualistisch-interstaatlichen Variante (Schultze 2008; Broschek 2009). Er garantiert ein vergleichsweise hohes Maß an Autonomie, da ihm der Zwangsverhandlungscharakter der Politikverflechtung fehlt, die Zusammenarbeit auf freiwilliger Kooperation beruht. Seit der „Stillen Revolution" kontinuierlich zum asymmetrischen Föderalismus weiterentwickelt, gestattet er den Provinzen sowohl das „*opting out*" aus gesamtstaatlichen Regelungen und Politikprogrammen als auch bi- oder multi-laterale Vereinbarungen mit dem Bund und – last but not least – erlaubt die sogenannte „*not-withstanding clause*" der Verfassung, dass selbst Grundrechte der Charter – zeitlich begrenzt bis zu einer Dauer von fünf Jahren – durch einfachen Mehrheitsbeschluss eines Parlamentes – das des Bundes oder einer Provinz – außer Kraft gesetzt werden können. Durch seine interstaatliche und asymmetrische Form trägt der kanadische Föderalismus der kulturellen Vielfalt wie den regional-ökonomischen Disparitäten des Landes insgesamt Rechnung. Sie ist zudem die institutionelle Voraussetzung, die eine effektive Ausgestaltung des distinkten Charakters der „*nations within*" ermöglicht, der „*société distincte*" Quebecs, aber auch der Indigenen, sofern sie – wie die Inuit-Völker in Nunavut – territorial konzentriert leben. Für die Indigenen in der Diaspora ist man gegenwärtig dabei, den kanadischen Föderalismus um das Element des „*treaty-federalism*" zu ergänzen, um auf diese Weise den Anspruch auf Selbstregierung in die Praxis umzusetzen (Schultze 2008).

Die Praxis des kanadischen Föderalismus mit seinen Garantien an Autonomie und dem Handlungsmuster freiwilliger Kooperation verweist exemplarisch auch auf gesellschaftliche Handlungsstrategien, die bestimmt sind vom Grundsatz des „*agreement to disagree*", von Kompromissfindung durch Aushandeln. Dies erfordert vergleichsweise offene Informations- und Kommunikationswege, um die Beteiligung nicht nur der multikulturellen, sondern der Vielfalt der zivilgesellschaftlichen Gruppenformationen zu gestatten. Die Kanadier haben dafür in den letzten Jahrzehnten verschiedene neue Beteiligungsformen und Partizipationsprozesse ausprobiert. Und sie zielen in vielen Fragen nicht auf die Lösung der Probleme durch konflikthafte Mehrheitsentscheidung, sondern sie bescheiden sich mit der dauerhaften Problembearbeitung.

4.3 Soziale Dimension

Immigrationsgesellschaften, zumal solche kontinentalen Ausmaßes mit ihren vielfältigen *frontiers*, sind in besonderer Weise offene und dynamische Gesellschaften. Sie verfügen über einen vergleichsweise hohen Grad an horizontaler wie vertikaler Mobilität – real wie vor allem in der subjektiven Wahrnehmung. Denn sie bieten vielen der Neuankömmlinge die Aussicht auf sozialen Aufstieg und einen gewissen Wohlstand – und dies gilt auch und nicht zuletzt für die *visible minorities*. Die Förderung der ethno-kulturellen Gruppen durch die Politik des Multikulturalismus erleichtert den Einwanderern das Zurechtfinden in ihrer

„neuen Welt", schafft Sicherheit und integriert, ohne notwendig zu Parallelgesellschaften zu führen.

Die sozio-ökonomische Hierarchisierung in Besitz, Einkommen und Prestige, die Ghettobildung sind jedenfalls bislang unterkritisch (Banting/Kymlicka 2006; Banting et al. 2007). Sie werden aufgefangen und mehr als ansatzweise ausgeglichen durch das kanadische Bildungssystem, das vor allem dreierlei leistet: Es garantiert durch besondere Ausbildungsprogramme für Einwanderer den Spracherwerb von Englisch bzw. Französisch als Zweitsprache. Es ist leistungsstark und offen genug, um Bildungschancen im sekundären und tertiären Bereich weithin unabhängig von sozio-ökonomischem Status und kultureller Herkunft fair zu verteilen. Es lässt aber auch Spielräume für multikulturelle Besonderheiten. Aufs Ganze gesehen, stellt das öffentliche Bildungssystem jedenfalls ein essentielles Integrationselement dar.

5. Zwei Grundbedingungen multikulturellen Zusammenlebens

Bleibt resümierend noch der Hinweis auf zwei, aus den kanadischen Erfahrungen durchaus ableitbaren Grundbedingungen multikulturellen Zusammenlebens: Einerseits schließen sich Multikulturalismus und kulturelle Segregation aus in einer sich globalisierenden Welt. In der „reflexiven, zweiten Moderne" sind individuelle wie kommunitäre Identität nicht mehr selbstverständlich. Wie gesagt: „Artenschutz" kann es nicht geben. Individuum und Gemeinschaft müssen ihre Identität selbst aktiv herstellen, aufrechterhalten, vor allem aber im Kontakt mit den anderen Gemeinschaften und gesamtgesellschaftlich beständig darstellen und rechtfertigen. Oder wie Anthony Giddens es formuliert hat:

> „In the context of a globalizing, cosmopolitan order, traditions are constantly brought into contact with one another and forced to declare themselves." (Giddens 1994:83)

Es geht im eigentlichen Sinne des Wortes – so würde Amartya Sen (2006) argumentieren – um Multikulturalismus. Dies kann nur im Rahmen einer deliberativen Demokratie gelingen und setzt die „Anerkennung des Anderen" voraus (Habermas 1993; 2005).

Andererseits ist das Spannungsverhältnis zwischen den multikulturellen Geltungsansprüchen der Gruppen und den gesamtgesellschaftlichen *„shared understandings"* nicht einseitig aufhebbar. Es bedarf vielmehr beider – gemeinsamer kultureller Überzeugungen in den jeweiligen multikulturellen *communities* wie auch der übergreifenden politischen und sozio-kulturellen Gemeinsamkeiten, die die postmoderne Gesamtgesellschaft zusammenhalten.

Um mit diesem Dilemma dauerhaft erfolgreich umgehen zu können – dies scheint mir aus dem kanadischen Fall ableitbar –, ist zweierlei erforderlich: Zum einen bedarf es der sphärenspezifischen Differenzierung – mit gemeinschaftsübergreifenden Sphären in Bildung, Ökonomie, Recht und Politik. Zum zweiten bedarf es der Einbettung, und damit zugleich auch der Unterordnung der multikulturellen Geltungsansprüche – ich folge hier ein weiteres Mal Will Kymlicka (2007a) – „*under the rule of liberal-democratic constitutionalism*" – mit der Konsequenz, dass Konflikte von der Politik nur bearbeitet, Streitfälle aber, sollte die Konfliktlösung unumgänglich sein, letztinstanzlich durch das Recht und die Gerichte geklärt werden. Der Integrationserfolg des pluralistischen kanadischen Gesellschaftsmodells – wie labil er bislang auch immer gewesen sein mag – beruht jedenfalls genau darauf – auf der Praxis eines liberalen Multikulturalismus in einer bi- bzw. tri-nationalen, zweisprachigen anglo- und frankophonen nordamerikanischen Welt.

Literatur

Abu-Laban, Yasmeen/Gabriel, Christina (2002): Selling Diversity: Immigration, Multiculturalism, Employment, Equity and Globalization. Peterborough/Ont.: Broadview Press

Bakvis, Herman/Skogstad, Grace (Hrsg.) (2008): Canadian Federalism: Performance, Effectiveness and Legitimacy, Don Mills/On.: Oxford Univ. Press

Banting, Keith/Kymlicka, Will (Hrsg.) (2006): Multiculturalism and the Welfare State. Recognition and Redistribution in Contemporary Democracies. Oxford: Oxford Univ. Press

Banting, Keith/Kymlicka, Will (2006): Introduction. Multiculturalism and the Welfare State. Setting the Context. In: Dies. (2006). 1-45

Banting, Keith et al. (2006): Do Multiculturalism Policies Erode the Welfare State? An Empirical Analysis. In: Banting/Kymlicka (2006). 49-91

Banting, Keith/Courchene, Thomas J./Seidle, F. Leslie (Hrsg.) (2007): Belonging? Diversity, Recognition and Shared Citizenship in Canada (The Art of the State, vol. III). Montreal: Institute for Research on Public Policy (IRPP)

Banting, Keith/Courchene, Thomas J./Seidle, F. Leslie (2007): Introduction and Conclusion. In: Dies. (2007). 1-36, 647-687

Bendel, Petra/Kreienbrink, Axel (Hrsg.) (2008): Kanada und Deutschland. Migration und Integration im Vergleich. Nürnberg: Bundesamt für Migration und Flüchtlinge

Benhabib, Seyla (2006): Kosmopolitismus und Demokratie. Eine Debatte. Frankfurt am Main: Campus

Bissoondath, Neil (1994): Selling Illusions: The Cult of Multiculturalism in Canada. Toronto: Penguin Books

Boyd, Marion (2007): Religion-based Alternative Dispute Resolution: A Challenge to Multiculturalism. In: Banting/ Courchene/Seidle (2007). 465-473
Brede, Falko/Schultze, Rainer-Olaf (2008): Das politische System Kanadas. In: Stüwe/Rincke (2008). 314-340
Bredow, Wilfried von/Eberle, Dagmar/Schultze, Rainer-Olaf (2004): Transnational Learning in the „Global Village"? Some German Thoughts on German-Canadian Comparisons. In: Hoerder/Gross (2004)
Breton, Raymond (1986): Multiculturalism and Canadian Nation-Building. In: Cairns/Williams (1986)
Broschek, Jörg (2009): Der kanadische Föderalismus. Eine historisch-institutionalistische Analyse. Wiesbaden: VS Verlag für Sozialwissenschaften
Cairns, A./Williams, C. (1986): The Politics of Gender, Ethnicity and Language in Canada. Collected Research Studies of the Royal Commission on Economic Union and Development Prospects for Canada. Vol. 34. University of Toronto
Cohen, A./Granatstein, J. L. (Hrsg.) (1997): Trudeau's Shadow: The Life and Legacy of Pierre Trudeau. Vintage Canada
Driedger, Leo (2003): Race and Ethnicity: Finding Identities and Equalities. Don Mills/Ontario: Oxford Univ. Press
Fleras, Augie/Elliott, Jean L. (^{5}2007): Unequal Relations: An Introduction to Race, ethnic, and Aboriginal Dynamics in Canada. Toronto: Pearson Prentice Hall
Gagnon, Alain-G. (2004): Québec: State and Society. Peterborough: Broadview Press.
Gagnon, Alain-G./Tully, James (2001): Multinational Democracies. Cambridge: Cambridge Univ. Press
Gagnon, Alain-G./Iacovino, Raffaele (^{3}2004): Interculturalism: Expanding the Boundaries of Citizenship. In: Gagnon (2004)
Geißler, Rainer (2003): Multikulturalismus in Kanada – Modell für Deutschland? In: Aus Politik und Zeitgeschichte. B 26
Giddens Anthony (^{3}1999): Jenseits von Links und Rechts: die Zukunft radikaler Demokratie. Frankfurt am Main: Suhrkamp [engl. zuerst 1994]
Government of Canada. Royal Commission on Bilingualism and Biculturalism 1965: A preliminary Report, Ottawa: Queen's Printer
Government of Canada. Royal Commission on Bilingualism and Biculturalism 1969: Report Vol. 4: The Cultural Contribution of the Other Ethnic Groups, Ottawa
Habermas, Jürgen (^{2}2005): Die Einbeziehung des Anderen. Frankfurt am Main: Suhrkamp
Habermas, Jürgen (2005a). Die drei normativen Modelle der Demokratie. In: Habermas (2005)
Habermas, Jürgen (2005b): Zwischen Naturalismus und Religion, Frankfurt am Main: Suhrkamp
Hardin, Herschel (1984): A Nation Unaware. The Canadian Economic Culture. Vancouver: Douglas
Herderson, Ailsa (2007): Nunavut: Rethinking Political Culture, Vancouver: UBC Press
Hoerder, D./Gross K. (Hrsg.) (2004): Twenty-five Years Gesellschaft für Kanada-Studien. Achievements and Perspectives. Augsburg: Wißner-Verlag.
Howe, Paul (2007): The Political Engagement of New Canadians: A Comparative Perspective. In: Banting/Courchene/Seidle (2007). 611-644.
Kaplan, William (Hrsg.) (1993): Belonging. The Meaning and Future of Canadian Citizenship. Montreal/ Kingston: McGill-Queens Press
Kymlicka, Will (1998): Multicultural Citizenship: a Liberal Theory of Minority Rights. Oxford: Clarendon Press
Kymlicka, Will (1999): Multikulturalismus und Demokratie. Hamburg: Rotbuch-Verlag
Kymlicka, Will (2003): Language Rights and political Theory. Oxford: Oxford Univ. Press

Kymlicka, Will (2007): Ethnocultural Diversity in a Liberal State: Making Sense of the Canadian Model(s). In: Banting/Courchene/Seidle (2007). 39-86

Kymlicka, Will (2007a): Multicultural Odysseys. Navigating the New International Politics of Diversity. Oxford: Oxford Univ. Press

Lenz, Karl (2001): Kanada. Darmstadt: Wissenschaftliche Buchgesellschaft

Marshall, Thomas H. (1992): Bürgerrechte und soziale Klassen: Zur Soziologie des Wohlfahrtstaates. Frankfurt am Main: Campus [engl. zuerst 1950]

Miller, David (2006): Multiculturalism and the Welfare State: Theoretical Reflections, In: Banting/ Kymlicka (2006). 323-338

Moll, Harald (2006): First Nations, First Voices. Die Rechtsstellung indigener Völker Kanadas unter Berücksichtigung der besonderen Verhältnisse in British Columbia, Berlin: Dunker & Humblot

Murphy, Michael (Hrsg.) (2003): Reconfiguring Aboriginal-State Relations. Kingston/On.

Papillon, Martin (2008): Canadian Federalisms and the Emerging Mosaic of Aboriginal Multilevel Governance. In: Bakvis/Skogstad (2008)

Porter, John (^{3}1977): The Vertical Mosaic. Toronto: Univ. of Toronto Press [zuerst 1965]

Reitz, Jeffrey G./Banerjee, Rupa (2007): Racial Inequality, Social Cohesion and Policy Issues in Canada. In: Banting/ Courchene/Seidle (2007). 489-545

Rieger, Günter (1996): Krisenerfahrung, Philosophie und Politik – Zwischenruf eines kanadischen Philosophen. In: Schultze (1996)

Royal Commission on Bilingualism and Biculturalism (1967ff): Book I-IV. Ottawa 1967-1970

Schultze, Rainer-Olaf (1986): Kanada in der vergleichenden sozialwissenschaftlichen Forschung. In: Augsburger Universitätsreden 6. 19-45

Schultze, Rainer-Olaf (Hrsg.) (1996): Aus der Werkstatt der Augsburger Kanadistik, Bochum: Universitätsverlag Dr. N. Brockmeyer

Schultze, Rainer-Olaf/Schneider, Steffen (Hrsg.) (1997): Kanada in der Krise, Bochum: Universitätsverlag Dr. N. Brockmeyer

Schultze, Rainer-Olaf (2008): Zur Möglichkeit demokratischen Regierens in postnationalen Mehrebenensystemen. Lehren aus dem kanadischen Föderalismus. In: ZParl. 39. Jg. 612-632

Sen, Amartya (2006): Identity and Violence: The Illusion of Destiny. New York: W.W. Norton & Co., dtsch. als Die Identitätsfalle. Warum es keinen Krieg der Kulturen gibt. München: C.H. Beck, 2007.

Soroka, Stuart/Johnston, Richard/ Banting, Keith (2007): Ties That Bind? Social Cohesion and Diversity in Canada. In: Banting/ Courchene/ Seidle (2007). 561-600

Stüwe, Klaus/Rincke, Stefan (Hrsg.) (2008): Die politischen Systeme in den Amerikas. Wiesbaden: VS-Verlag für Sozialwissenschaften

Taylor, Charles (1993): Reconciling the Solitudes: Essays on Canadian Federalism and Nationalism. Montreal/Kingston: McGill-Queens Press.

Taylor, Charles (^{2}1993a): Multikulturalismus und die Politik der Anerkennung, Frankfurt am Main: Fischer

Taylor, Charles (2000): Sources of the Self: The Making of the Modern Identity, Cambridge University Press (reprint)

Thunert, Martin (1992): Grundrechtspatriotismus in Kanada? Zur politischen Integrationsfunktion der Canadian Charter of Rights and Freedoms. Bochum: Universitätsverlag Dr. N. Brockmeyer

Thunert, Martin (1997): Kanada – ein Land mit blockierter Verfassung In: Schultze/Schneider (1997). 75-119

Triadafilopoulos, Triafilous (2008): Rethinking the Origins of the Canadian Immigration Points System. In: Bendel/Kreienbrink (2008). 24 -55

Vogelsang, Roland (1997): Einwanderungsland Kanada heute: Einwanderungsregulierungen, bevölkerungsgeographische, ökonomische und gesellschaftliche Auswirkungen. In: Schultze/Schneider (1997). 231-265

Vogelsang, Roland (1999): Die Ureinwohner Kanadas: Indianer/First Nations and Métis gestern und heute. In: Zeitschrift für Kanada-Studien. Bd. 36. Nr. 2. 5-39

Walzer, Michael (1992): Sphären der Gerechtigkeit. Frankfurt am Main: Campus

Weinrib, Lorraine Eisenstat (1999): „Trudeau and the Canadian Charter of Rights and Freedoms: A Question of Constitutional Maturation". In: Cohen/Granatstein (1997)

Internetquellen

Canada Year Book 2008, Statistics Canada Catalogue no. 11-402-X (www.statcan.gc.ca)
Citizenship and Immigration Canada. Statistics: Annual Report to Parliament on Immigration. 2007
www.cic.gc.ca/english/resources/statistics/facts2006/permanent/02.asp
www.cic.gc.ca/english/resources/publications/annual-report2007/selection3.asp

Politische Integration eines Milliardenvolks: China
Saskia Hieber

(tong yi – Einheit)[1]

Zur Einführung

Die Fragen, was China und sein Milliardenvolk zusammenhält und ob dieses große asiatische Land auch in der Realität ein so einheitliches Gebilde ist, sind nicht nur für Sinologen interessant. An erster Stelle steht die lange und berühmte chinesische Geschichte, während der die fähigen chinesischen Herrscher die Zentralgewalt durch eine Konzentration der Kompetenzen auf den Hof ausgebaut haben und somit Macht und Einheit sicherten. Nebenbei entstanden hohe technische und kulturelle Fertigkeiten, die die Kunstwelt bis heute begeistern. Chinas Beitrag zum Weltkulturerbe in Kunst, Literatur und Handwerk macht alle Chinesen mit Recht stolz. Staatliche Verwaltung und das hohe Ansehen von Bildung schufen auch die Voraussetzung für wirtschaftliche Macht, die China zumindest bis Anfang des 19. Jahrhunderts ebenfalls auszeichnete. Chinas Geschichte wird aber nicht nur von Glanz und Größe, sondern auch von Krieg und Elend geprägt und deshalb ist die „chinesische Einheit" ein ambivalentes Konzept. Die leidvolle Erinnerung beispielsweise an den sprichwörtlichen Absturz im 19. Jahrhundert und das folgende wirtschaftliche und politische Chaos und die japanische Besetzung gehören zum chinesischen Schulstoff. Damit wird zwar eine kollektive Erinnerung geschaffen, ob es als soziopolitisches Integrationselement, gerade für nachwachsende Generationen trägt, ist jedoch zunehmend fraglich.

China ist im 21. Jahrhundert, nach dem Beitritt zur WTO 2001 und einem erfolgreichen, anhaltenden Wirtschaftswachstum ökonomisch in die Weltspitze aufgestiegen – mit entsprechenden Folgen für das internationale Machtgefüge.

---

1 Im Allgemeinen wird das Umschriftsystem Pinyin verwendet. Ausnahmen: allgemein übliche Bezeichnungen, z. B. Peking (statt Pinyin „Beijing"), und die (ältere) Originalschreibweise, die aus anderen Texten übernommen wurde, z. B. Mao Tse-tung, (statt Pinyin „Mao Zedong").

Nicht mehr ausschließlich die führenden, meist westlichen Industrieländer in der G8 bestimmen das Wirtschaftssystem, China nimmt als Großinvestor und Handelspartner zunehmend Einfluss. Zunächst im Rahmen der G20 im Verbund mit anderen Schwellenländern, und als Gegengewicht zur G8 folgte – auch durch die Verwerfungen der internationalen Wirtschaftskrise und die anscheinend schnelle Erholung in China – G2, Amerika und China, die zumindest in der internationalen Wirtschaft die Zukunft prägen können. Das Duett der beiden neuen Großmächte, auch als „Chimerica" bezeichnet, wird in der Volksrepublik allerdings anders und stärker definiert als in Washington. In Peking sieht man sich (endlich wieder) an der Weltspitze angekommen. Die Schmach des „Jahrhunderts der ungleichen Verträge", in dem ab 1842 westliche Kolonialmächte und japanische Streitkräfte im Zweiten Weltkrieg China demütigten, und die Erinnerung an die politische Isolation der jungen Volksrepublik China in den 1960er Jahren scheinen vergessen. Für Teile der Administration in Washington hingegen ist China ein wirtschaftlicher Gegenspieler und eine militärische Herausforderung, kein Partner. Entscheidend ist jedoch für die chinesische Wahrnehmung von eigener Größe und Nationalstolz und damit auch der eigenen Integration förderlich, dass sich Peking durch die Obama-Regierung mittlerweile auf Schulterhöhe mit den USA sieht. Und in China wirkt wenig so gut als Integrationsmagnet wie der neue Glanz der eigenen, alten Größe.

Auch politisch spielt die Volksrepublik eine immer größere Rolle. Als Mitglied im Sicherheitsrat der Vereinten Nationen, Atommacht und durch zunehmendes Engagement in UN-Missionen, internationalen und regionalen Organisationen zeigt China ein stärkeres Profil. Dieser Beitrag verdeutlicht die historischen, politischen und wirtschaftlichen Faktoren, die zu Chinas Einheit beitragen; er zeigt aber auch die Zerreiß- und Fliehkräfte, die Chinas Gesellschaft und Politik tatsächlich oder vorgeblich bedrohen, und kommt zu dem Schluss, dass „die Einheit Chinas" ein von der gesellschaftlichen Mehrheit gern gepflegter und von der politischen Führung sorgsam geschützter Mythos ist.

1. Geschichte und Tradition als Grundlage von Einheit und Integration

Chinas sprichwörtlich Jahrtausende alte Geschichte und Kultur ist einer der wichtigsten Träger von politischer und gesellschaftlicher Integration. Keramik-, Metall- und Schriftfunde aus dem 2. und 3. Jahrtausend v. Chr. sind Belege für eine beginnende Hochkultur, die – jedenfalls im chinesischen Verständnis – als einzige bis heute existiert. Früheste Keramikfunde werden auf die Zeit ca. 16.000 v. Chr. datiert (vgl. Zhang 2002: 7). So sieht sich auch die Volksrepublik China

„in der Tradition der frühesten Staatsbildungs- und Vergemeinschaftungsformen auf den Gebieten, die heute zu China gerechnet werden" (vgl. Schmidt-Glintzer 2007: 101). Ausgrabungsfunde der Yangshao-Kultur in Nordchina, am Gelben Fluss in der Provinz Shaansi, und der Hemadu-Kultur in Südchina, am Unterlauf des Yanzi, lassen sich auf ca. 5000-3000 v. Chr. datieren. Diese Kulturen hatten ein hohes technisches Niveau und beherrschten die Herstellung von Werkzeugen, Bronze, Keramik und Seide. Im zweiten vorchristlichen Jahrtausend verfestigten sich Schriftformen und militärische Macht. Astronomie, die Verbindung zur Götterwelt und die Aufzeichnungen der Taten der jeweiligen Herrscher standen in engem Zusammenhang und hatte eine zentrale politische Rolle. Während der Zhou (11. Jh. - 256 v. Chr.) setzte sich die Ansicht durch, das Herrschaftsgebiet des chinesischen Kaisers umfasse „alles unter dem Himmel" (tianxia) und sei von Barbaren und den „Vier Meeren" umgeben (Schmidt-Glintzer 2007: 105).

Dennoch herrschte lange kein Einheitsstaat. Der Begründer der zentralen Staatsphilosophie, Konfuzius (551-479 v. Chr.), etwa lebte in einer äußerst unruhigen Zeit der „Frühlings- und Herbstperiode" und der „Zeit der Streitenden Reiche", in der größere und kleinere Herrscher und Staaten miteinander und gegeneinander kämpften (vgl. Schmidt-Glintzer 2007: 106-109). Erst mit der Expansion und Vorherrschaft des Staates Qin (221-206 v. Chr.) gelang Kaiser Shihuangdi die Reichseinigung. Damit war Chinas zentrale Verwaltung und der bis heute existierende Einheitsstaat geschaffen. Qin Shihuangdi vereinheitlichte Regelungen für Schrift, Verwaltung, Land-, Wasser- und Transportwirtschaft (z. B. Landreform, Steuerwesen, Maße, Wagenspurbreite) und schuf große Kulturgüter (wie die Terrakottaarmee). Dieser Kaiser war aber auch für Grausamkeit gegenüber kritischen Intellektuellen bekannt. Viele Chinesen sind stolz auf die Geschichte der großen, oft Jahrhunderte lang regierenden Dynastien (Han 206 v. Chr.-220 n. Chr.; Tang 618-907; Yuan 1280-1367; Ming 1368-1644; Qing 1644-1911), kennen aber auch die Gründe für den jeweiligen Untergang: Unfähigkeit, Korruption, Willkür, Naturkatastrophen und in der Folge Verarmung der Bevölkerung. Die relativ genaue Kenntnis geschichtlicher Daten in China lässt sich auf die fortlaufenden Aufzeichnungen herrschaftlicher Taten zurückführen – auch wenn Folgeherrscher oder -dynastien Aufzeichnungen gelegentlich „korrigiert" haben. Geschichtskenntnisse, zumindest im groben Rahmen, sind in China weit verbreitet und haben dadurch eine zentrale Funktion für das Zusammengehörigkeitsgefühl, den Stolz auf die historische Bedeutung und die politische Integration. Kein Schulkind, das nicht den Reichseiniger Qin Shihuangdi kennt und nicht weiß, dass der historische chinesische Herrschaftsanspruch sich auf „alles unter dem Himmel" (der damals bekannten chinesischen Welt) bezieht. Auch der unter der Han-Dynastie im 2. Jh. v. Chr. als Staatsdoktrin durchgesetzte Konfuzianismus dient der Integration: Er regelt die Beziehungen im Gemeinweisen und verpflichtet den Einzelnen zur eigenen Erziehung, wie die Politik zur Förderung des Wohlstands. Nicht zuletzt einte ein anspruchsvoller Bildungskanon und ein berüchtigtes Prüfungssystem die politische Elite. Das System der chinesischen Beamtenprüfung existierte über Jahrtausende (Gernet 1988: 259). Das Prüfungswesen, basierend auf einem Qualifikationsprinzip nach Bildung, nicht nach Herkunft oder Abstammung, schuf sicher keine gleichen Voraussetzungen für alle und war nicht demokratisch, dennoch repräsentierte es eine für ein autokratisches, hierarchisches Regime einzigartig breite Basis für den Zugang auch zu hohen Ämtern.

So erhebend die Erinnerung an das chinesische Kaiserreich sein mag, so grausam sind die chinesischen Erfahrungen mit Krieg, Gewalt und Elend, die – sobald gemeinsam überstanden – vielleicht als Integrationsanker gesehen werden, in ihrem Verlauf jedoch Teile der Bevölkerung und die Regierung nahe an oder auch in den Untergang geführt haben. Die zahlreichen Aufstände und Rebellionen, von An Lushan im 8. Jh. über die „Roten Turbane" (hongjin) im 14. Jh. bis zu den Taiping im 19. Jh. haben die staatliche Einheit und Gewalt erheblich gestört oder sogar zerstört und gehören damit zu den zentrifugalen Elementen in Chinas Geschichte. Der Zerfall zentraler Macht war immer mit einem Verlust von Sicherheit verbunden: Banditentum belastete die (Land-)Bevölkerung zusätzlich. Die nationale Einheit des kaiserlichen Chinas ist nicht nur durch die beiden Fremddynastien der Mongolen (Yuan 1280-1367, während dessen China lediglich Teil eines viel größeren Weltreiches war) und der Mandschu (Qing 1644-1911) ein Mythos, sondern auch durch die Tatsache, dass „China in der Zeit zwischen der ersten Reichseinigung im Jahre 221. v. Chr. und dem Ende der Song-Dynasite 1270 fast die Hälfte der Zeit politisch zersplittert gewesen war" (Schmidt-Glintzer 2007: 121). Krisen und Spannungen, einheitsgefährdende Erfahrungen, gehören also auch zur chinesischen Geschichte.

Die Berichte über Naturkatastrophen, insbesondere über Überschwemmungen ziehen sich durch die gesamte chinesische Geschichte, verdeutlichen allerdings auch die besondere Ambivalenz, dieses „sowohl, als auch", das China prägt. Etwas Hochwasser war und ist für die erfolgreiche Bewirtschaftung der Schwemmlandgebiete, dem Herz der chinesischen Landwirtschaft, von großer Wichtigkeit. Zuviel Hochwasser allerdings hat regelmäßig zu Katastrophen mit bis zu fünf- und sechsstelligen Todeszahlen geführt. Der Mittler zu den die Naturgewalten (Überschwemmung, Dürre, Missernte) auslösenden Göttern war der Kaiser. Eine Naturkatastrophe wurde als Zeichen dafür angesehen, dass der Kaiser seine Fähigkeit verloren hatte, konstruktiv mit dem Himmel zu kommunizieren; solche „Unfähigkeit" führte meist zu einem schnellen Sturz, in dessen Folge mindestens der Kaiser oder auch die ganze Dynastie abgelöst wurden. Die politische Relevanz von Naturkatastrophen ist der politischen Führung auch heute deutlich. Trotz sozialistischer Massenkampagnen konnten Formen von Volksglauben nie vollkommen ausgerottet werden. Heute wird der Konfuzianismus wieder als Ordnungsphilosophie zugelassen und eine gemäßigte Religiosität insbesondere in Richtung Buddhismus wird akzeptiert. Die Folge ist, dass die Frage der Balance zwischen Himmel und Erde ebenfalls wieder an Bedeutung gewonnen hat.

Heute muss das Problem Naturkatastrophe in China um die Dimension „Umweltkatastrophe" erweitert werden – mit schwimmenden Übergängen und großem Gefahrenpotential für die jeweils verantwortliche politische Führung. Die Bevölkerung ist nicht mehr bereit, Vertuschungsversuche der Obrigkeit zu akzeptieren, wie die Folgeschäden des Erdbebens in der innerchinesischen Provinz Sichuan 2008 zeigten. Insbesondere wenn Kinder umkommen, sei es durch Erdbeben, die schlecht gebaute Schulen zum Einsturz bringen, oder durch verseuchtes Milchpulver, kann der Volkszorn so bedrohlich werden, dass die Regierung meist schnell Verantwortliche vor Ort identifiziert, entlässt und verurteilt. Vertuschungsversuche wie zu Beginn der SARS-Krise oder während der Benzol-Verseuchung des nach Russland fließenden Flusses Songhua 2005 scheinen nicht mehr möglich. Umweltkatastrophen und Fehler bei ihrer Bekämpfung gehören inzwischen zu den größten Bedrohungen der politischen Führung. Chinas Bürger lassen sich nicht mehr alles gefallen, erwarten zunehmend Rechenschaft von der Regierung und organisieren sich über das Internet und Mobiltelefone. So musste der Ausbau der Transrapidstrecke durch Shanghai verschoben werden und erfolgreiche Proteste verhinderten den Bau einer Chemiefabrik in Xiamen (vgl. Kamp 2008: 82).

Eine der größten Gefahren für China und für seine Einheit brachte das 19. Jahrhundert und der Einfall westlicher Interessen. War China bis etwa Mitte des 18. Jh. geprägt von außerordentlicher landwirtschaftlicher und handwerklicher Produktivität, konnten die bestehenden Strukturen die Folgen einer Bevölkerungsexplosion (von 150 Millionen Chinesen im Jahr 1700 auf 430 Millionen 1850) (Fairbank 1989: 61, 344) nicht auffangen.[2] Die mangelhafte kaiserliche Verwaltung war im Gegensatz zu dem sich erfolgreich industrialisierenden Japan unfähig zu Reformen und Modernisierungen und hatte auch westlichem Expansionsstreben und entsprechenden wirtschaftlichen Interessen wenig entgegenzusetzen. Die Opiumkriege von 1839 bis 1842 und die „Ungleichen Verträge", die

---

2 Das Bevölkerungswachstum hielt an: Die folgenden Zahlen aus der Zeit nach Gründung der Volksrepublik verdeutlichen die großen Herausforderungen für die Regierung in Peking: 1954, 586 Millionen (1954), 630 Millionen (1957), 820 Millionen (1970), 1000 Millionen (eine Milliarde, 1980), knapp 1,4 Milliarden (heute).

die westlichen Kolonialmächte dem Kaiserreich aufzwangen, gehören sicher zu den größten Ungerechtigkeiten und Demütigungen in der chinesischen Geschichte (vgl. Fairbank 1989: 101-106) Der Verlust von staatlicher Souveränität, wirtschaftlicher Kontrolle und politischer Stabilität resultierte aus Sicht Pekings in einem „Jahrhundert der Schmach", das erst 1949 durch das Ende des Bürgerkriegs und die Ausrufung der Volksrepublik ein Ende nahm.

Unfähigkeit, Misswirtschaft, Modernisierungsphobie, Korruption und in Folge Aufstände in vielen Ecken des Staates hatten in Verbindung mit westlichem Druck das Kaiserreich 1911 zu Fall gebracht. In den 1920er Jahren kamen Kriegsherrentum und organisierte Kriminalität als Unsicherheitsfaktoren in China hinzu. Der Hauptgrund für das Chaos und für die späteren Misserfolge im Abwehrkampf gegen die japanischen Besatzer zwischen 1937 und 1945 war jedoch der Bürgerkrieg zwischen der nationalchinesischen Kuomintang und den Kommunisten. Einer der Ausgangspunkte für den Bürgerkrieg war die Kommunistenverfolgung in Shanghai im Jahr 1927, die die junge kommunistische Bewegung Chinas fast ausgerottet hätte.

Zum „Jahrhundert der Schmach" gehört auch ein besonders grausames Kapitel der chinesischen Geschichte: die bereits erwähnte japanische Besetzung Chinas und das pazifische Kapitel des Zweiten Weltkriegs von 1937 bis 1945. Der Einfluss Japans stieg seit dem ersten chinesisch-japanischen Krieg 1894/95 und die Besetzungen in der Mandschurei seit Ende der 1920er Jahre ständig (vgl. Fairbank 1989: 127-128). Der japanische Überfall auf Shanghai und das Nanking-Massaker 1937 sind in die Geschichte eingegangen und dienen bis heute als Träger nationalen Einheitsgefühls gegen Japan, anti-japanischer Ressentiments und zu gelegentlicher politischer Instrumentalisierung.

2. Ideologie, Parteipolitik und das Konzept des Einheitsstaates

Mit dem Thema Einheit und politische Integration in China ist auch die Frage nach dem Erfolg und der Langlebigkeit der regierenden maoistisch-sozialistischen Einheitspartei, der Kommunistischen Partei der Volksrepublik China (KPCh), verbunden. Hier steht an erster Stelle die wirtschaftliche Reformpolitik, die der Volkrepublik fast drei Jahrzehnte Wirtschaftswachstumsraten von über 9 % bescherte und seit etwa 2005 einen einzigartigen, schnellen Aufstieg in die Führungsriege der Weltwirtschaft ermöglichte. Für eine erfolgreiche Politik in China war neben den Wirtschaftsreformen ein hoher Professionalisierungsschub und eine gewisse Entideologisierung die Voraussetzung.

Mitbestimmend für den Erfolg der Partei, auch für die Legitimation und letztlich für die Integration ist, dass die KPCh sich als Garant für Stabilität vermittelt und ihre politische Kompetenz auch durch friedliche Macht- und Führungswechsel unter Beweis stellt. China ist nicht das alte Rom und abgesehen von den Gewalttaten während der Kulturrevolution Ende der 1960er Jahre, die eher eine Folge von Flügelkämpfen innerhalb der Partei waren, ist Gewalt zwischen politischen Konkurrenten selten. Der Übergang von Macht auf die nächste Führungsgeneration verlief in der Regel friedlich. Dass diese Führung nach westlicher Sicht nicht demokratisch legitimiert ist, spielt in China in der Öffentlichkeit keine Rolle. Auch für den nächsten Führungswechsel, 2012, ist nichts anderes als ein friedlicher Übergang zu erwarten.

Während politische Schulungen, „Rotlichtbestrahlung", weiterhin zur Ausbildung politischer Kader und militärischem Personals gehören und Jahrestage wie beispielsweise der Ausrufung der Volksrepublik, der Gründung der Marine, der Entdeckung des großen Daqing-Ölfelds, etc. gefeiert werden, ist es jedoch die Innovationsfähigkeit der chinesischen Regierung, die das erfolgreiche Überleben bisher sicherte: Die Lernerfolge gründen sich aus der Fähigkeit zum internen Diskurs und aus den Lektionen über den Untergang der sozialistischen Regierungen Osteuropas (vgl. Shambaugh 2008: 64-69). Wirtschaftliche Entwicklung, ideologischer Pragmatismus und wissenschaftliche Ansätze schufen den Rahmen für die politische Zukunft. Ganz abschaffen konnte und kann die kommunistische Führung in Peking die bisherige ideologische Konzeption des Marxismus-Leninismus-Maoismus nicht. Aber die fundamentale Wandlung besteht darin, dass nicht mehr Ideologie die Politik bestimmt, sondern vielmehr Propaganda und ideologische Kampagnen eine Funktion von Politik geworden sind, wie Jiang Zemins „Drei Repräsentativen" 2001, das Konzept der „Wissenschaftlichen Entwicklung" 2003 und Hu Jintaos „Harmonische Gesellschaft" von 2005 zeigen (vgl. Shambaugh 2008: 106).

In der Parteigeschichte finden sich einige Einheitsmythen und Einheitserlebnisse, die bis heute instrumentalisiert werden. Ihre Bedeutung ist jedoch verblasst oder sogar fraglich und die Wirklichkeit sah oft anders aus. Da ist beispielsweise der Lange Marsch von 1934-36 zu nennen. Das Ergebnis (die erfolgreiche Flucht aus der KMT-Umzingelung über 12.500 km und der Aufbau der Basis in Yenan) gilt als politischer Erfolg und hatte einen großen propagandistischen Effekt. Die erheblichen Opfer an Menschenleben (weniger als 20% Überlebende) sind allerdings beklemmend. Der entscheidende Grund für die abnehmende Attraktivität des Langen Marsches ist allerdings der schlichte Faktor Zeit: Da seine Veteranen

– sofern noch am Leben – nicht mehr in der politischen Führung vertreten sind, verliert der Gewaltmarsch von vor über 70 Jahren an Bedeutung.

Aus der Zeit der Republik China und des Bürgerkriegs gibt es weitere Einheitsmythen: einmal natürlich die gegenseitige Hilfe zwischen kommunistischen Kämpfern und armen Bauern, und des weiteren, etwas überraschend und nur der katastrophalen politischen und wirtschaftlichen Lage (und im zweiten Fall des japanischen Überfalls) geschuldet, die beiden „Einheitsfronten" von Nationalchinesen (KMT) und Kommunisten (KPCh). Die erste Einheitsfront kam 1924 bis 1927 zustande durch den Druck Moskaus und einen Mangel an Alternativen für die erst 1921 gegründete, machtlose und mitgliederschwache KPCh (vgl. Kindermann 2001: 150-151). Die zweite Einheitsfront 1937 entstand aus der Einsicht, nicht ständig gegeneinander und gegen die japanischen Besatzer kämpfen zu können. Sie funktionierte aber nur auf dem Papier. Die Truppen blieben unabhängig, es gab keine gemeinsame Strategie. Nicht nur blieben nachhaltige militärische Erfolge gegen die japanischen Besatzer aus, im Gegenteil: Diese verstärkten ab 1940 Grausamkeiten auch gegen die Zivilbevölkerung. Die zweite Einheitsfront endete de facto bereits 1941 durch die Zerstörung der kommunistischen Neuen Vierten Armee durch die KMT (vgl. Fairbank 1989: 250).

Wer heute also in China neue „Einheitsfronten" beschwört, kann nur hoffen, dass die Rezipienten ihre Geschichte nicht allzu genau kennen. Eine „Einheitsfront" als Integrationsfaktor würde in China vermutlich nur oberflächlich und kurzfristig funktionieren.

Wichtiger als Einigungsfaktoren sind die heutigen nationalen Interessen Chinas, in denen auch das Konzept des Einheitsstaates deutlich wird: Die Aufrechterhaltung des Wirtschaftswachstums, die nationale und territoriale Einheit und die Erweiterung des internationalen und regionalen Einflusses sind für China von zentraler strategischer Bedeutung (vgl. China's Foreign Policy 1999). Die chinesische Regierung und das chinesische Volk sind sich einig, diese Interessen zu verteidigen. Im Arbeitskontext, der Untersuchung des chinesischen Zusammenhalts, stellt sich die Frage, wie weit die Verteidigung nationaler Interessen geht. Es ist anzunehmen, dass die meisten Chinesen gerade der Verteidigung der Einheit mit allem Mitteln nicht nur zustimmen, sondern dies auch aktiv unterstützen würden.

3. Erfolgreiche Wirtschaftspolitik als Integrationsmotor

Chinas wirtschaftlicher Erfolg trägt zweifellos erheblich zum innerchinesischen Zusammengehörigkeitsgefühl bei. Keine Regierung hat in so kurzer Zeit so viele Menschen (ca. 500 Millionen) aus der Armut befreit wie Peking. Zwischen

1981 und 2004 fiel der Anteil der Menschen in China, die weniger als einen US-Dollar am Tag zur Verfügung haben, und damit als absolut arm gelten, von 65 % auf unter 10 % (nach chinesischen Angaben von 18,5 % auf 2,8 %) (The Worldbank 2009b: 10).

Die Lebenserwartung liegt bei 73 Jahren, einem für ein Schwellenland erstaunlichen Wert. 98 % der Geburten werden von medizinischem Personal betreut (in manchen Regionen Afrikas liegt dieser Wert weit unter 10 % – mit entsprechend hohen Raten für die Sterblichkeit bei Frauen und bei Neugeborenen). Nach Angaben der Weltbank schließen 100 % der chinesischen Kinder zumindest die Grundschule ab, 94 % sind geimpft und Unterernährung bei Kindern sei statistisch nicht mehr erfassbar.

Kein anderer Staat legt nicht etwa erst seit wenigen Jahren, sondern seit 1979 ein kontinuierliches Wachstum des Bruttoinlandprodukts von über 9 % vor (Taube 2007: 256). 2007 wurde ein Spitzenwert von 13 % Jahreswirtschaftswachstum erreicht und es wird erwartet, dass China sich von der globalen Finanz- und Wirtschaftskrise durch sein immer noch relativ abgeschottetes Finanzsystem und die erhebliche Binnenentwicklung schnell erholt.

Seit dem Beginn von Deng Xiaopings Reformpolitik ab 1978 und den „Vier großen Modernisierungen" ab 1984 hat China sich von einem ehemals von Hungerkatastrophen gezeichneten Entwicklungsland zu einem wirtschaftlichen Superschwergewicht entwickelt. Darauf sind Chinesen sehr stolz. Die Regierung hat es seit den 1980er Jahren weiterhin durch vorsichtige, schrittweise Reformen (Privateigentum erlaubt; Möglichkeiten, Mitarbeiter einzustellen, etc.) verstanden, die Hoffnung auf die ständige Verbesserung der eigenen Lebensverhältnisse aufrecht zu erhalten. Die Entideologisierung der Wirtschaftspolitik war hier der entscheidende Faktor; nicht nur sei es, so Deng Xiaoping, egal ob die Katze weiß oder gelb sei, Hauptsache, sie fange Mäuse.[3] Später äußerte Deng sogar, es sei unvermeidlich, dass einige schneller reich würden als andere.

China hat sein Bruttoinlandsprodukt und das Einkommen und den Lebensstandard seiner Bevölkerung in bisher beispielloser Weise gesteigert. Lag die Wirtschaftsleistung in den 1990er Jahren noch weit unter 1.000 Mrd. US $, explodierte die chinesische Wirtschaft ab 2003 sprichwörtlich: Das Bruttoinlandsprodukt verdoppelte sich zwischen 2005 und 2007, also in nur zwei Jahren, von 2.235 Mrd. US $ auf 4.326 Mrd. US $ und hat sich damit seit etwa 1993 verzehnfacht (The Worldbank 2009a: China Data Profile – Development Indicators). Auch

---

3 Das „Mäuse-Zitat" ist oft wiederholt worden. In der ursprünglichen Äußerung 1962 ging es allerdings noch nicht um Wirtschaftsreformen, sondern darum, eine drohende Hungerkatastrophe abzuwenden. Deng äußerste damals, alle Maßnahmen, auch Privatinitiativen, seien erlaubt, um die Nahrungsmittelproduktion zu steigern.

das Nationaleinkommen (Gross National Income) pro Kopf verdreifachte sich rasant innerhalb weniger Jahre, von 930 US $ im Jahr 2000 auf 2.940 US $ im Jahr 2009 (The Worldbank 2009: China Data Profile – Development Indicators).

Bei näherer Betrachtung der Entwicklungsphasen zeigt sich in China allerdings weniger eine einheitliche strategische und langfristige Planung, als eine Vielfalt von Maßnahmen, die oft als Experimente in einzelnen Regionen oder Provinzen durchgeführt wurden. Wirtschaftsexperten wie Markus Taube sehen Chinas wirtschaftlicher Entwicklung als radikal Paradigmenwechsel und Strukturbrüche. China habe sich seit der Transformation 1978 weiter zu einer „Hybridökonomie" entwickelt, die Einrichtung einer in den Weltmarkt integrierten marktwirtschaftlichen Ordnung sei aber weitestgehend abgeschlossen. (Vgl. Taube 2007: 248).

Wie lange sich diese Entwicklung aufrechterhalten lassen, beschäftigt Ökonomen weltweit. Die globale Finanz- und Wirtschaftskrise hat auch China getroffen und die chinesische Regierung hat 2009 ein Rettungspaket von über 500 Mrd. US $ in die heimische Wirtschaft gesteckt. Allerdings wird erwartet, dass sich China schnell erholt und zu ähnlich hohen Wirtschaftswachstumszahlen zurück kommt, wie vor der Krise, nämlich um die 9%.

Die Wirtschaftsentwicklung der 1949 ausgerufenen Volksrepublik China bestand zunächst aus Aufbauarbeit nach den Zerstörungen durch den jahrzehntelangen Bürgerkrieg und die ausländischen Besatzungen. In der nächsten Phase, ab etwa 1952, folgte man sowjetischen Modellen – zumindest bis zum sinosowjetischen Bruch ab 1959, in dessen Folge der wirtschaftliche Austausch auch mit der sozialistischen Welt fast komplett zusammenbrach. Nicht nur die ideologische und politische Entzweiung von Moskau, sondern auch eigene erhebliche Fehleinschätzung, ökonomische Fehlsteuerung, ideologische Überlagerungen und Vernichtung von Sachverstand führten zu wirtschaftlichen Katastrophen. Hier ist zunächst der „Große Sprung nach vorne", eine desaströse Wirtschaftskampagne, die nach chinesischen Angaben 20 Millionen Menschen das Leben kostete (nach internationalen Angaben sind es bis zu 40 Millionen) zu nennen. Der öffentlich verbreitete ideologische Extremismus ging weit: „even if 99 percent die, we still have to hold high the red flag" (Teiwes 2000: 140). Zu den geforderten Maßnahmen des „Großen Sprungs" gehörte beispielsweise, alle Ressourcen einzusetzen, um die quantitative Stahlproduktion innerhalb kürzester Zeit auf das Niveau der in europäischen Industrieländern produzierten Mengen zu bringen. Im Ergebnis wurden Wälder abgeholzt um schlechtes Metall einzuschmelzen. Die eingesetzten Arbeitskräfte standen der Land- und Transportwirtschaft nicht mehr zu Verfügung. Ernteerträge wurden nicht eingebracht oder nicht weiterverarbeitet und weitertransportiert. Im Zuge des Einschmelzungswahnsinns stellte sich heraus, dass der produzierte „Stahl" großteils nicht nur unbrauchbar war, sondern dass kaum mehr Werkzeuge und Kochutensilien vorhanden waren. Der „Große Sprung" hatte allerdings auch die machtpolitische Funktion, parteiinterne Kritiker zu „entlarven" und resultierte in ähnlich großen menschlichen Katastrophen wir die „Große Proletarische Kulturrevolution" während dessen gewalttätiger Phase (1966-69) viele Chinesen in leitender Funktion von außer Kontrolle geratenen Einheiten der jungen „Roten Garden" geschlagen, gedemütigt oder ermordet wurden (vgl. Teiwes 2000: 145). Die wirtschaftliche Produktion brach durch die bürgerkriegsähnlichen Zustände für Wochen oder Monate zusammen.

Die Bitternis über das Leid und die Demütigung, die viele Chinesen oder ihre Eltern und Verwandten durch diese zerstörerischen Massenkampagnen erfahren mussten, schafft bis heute ein so großes Spannungspotential, dass eine öffentliche Diskussion oder gar Aufarbeitung bisher kaum möglich ist. Einzig die literarische Aufarbeitung von Einzelschicksalen in größeren geschichtlichen Zusammenhängen wird in der so genannten „Tränenliteratur" gelegentlich geduldet. China war von 1960 bis etwa 1975 ein vollkommen verarmtes und isoliertes Entwicklungsland und natürlich auch „kein konstituierender Bestandteil der globalen Wirtschaftsgemeinschaft" (Taube 2007: 254). Die Erinnerung an die wirtschaftlichen Zustände dieser Zeit wird in China vermutlich gerne verdrängt. Stolz ist man auf die schnelle wirtschaftliche Entwicklung nach Mao, auf die damalige Wirtschaftslage aber sicher nicht: Ende der 1970er Jahre lag Chinas Anteil am globalen Wirtschaftsprodukt sogar unter den Werten von 1952 (vgl. Taube 2007: 255).

Eine potentielle Bedrohung des Zusammengehörigkeitsgefühls der chinesischen Landbevölkerung entstand durch die während der wirtschaftlichen Modernisierung notwendig gewordenen Umstrukturierungsmaßnahmen, in dem der landwirtschaftliche Anteil an der Wirtschaftsleistung von knapp 30 % in den 1970er Jahren auf etwa 11 % im Jahr 2008 fiel (vgl. The Worldbank 2009a): Der Anteil der Beschäftigten im Primärsektor fiel nach Weltbankangaben von über 70 % Ende der 1970er Jahre auf heute etwa 11 %. Nun sind diese Umstrukturierungen für Entwicklungs- und Schwellenländer nichts Ungewöhnliches. Die Herausforderung für die chinesische Regierung war, die Bauern und die ländliche Bevölkerung auf dem Weg der wirtschaftlichen Modernisierung ideologisch mitzunehmen und eine ausreichende Teilhabe am zunehmenden Wohlstand zu sichern. Die ideologische Dimension war deshalb wichtig, weil die Grundlage der sozialistischen Revolution, und damit die die Legitimität der maoistischen Führung tragende Bevölkerungsschicht, neben den Manufakturarbeitern hauptsächlich die armen Bauern und die Landbevölkerung war, und nicht etwa wie in der Sowjetunion, das urbane Proletariat (vgl. Opitz 1972: 239; 247-249). China war eine ländliche Nation, der Großteil der Bevölkerung waren arme Bauern. Das Dorf war das Zentrum der Revolution und die Bauern ihre „Avantgarde", wie Mao Zedong im „Hunan-Bericht" zum Ausdruck brachte: „Die Führung durch die armen Bauern ist eine absolute Notwendigkeit, ohne die armen Bauern gäbe es keine Revolution." (Opitz 1972: 249)[4]

Die Lösung, zumindest vorübergehend, war gefunden: Durch die zunehmende Privatisierung und die Förderung von Eigeninitiativen in den 1980er Jahren waren es zunächst einfallsreiche Bauern, die von den Wirtschaftsreformen profitierten, als Unternehmer agierten, Arbeiter einstellten, ihre Wirtschaftsflächen erweiterten und damit einen Einkommenszuwachs erreichten. Die zunehmende Verantwortung landwirtschaftlicher Privatbetriebe für die Nahrungsmittelversorgung schuf auch politisches Gewicht, und damit Zufriedenheit. Inzwischen hat sich das „Bauernproblem" durch die Abwanderung in die Städte und die abnehmende Bedeutung der Landwirtschaft verringert. Es ist sogar denkbar, dass sich die Anzahl und der Einfluss der bäuerlichen Bevölkerung so weit abgeschwächt hat, dass zum ersten Mal in der chinesischen Geschichte, kein Bauernaufstand mehr die Regierung hinwegfegen könnte. Dennoch hat die politische Führung immer einen wachsamen Finger am Puls der Landbevölkerung und ist bereit, viel Geld zu investieren, wie die milliardenschweren Aufbauprogramme für die unterentwickelten Westgebiete oder den vernachlässigten Norden Chinas zeigen (China Western Development, Revitalize Northeast China). Ein weiteres Beispiel, um die Bauern ruhig zu stellen, waren umfangreiche Steuererleichterungen: 2006 wurde die Agrarsteuer abgeschafft und die Einkommen vieler Bauern liegen unter dem Mindesteinkommenssatz, sodass sie auch keine Einkommensteuer zahlen (vgl. Bergmann 2006) Tatsächlich sind die Einkommen auf dem Land seit etwa 2000 im Gegensatz zu den Kosten kaum gestiegen. So muss die Landbevölkerung beispielsweise für Nahrungsmittel und Krankenversorgung im Vergleich zu durchschnittlichen Städtern einen höheren Anteil ihres Einkommens ausgeben.

Dennoch gibt es auch Verlierer auf diesem Weg des „cowboy capitalism" und chinesische Politiker leugnen keineswegs, dass in den abgelegenen und den unterentwickelten Gebieten, besonders im Westen und Norden Chinas, Armut herrscht. Nach chinesischen Angaben sind 60-80 Millionen Menschen arm, nach internationalen Angaben sind es bis zu 120 Millionen (unter 1 US $ pro Tag zur Verfügung), bzw. bis zu 200 Millionen (die weniger als 2 US $ pro Tag zur Verfügung haben). Armut, mangelnde Bildungschancen, Arbeits- und Hoffnungslosigkeit stellen ein erhebliches Sprengpotential in Chinas Gesellschaft dar. Wenn es der

---

4   nach Mao Tse-tung: Untersuchungsbericht über die Bauernbewegung in Hunan; In: Ausgewählte Werke (1968) 1. Peking. Foreign Language Press. S. 21-63.

chinesischen Regierung nicht gelingt, pro Jahr ca. 20 Millionen neuer Arbeitsplätze alleine für die heranwachsende Jugend zu schaffen, zusätzlich Millionen Entlassener aus den Großbetrieben und der Armee zu beschäftigen, und Millionen Rentner zu versorgen, ist der soziale Friede in Gefahr. Der Wirtschaftserfolg gilt als gesellschaftspolitischer Integrationsfaktor, ihn genießen aber nur die „Gewinner" in Chinas „sozialistischer Marktwirtschaft", die Unternehmer (in urbanen Zentren, wie auch auf dem Land), die Mittelschicht und die gut ausgebildete Stadtbevölkerung. Die Zukunft und die Legitimität der chinesischen Regierung wird auch von der Fähigkeit abhängen, wirtschaftlichen Wohlstand noch weiteren Bevölkerungsschichten zugänglich zu machen.

4. Chinas „Soft Power" – Internationale Präsenz und Akzeptanz

Chinas neues Selbstbewusstsein seit Ende der 1990er Jahre speist sich aus zunehmendem Wohlstand, den Forschritten in Wissenschaft und Technik und aus der chinesischen Kultur, deren weltweite Verbreitung auch durch die Konfuziusinstitute und die zunehmende Akzeptanz der Traditionellen Chinesischen Medizin (TCM) abgebildet wird (vgl. Lackner 2007: 492, 494). Dies hilft auch von der Darstellung einiger Technikhistoriker abzulenken, nach der China seit dem 15. Jahrhundert und den „Vier Großen Entdeckungen" (Druckkunst, Papier, Kompass und Schießpulver) nichts Wesentliches mehr zur Entwicklung der Menschheit beigetragen hat. Den vorläufigen Kulminationspunkt für das Zusammengehörigkeitsgefühl vieler Chinesen stellen die Olympischen Spiele 2008 dar. Die großen Sportstätten, die bunten Feierlichkeiten und die sprichwörtliche Aufmerksamkeit der Welt waren für viele Chinesen Anlass zu ehrlichem Stolz und Freude. Und genau dieses Gefühl gemischt mit der üblichen Sportbegeisterung, wollte man sich nicht verderben lassen, erst recht nicht von kritischen westlichen Journalisten. Während der Olympischen Spiele hatte die Mehrheit der Chinesen noch weniger Verständnis für westliche Kritik an ihrer Regierung als sonst. Es war sogar eine weitverbreitete Enttäuschung und tiefes Unverständnis zu spüren, dass sich die Welt nicht genauso wie China über dieses großartige Sportfest zu freuen schien.

Für China waren die Olympischen Spiele auch eine hervorragende Gelegenheit eine Menge „soft power" zu zeigen: Kultur, Tradition, Kampfsport-Darbietungen, Farbenkunst und viele begeisterte Freiwillige. Filmregie-Legende Zhang Yimou inszenierte groß angelegte Tanz-, Trommel- und Kungfu-Aufführungen mit beeindruckenden Szenen im Stil seiner bildgewaltigen Filme. Zhang Yimous Werke (z. B. „Hero") beschäftigen sich auch mit glanzvollen Gestalten des kaiserlichen China und tragen so auch dazu bei, das Bild von Chinas großartiger fünftausendjähriger Geschichte weiter zu transportieren (vgl. Lackner 2007: 499).

Auch hier besteht die Notwendigkeit, einem im Westen lieb gewonnenen Fehlurteil entschieden entgegenzutreten: Es ist keineswegs der Fall, dass die meisten Chinesen ihrer Regierung sehr kritisch gegenüberstünden und diese so schnell wie möglich abschaffen wollten. Im Gegenteil, die erfolgreiche Wirtschaftspolitik der KPCh schafft Stabilität und Aufstiegsmöglichkeiten, man rückt im Angesicht von externer Kritik sprichwörtlich enger zusammen und viele verteidigen Politik und Staat.

So groß die Freude über Olympia und ihre Wirkung war, liegt es mit der Integrationskapazität politischer Veranstaltungen doch etwas anders. Die Begeisterung über die straff organisierte, riesige Massen- und Militärparade der Regierung zur Feier des 60. Jahrestages der Gründung der Volksrepublik China im Oktober 2009 war durchaus nicht ungeteilt. Das lag auch daran, dass das Volk dieses langatmige Spektakel wegen weitläufiger Absperrungen und anderer Sicherheitsmaßnahmen nur am Fernsehen verfolgen konnte. Einzelne jüngere Spötter äußerten sogar, solche Massenparaden solle man doch nach Nordkorea ‚out-sourcen'.[5]

In Bezug auf „soft power", auf die Attraktivität kultureller Faktoren, hat China in der Tat viel zu bieten. Auf große Beliebtheit im Westen stoßen einige von Chinas kulinarischen, künstlerischen und sportlichen Traditionen. Asiatisches Essen und grüner Tee gelten als gesund und ‚trendy', keine Volkshochschule ohne Kalligraphiekurs und kein größerer Sportverein ohne Kampfsportabteilung (auch wenn die spezifische Sportart aus Japan oder Korea kommt). Feng Shui gehört inzwischen zur Haus- und Gartengestaltung in vielen deutschen Landkreisen, Konfuzius und Laotse sind in jedem bürgerlichen Bücherregal zu finden. Die Volksrepublik selbst schafft in allen Teilen der Welt eine Basis kultureller Bildungsarbeit mit den „Konfuzius-Instituten" und ist stolz auf seine offiziell anerkannten Künstler und Artisten. Das Kloster „Shaolin" mit seinen kämpfenden Mönchen ist inzwischen eine Weltmarke. Schließlich ist China als touristisches Ziel interessant.

Was bringen Feng Shui und Kalligraphie allerdings der politischen Integration in China? Auf den ersten Blick wenig, auf den zweiten mehr. Erst einmal geht es um die Kenntnis voneinander und das Verständnis füreinander, in dem sich die jeweiligen Volksgenossen natürlich auch spiegeln. Die stolze Erkenntnis „die Welt trinkt grünen Tee" funktioniert genauso wie „die Welt trinkt bayerisches Bier". Wenig schweißt eine chinesische Reisegruppe beispielsweise so zusammen, wie die ambivalente Erfahrung eines deutschen Chinarestaurants oder die Freude darüber, wenn Ausländer China schätzen oder Chinesisch sprechen.

---
5   eigene Information.

Es gibt eine weitere komplexe, potentiell den Nationalstolz fördernde Dimension, die in der chinesischen Zeitgeschichte ihren Platz hat: die Natur im weitesten Sinne. Chinas ist einerseits zweifellos einer der größten Emittenten von Umweltgiften und die Verschmutzung von Wasser und Luft in China ist erschütternd. Dennoch ziehen sich durch die gesamte Geschichte der Volkrepublik beispiellose Aufforstungs- und Bepflanzungskampagnen. Die „Große Grüne Mauer" ist außerhalb Chinas wenig bekannt, doch diese riesigen Kampagnen haben beispielsweise in Nordchina erheblich dazu beigetragen, die Wüstenbildung einzudämmen. Generationen von jungen Chinesen waren zeitweise in diesen Pflanzkampagnen eingesetzt. Die chinesische Regierung ist streckenweise auch bereit, sich mit den wirtschaftlichen Kosten und Folgen durch Umweltzerstörung und Ressourcenverbrauch zu beschäftigen. Eine Umweltschutzagentur, SEPA (State Environmental Protection Agency), brachte 2006 einen Bericht zum Wirtschaftsprodukt unter Umweltgesichtspunkten („Green GDP") mit Zahlen für das Jahr 2004 heraus. Die Inhalte müssen für die politische Führung in Peking allerdings so problematisch gewesen sein, dass dieser Bericht nur einmal, 2006, erschien. Experten vermuten, dass die durch Umweltschäden verursachten Kosten der ökonomischen Entwicklung ungefähr den gleichen Wert haben, um den die chinesische Volkswirtschaft pro Jahr wächst (vgl. Taube 2007: 257). Würden die Umweltkosten in den gesamtwirtschaftlichen Zusammenhang eingerechnet, hätte China damit während der letzten Jahre bis 2007, zumindest bis zur Einführung neuer Umweltschutzmaßnahmen im Zuge der Olympischen Spiele 2008, statistisch ein Null-Wachstum. Nach offiziellen chinesischen Angaben betrug der wirtschaftliche Schaden durch Umweltverschmutzung für das Jahr 2004 3,05 % des Bruttoinlandsprodukts, oder 512 Milliarden Yuan (entspricht etwa 500 Millionen Euro) (Chinese Government's Official Web Portal 2006).

Insgesamt hat sich die Erwartungshaltung der Bürger an die Regierung auch in China erhöht. Chinesen erwarten von Peking nicht nur, dass die Regierung das Land gegen Bedrohungen von außen schützt und die wirtschaftliche Situation ständig verbessert, sie erwarten auch, dass die politische Führung wirksam und überzeugend gegen innere Gefahren vorgeht, sei es durch Naturereignisse, Aufstände oder kriminelle Machenschaften. Die Erwartungshaltung vieler Chinesen geht so weit, dass die Regierung in Peking nicht durch eine pragmatische Politik etwa zu einem Verzicht auf Taiwan überleiten könnte, sondern vielmehr politisch-ideologischen und nationalistischen Zwängen nachgeben muss und weiterhin eine „harte Haltung" gegenüber Taipei beweisen muss. Abgesehen davon sind nationale Größe und Einheit der kleinste gemeinsame Nenner vieler auch kritischer Chinesen und ihrer Regierung, wie sich beispielsweise nach den Demonstrationen auf dem Tiananmen-Platz 1989 zeigte.

Die kommunistische Parteiführung scheint eine Gratwanderung zwischen nationalistischer Rhetorik, die gewisse Teile der Bevölkerung binden soll und einer internationalen Politik, die berechenbare Partnerschaft beweisen soll, bewältigen zu müssen (vgl. Zhao 2005: 24). Es ist jedoch zu fragen, wie umfassend und anhaltend dieser neue chinesische Nationalismus wirklich ist, oder ob er nur punktuell instrumentalisiert wird, um größere politische Interessen fallweise zu unterstützen. Antiamerikanische Pressestimmen nach der Bombardierung der chinesischen Botschaft in Belgrad 1999 und nach dem Flugzeugzusammenstoß im April 2001 weisen auf einen gewissen politischen Nutzen von nationalistischen Umtrieben hin, die anti-japanischen Proteste 2005 passen ebenfalls in dieses Bild. Emotionsgeladene und kurzfristig aufflammende nationalistische Ausbrüche beinhalten allerdings die Gefahr, übergeordnete Ziele, wie die wirtschaftliche Modernisierung und die Ausweitung des internationalen Einflusses zu gefährden. Deshalb gibt es gute Gründe anzunehmen, dass die Regierung in Peking sich zwar nationalistischer Ideen für patriotische Erziehungskampagnen bedient, nationalistische Demonstrationen des Volkszorns aber nur für kurze Zeit und in einer Ventilfunktion zulässt.

Zusammengefasst ist Nationalismus nur oberflächlich eine Funktion, die chinesisches Zusammengehörigkeitsgefühl befördern könnte. In China waren die Ansichten über die Gründe von Chinas ehemaliger Rückständigkeit und die vielen Konzepte für die Wiederbelebung und Modernisierung Chinas zu unterschiedlich, als dass nationalistische Konzepte eine Einheitsfunktion hätten (vgl. Zhao 2005: 28).

5. Zusammenfassung

„Unity is in China's blood" – so ist ein Kommentar der chinesischen Botschafterin im Vereinigten Königreich, Fu Ying, im Guardian überschrieben (Fu Ying 2009). Wie gezeigt lässt sich die Tiefe von Chinas Einheit an einer Reihe von hauptsächlich wirtschaftlichen Faktoren herleiten und analysieren. Es gilt aber auch, die Mythen der chinesischen Einheit und die Grenzen der Integration wahrzunehmen und zu erkennen, dass beispielsweise der ‚Lange Marsch' bestenfalls noch als Legende zählt und sein fast fataler Ausgang keineswegs zur politischen Integration beiträgt. Wie weit die Idee des „Chinesisch-Seins" als Integrationsfaktor für zukünftige Generationen trägt, wird sich zeigen müssen. Die Globalisierung in Ausbildung und auf dem Arbeitsmarkt lässt nationale Zugehörigkeiten immer weniger wichtig erscheinen. Außerdem verheiraten sich immer mehr junge Leute, insbesondere junge Asiatinnen, offensichtlich ganz bewusst außerhalb ihres Herkunftslandes. Eine vereinzelt sehr diffuse Begeisterung über Chinas alte Größe und Kulturtradition eint viele Chinesen. Dennoch zeigen nicht nur einige Auslandschinesen eine ambivalente Haltung zur Pekinger Regierung. Meiner Ansicht nach wird der berüchtigte Zusammenhalt etwa chinesischer Händler rund um den Globus überschätzt. Eine chinesische Wirtschaftsmafia, die wie in manchen Publikationen beschrieben, nur unter sich und mit gelegentlicher Hilfe der Triaden, der chinesischen Untergrundmafia und Geheimgesellschaften, nicht nur den Pazifik, sondern bald die Welt beherrscht, gibt es nicht. Sicher freuen sich Chinesen, wenn sie Landsleute aus der gleichen Provinz, der Stadt, oder dem Landkreis treffen und Kaufleute schließen lieber Geschäfte ab mit Partnern, deren Sprache und Gebräuche sie kennen. Aber dies ist ein allgemeines und kein spezifisch chinesisches Phänomen. Ähnlich verhält es sich mit der chinesischen Mafia, deren Verbindungen in die legale Geschäftswelt im Vergleich mit anderen illegalen Organisationen, auch nicht wesentlich effizienter oder tiefer sind. Das Internationale Organisierte Verbrechen (IOK) handelt zwar auch, aber nicht ausschließlich entlang nationaler Zugehörigkeiten. Schließlich geht es um den Profit.

Bezeichnend für Chinas Geschichte und Gegenwart sind sowohl Einheitsdenken und Nationalstolz als auch politische Spannungen, wirtschaftliche und soziale Ungleichheit sowie Naturkatastrophen, die Gesellschaft und Politik immer wieder erschüttern. Besonders in China ist, dass „Einheit" nicht nur eine gesellschaftliche oder historische Bezugsgröße ist, sondern eine erhebliche politische Funktion hat. Die „nationale und territoriale Einheit" Chinas, das Prinzip der Souveränität, und die Betonung, dass es nur „Ein (1) China" gibt, sind grundlegende nationale Interessen. Die chinesische Regierung in Peking reagiert sofort, wenn sie die nationale Einheit, etwa durch Aktivitäten in Taiwan, Tibet oder im nordwestchinesischen Xinjiang gefährdet sieht. Und die politische Meinungsmache hat großen Erfolg: Die Einheit Chinas, selbstverständlich, sagen auch jüngere Städter mit Universitätsabschluss, muss notfalls mit militärischen Mitteln verteidigt werden. Der Mythos lebt.

Literatur

Bergmann, Theodor (2006): 2600 Jahre sind genug. Chinas langer Weg zur Abschaffung der Agrarsteuer Besondere Förderung der Landwirtschaft wird fortgesetzt. In: AG Friedensforschung an der Uni Kassel. www.uni-kassel.de/fb5/frieden/regionen/China/bergmann.html

Chinese Government's Official Web Portal (2006): Green GDP Accounting Study Report 2004 issued. Beijing. www.gov.cn/english/2006-09/11/content_384596.htm

Fairbank, John K. (1989): Geschichte des modernen China 1800-1985. München: dtv

Fischer, Doris/Lackner, Michael (Hrsg.) (2007): Länderbericht China. Bonn: Bundeszentrale für politische Bildung

Fu Ying (2009): Unity is deep in China's blood. London. The Guardian, 13.7.2009 http://www.guardian.co.uk/commentisfree/2009/jul/13/china-urumqi-uighur-han/print

Gernet, Jacques (1988): Die chinesische Welt. Frankfurt am Main: Suhrkamp

Kamp, Matthias (2009): Die Macht der Blogs. In: Wirtschaftswoche Global: China, 1. 80-84

Kindermann, Gottfried Karl (2001): Der Aufstieg Ostasiens in der Weltpolitik 1840 bis 2000. Stuttgart, München: Deutsche Verlags-Anstalt

Lackner, Michael (2007): Kulturelle Identitätssuche von 1949 bis zur Gegenwart. In: Länderbericht China, Fischer et. al. (Hrsg.) (2007). 491-512

Opitz, Peter J. (1972): Chinas große Wandlung. Revolutionäre Bewegungen im 19. und 20. Jahrhundert. München. C.H. Beck

Opitz, Peter J. (1972): Die kommunistische Bewegung. In: Opitz (Hrsg.) (2007). 220-270

Schmidt-Glintzer, Helwig (2007): Wachstum und Zerfall des kaiserlichen China. In: Länderbericht China, Fischer et. al. (Hrsg.) (2007). 101-128

Shambaugh, David (2008): China's Communist Party. Atrophy and Adaption. Berkeley: University of California Press

Shambaugh, David (ed.) (2000): The Modern Chinese State. Cambridge: Cambridge University Press

Taube, Markus (2007): Chinas wirtschaftliche Entwicklung und struktureller Wande. Seit 1949. In: Länderbericht China, Fischer et. al. (Hrsg.) (2007). 248-1264

Teiwes, Frederick C. (2000): The Chinese State during the Maoist Era. In: The Modern Chinese State, Shambaugh (ed.). 105-160

The Worldbank (2009a): Key Development Data and Statistics: China Data Profile. Washington, D.C., The World Bank. worldbank.org

The Worldbank (2009b): From poor areas to poor people: China's evolving poverty reductions agenda. Washington, March 2009. 1-40

Zhang Chi: The Discovery of Early Pottery in China. Beijing: Department of Archaeology, Peking University. Documenta Praehistorica XXIX (2002). UDK 903.23(510)"631/634". http://arheologija.ff.uni-lj.si/documenta/pdf29/29chi.pdf

Zhao Suisheng (2005): Pragmatismus und Parolen. Gefährdet der Nationalismus Chinas friedlichen Aufschwung? In: Internationale Politik 60. 12 Dez. 2005. 24-30

China's Foreign Policy (1999), http://english.peopledaily.com.cn/china/19990914A128.html

Von der Kastengesellschaft zum Staatsbürgertum: Die Widerstandsfähigkeit der indischen Gesellschaft aus vergleichender Perspektive

Subrata Kumar Mitra

1. Einleitung

Trotz politischer Konflikte in Kaschmir, in Indiens Nordosten und im Hügelland tief im Landesinnern, das von Stammesgruppen bewohnt wird und wo maoistische Rebellen (die in Indien als *Naxaliten* bezeichnet werden) die Revolution ausgerufen haben, bleibt die Widerstandsfähigkeit der indischen Gesellschaft in ihrer Gesamtheit aus vergleichender Perspektive überraschend intakt. Dichte politische und wirtschaftliche Verflechtungen, die unterschiedliche gesellschaftliche Gruppierungen miteinander verbinden, unterscheiden Indien von westlichen Staaten wie den Niederlanden, Belgien oder auch Großbritannien, in denen gesellschaftliche Gruppierungen relativ isoliert voneinander bleiben, oder von postkolonialen Gesellschaften wie Pakistan und Sri Lanka, in denen die Abgrenzung der verschiedenen Bevölkerungsgruppen zu tragischen Konsequenzen für Nation und Staat geführt hat (Varshey 2002).

Warum ist Indien in dieser Hinsicht anders? Im nachstehenden Beitrag wird versucht, diese Schlüsselfrage unter Bezugnahme auf individuelle Rationalität, das Institutionenarrangement und politische Verhandlungsprozesse als erklärende Variablen zu beantworten, die Indiens lebhaften demokratischen politischen Prozess unterfüttern. Staatsbürgertum ist dabei eine allgemeine Größe, unter der diese Variablen subsumiert werden. Mehr als die traditionelle, organisch gewachsene und ursprüngliche Kastensolidarität sind es nämlich politische Aushandlungsprozesse, genährt von Eigeninteresse und geformt von staatsbürgerlichen Regeln, die der indischen Bevölkerung den Anreiz geben, als Teil einer vielfältigen multi-nationalen Gemeinschaft zusammenzustehen.

2. Staatsbürgertum als Mechanismus der sozialen Bindung

Auf den ersten Blick erscheint Indien eher als ein extrem vielfältiges Mosaik winziger Gemeinschaften, denn als eine homogene und kohärente Gesellschaft. Wichtige Feierlichkeiten, die die Rituale des Übergangs markieren, wie Geburt, Heirat, Tod und herausragende Aspekte des Alltags wie Gebet, Ritual und soziale Netzwerke finden weiterhin meist in kleinen Verwandtschaftsgruppen statt – unter Hindus in Kasten, die in Indien als *jatis* bezeichnet werden, und unter Nicht-Hindus in kasten-ähnlichen Strukturen. Trotz dieser scheinbaren Fragmentierung wurde das Schreckgespenst einer auseinanderbrechenden indischen Gesellschaft, das kurz nach der Unabhängigkeit beschworen wurde (Harrison 1960), durch die weiteren Entwicklungen nicht bestätigt. Die gewaltsame Teilung Indiens im Jahre 1947, als Pakistan als Heimatland der Muslime von Britisch-Indien abgetrennt wurde, war bis heute die einzige Erfahrung des gewaltsamen „Abtrennens" sozialer Bindungen, die Indien gemacht hat. Trotz wissenschaftlicher Skepsis gegenüber der Fähigkeit der indischen Gesellschaft zum gemeinschaftlichen Zusammenhalt, die nach einem der zahlreichen gewaltsamen zwischengemeinschaftlichen Konflikte immer wieder geäußert wurde, hielt die indische Gesellschaft weiter zusammen.[1] Wissenschaftliche Argumente bezüglich der vertikalen Trennung von Bevölkerungsgruppen halten genauer empirischer Untersuchung nicht stand. Im Gegenteil, die Erfahrung lehrt, dass gewaltsame Unruhen, die im Namen ganzer Bevölkerungsgruppen stattfinden, und Sezessionsrhetorik oftmals nichts weiter als politisches Theater sind, einzig darauf bedacht, sich ein Stück des wachsenden indischen Kuchens zu sichern (Mitra 1995, 1999b).

In diesem Beitrag wird der Standpunkt vertreten, dass die indische Gesellschaft zusammengehalten hat, weil es dem Institutionenarrangement in Indien gelungen ist, prä-moderne soziale Bindungsmechanismen in das moderne Regelwerk politischen Handelns einzubeziehen. Das Kastensystem und Verwandtschaftsbeziehungen als soziale Kontrollnormen wurden größtenteils durch die verfassungsrechtliche Berücksichtigung des Staatsbürgertums ersetzt, dessen Logik sowohl individuelle Rechte als auch Gruppenidentitäten zu Grunde liegen. Die Kunst der *Wiederverwertung* traditioneller politischer Bindungen für die moderne politische Organisation findet ihren nachhaltigsten Ausdruck in den Normen und Institutionen des Staatsbürgertums im modernen Indien.

Indien wird in diesem Beitrag als Beispiel für eine im Umbruch befindliche Gesellschaft (*changing society*) verstanden wie so viele andere, die aus kolonialer oder kommunistischer Herrschaft hervorgegangen sind. Die Idee des Staatsbür-

---

[1] Paul Brass (2003) ist ein führender Verfechter dieses Arguments.

gertums, die früher als Teil des generellen Problems der Nationenbildung angesehen wurde, hat zunehmend den Charakter eines herausragenden eigenständigen Problems gesellschaftlichen Miteinanders angenommen. Dieser Perspektivwechsel ist in Folge der Globalisierung und der weltweiten Verbreitung grundlegender Normen der Menschenrechte eingetreten. Im zeitgenössischen Kontext, vor dem Hintergrund der Probleme bedrohter Minderheiten, deren Leben, Würde und Wohlergehen gefährdet sind – sei es in Kaschmir oder im Kosovo –, sieht sich die Weltgemeinschaft moralisch dazu verpflichtet, einzugreifen – wenn nicht militärisch, so doch wenigstens unter Berufung auf „universelle" Gesetze und „gute" Regeln, d.h. allgemein akzeptiertes Verhalten. So sind aus dem Blickwinkel des postkolonialen Staates nationale Souveränität und Legitimität von der erfolgreichen „Umwandlung" der Bevölkerung in Staatsbürger abhängig. Diese Transformation ist von der Fähigkeit des postkolonialen Staates abhängig, seine Gesetze, Gerichte und Verwaltung auf ein effektives Identitätsmanagement und die verfassungsrechtliche Einbindung sozialer Kernwerte (siehe unten Abbildung 2) auszurichten. Hinsichtlich der „Umwandlung von Untertanen in Staatsbürger" hält das indische „Experiment" wichtige Lektionen für andere Staaten bereit, die in multi-kulturelle Gesellschaftsstrukturen eingebettet sind.

Das Problem von Staatsbürgertum als Mechanismus sozialer Bindung in postkolonialen Staaten ist auf zwei verschiedene Sachverhalte zurückzuführen: Erstens teilen diese „neuen Staaten" als selbstständige Akteure im Rahmen des Völkerrechts genauso wie stabile post-industrielle Staaten den Imperativ, nationale Sicherheit, Identität und Wohlfahrt zu gewährleisten, obwohl ihre materiellen und politischen Voraussetzungen äußerst unterschiedlich sind. Zweitens müssen sie im Gegensatz zu den stabilen, industriellen Demokratien des Westens die eigene Bevölkerung *und* Immigranten – letztere stellen in der Regel soziale Randgruppen dar – zu Staatsbürgern transformieren, die einen Anspruch auf sämtliche politischen und sozialen Rechte haben. Der Unterschied ist der Tatsache geschuldet, dass im Falle der nicht-westlichen Länder anders als in den westlichen Nationalstaaten die Staatsbildung einer erfolgreichen Nationsbildung vorausging. Wie aktuelle Beispiele (z.B. der Irak) verdeutlichen, haben internationale Organisationen und westliche Militärbündnisse, die im Namen der friedlichen Intervention agierten, zunehmend in die nationale Souveränität dieser Staaten eingegriffen. Im Umbruch begriffene Gesellschaften, deren Souveränität und politische Stabilität generell weniger gefestigt sind als die älterer, (meist) westlicher Staaten, sind besonders gefährdet durch die Bedrohung friedlicher Intervention. Die Transformation von Untertanen in Staatsbürger unter besonderer Berücksichtigung ihrer Sicherheit, ihrer Wohlfahrt und ihrer Identität – endogene Variablen, über die der Nationalstaat seine Kontrolle ausüben kann – ist deswegen von großer Bedeutung für diese Gesellschaften.

Staatsbürgertum, verstanden als Konzept politischer Analyse, hat in den 1990er Jahren eine bemerkenswerte Renaissance erfahren.[2] Dieses wiedererwachte Interesse am Staatsbürgertum ist teilweise dem Ende des Kalten Krieges und dem Wiedererstarken des Nationalismus in den Folgestaaten der ehemaligen Sowjetunion zu verdanken. Separatistische Bewegungen bringen zunehmend Forderungen nach Unabhängigkeit bzw. Selbstbestimmung vor. Ein weiterer Faktor, der zum wiederbelebten Interesse am Staatsbürgertum beigetragen hat, ist der Anstieg transnationaler Migration, der zur Bildung von Minderheitengruppen in den jeweiligen Gastgesellschaften geführt hat. Nationalstaaten müssen nun Wege finden, mit den Forderungen separatistischer Minderheiten und von Immigranten umzugehen – sie müssen entscheiden, welche sie annehmen und welche sie zurückweisen sollen. Sozialwissenschaftler haben zu erörtern versucht, ob Forderungen von Minderheiten im Rahmen des Staatsbürgertum-Paradigmas überhaupt angesprochen werden können, und haben in diesem Zusammenhang die Idee des territorialen Staatsbürgertums in Frage gestellt (Young 1989; Kymlicka 1995; Mahajan 2002). Aber die Idee des Staatsbürgertums wurde auch in anderer Hinsicht herausgefordert. Einige glauben, dass sie „entwertet" wurde, im Niedergang befindlich ist und folgerichtig durch universelle Menschenrechtsnormen und die Idee postnationaler Zugehörigkeit ersetzt wird (Soysal 1994; Jacobsen 1996). Andere bedienen sich einer etwas anderen Argumentation, indem sie behaupten, dass transnationale Realitäten, die sich dadurch auszeichnen, dass Migranten Verbindungen zu mehreren Gesellschaften aufrechterhalten, den Nationalstaat ohnehin transformieren und mit ihm auch die Grundlage nationalen Staatsbürgertums (Glick Schiller/Basch/Szanton Blanc 1997; Ong 1999; Appadurai 2000; Hannerz 1998).

3. Aus Untertanen werden Staatsbürger: Ein neo-institutionelles Modell und ein „Werkzeugkasten" für die Analyse

Genauso wie das legale Recht auf Staatsbürgerschaft vom Staat vergeben wird, so ist Identität und daraus abgeleitet das moralische Recht auf Zugehörigkeit das, was die Menschen als Grund für die Einforderung von Staatsbürgerschaft angeben. Wenn beides zusammenkommt, resultiert daraus ein Gefühl von legitimer

---

2   Nahezu die Hälfte aller Literatur zu dem Thema wurde in der letzten Dekade geschrieben (Isin/Turner 2002); Studien zum Staatsbürgertum stellen nun *de facto* ein Forschungsfeld der Sozialwissenschaften dar.

Staatsbürgerschaft, in der das Individuum einen rechtlichen Anspruch erfährt und moralische Beteiligung empfindet. Ist dem nicht so, so sind die Konsequenzen entweder die Existenz rechtlicher Staatsbürgerschaft, aber ohne jedes Gefühl der Identifikation mit dem eigenen Land, oder eine ursprüngliche Identifikation mit dem eigenen Land ohne rechtliche Billigung. Solche Situationen können zu gewaltsamem Aufruhr, Aufständen zwischen den Gemeinschaften und Bürgerkrieg führen. In einem post-kolonialen Kontext sind Staatsbürger eine Grenzkategorie oder Schnittmenge, die Staat und Gesellschaft miteinander verbinden (siehe Abbildung 1). Geregeltes, legitimes Staatsbürgertum ist nur möglich, wenn die Idee des Staatsbürgertums sowohl vom modernen Staat als auch von der traditionellen Gesellschaft getragen wird. Indien ist eine solche Synthese in der Gestalt eines „geschichteten Staatsbürgertums" (*layered citizenship*) gelungen. Die indische Strategie bestand darin, aus Rebellen Teilhaber zu machen. Die Verfassung – Ursprung des indischen Institutionenarrangements und Staatsbürgertums – diente dabei als Kulisse für eine Reihe von innovativen Institutionen, politischen Prozessen und Inhalten.

Abbildung 1: Postkolonialer Staat, Traditionelle Gesellschaft und Staatsbürgertum: Sich überschneidende rechtliche und moralische Kategorien

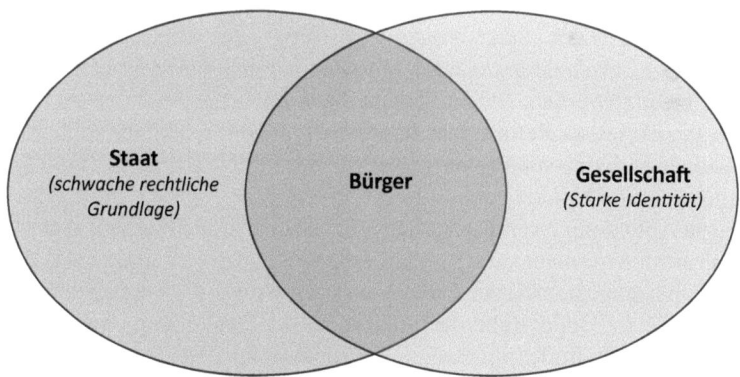

Die Leistung Indiens, Untertanen in Staatsbürger zu verwandeln, ist auch für andere Gesellschaften von Bedeutung, weil sie nicht auf ein einzigartiges Merkmal

der indischen Kultur zurückzuführen ist, sondern auf ein besonderes Institutionenarrangement, das mehrere wichtige Parameter umfasst: zum einen die rechtlichen Quellen des Staatsbürgertums, wie sie in der indischen Verfassung (Art. 5-11) zu finden sind, in den Debatten der verfassungsgebenden Versammlung (die Einblick in die Kontroverse um spezifische Artikel gewähren) und in der Gesetzgebung des nationalen Parlaments, die die ursprünglichen Bestimmungen der Verfassung – je nach Fall – in Kraft setzt oder ändert. Die Verrechtlichung des Staatsbürgertums ist eine weitere Möglichkeit, gesetzliche Vorgaben und neue gesellschaftliche Forderungen in Einklang zu bringen. Identitätsbekundungen und die Verbundenheit mit Indien sind zusätzlich zu Geburt und Wohnort als Grundlage des indischen Staatsbürgertums hinzugekommen. Eigentum und Staatsbürgertum waren zudem ständig miteinander verwoben: Die Frage, wer Eigentum haben darf und wie viel, wurde unterschiedlich beantwortet. Im Falle Kaschmirs lagen aufgrund spezifischer Abkommen, die die Anwendbarkeit indischer Gesetze in Kaschmir in der Regel einschränken, immer gesetzgeberische Besonderheiten vor. Im vergangenen Jahrzehnt tendierte das *case law* zu einer flexibleren und umfassenderen Auslegung der gesetzlichen Bestimmungen des Eigentumsrechtes. Mit Einsetzen der ökonomischen Liberalisierung wurde zudem einer weiteren Liberalisierung des Eigentumsrechtes Vorschub geleistet.

Ausgehend von früheren Überlegungen zur Regierbarkeit in Indien (Mitra 2005) lässt sich festhalten, dass der relative Erfolg Indiens mit Blick auf die Frage des Staatsbürgertums der Tatsache geschuldet ist, dass bestimmte Werkzeuge bzw. Instrumente der „Staatsbürgergenerierung" oder des *citizen-making* von den politischen Entscheidungsträgern in Indien mit ungewöhnlicher Energie und Phantasie benutzt werden. Indien versucht, aus Rebellen Teilhaber zu machen, indem es die Mittel der Reform, der Repression und der selektiven Rekrutierung von Rebellen in die privilegierten Zirkel der neuen politischen Eliten geschickt kombiniert (siehe Abbildung 2).

Das in Abbildung 2 veranschaulichte Erklärungsmodell bezieht sich auf sieben empirische Argumente, die sich auf folgende Parameter stützen: (1) Indiens Institutionenarrangement (insbesondere die Verfassung), (2) Gesetze zum Staatsbürgertum, (3) die Doppelrolle des Staates bei der Herstellung einer egalitären Gesellschaft – als neutrale Implementierungsinstitution und als parteiische Kraft, die verwundbare soziale Gruppen unterstützt, (4) die Integration von Elementen der Verhandlungstheorie in indisches Recht und politisches Handeln, (5) Rechtsprechung bzw. Verrechtlichung des Staatsbürgertums – ein Beweis dafür, dass die Gerichte daran arbeiten, Untertanen zu Staatsbürgern zu machen, (6) Föderalismus, der Selbstherrschaft und gemeinsame Herrschaft (Machtteilung) ausbalanciert und (7) das Parteiensystem und die Koalitionspolitik als Mechanismus der Interessenartikulation und -aggregation auch ohne die Existenz ökonomischer Konfliktlinien nach westlichem Muster.

Abbildung 2: Kultur, Kontext und Strategie des Wandels von Untertanen in Staatsbürger: Ein dynamisches neo-institutionelles Modell

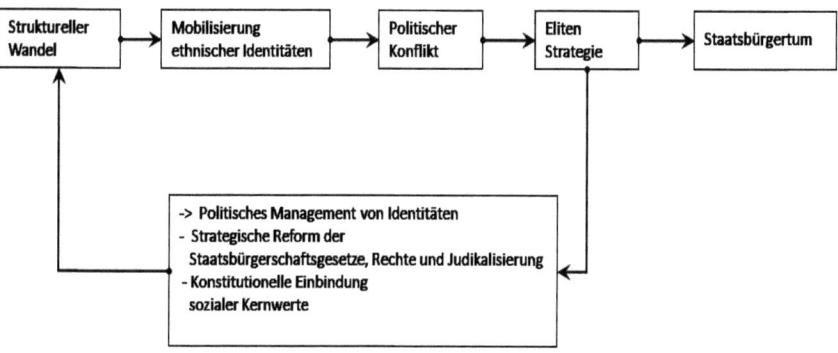

4. Komponenten von Staatsbürgertum als Indiens sozialem Bindungsmechanismus

4.1 Die Verfassung

Die indische Verfassung vermeidet die Terminologie von Nation und Nationalität. Staatsbürgertum ist das konstitutionelle Schlüsselwort, um die Teilung der Welt zwischen „uns und ihnen" auszudrücken und eine Form des Festhaltens an einem politischen Gemeinwesen, das eine Person als vollwertiges Mitglied anerkennt. Die Präambel der Verfassung Indiens verkündet diese Intention klar und deutlich.

> *Wir, die Menschen von Indien, nachdem wir feierlich beschlossen haben,*
> *Indien zu einer souveränen, sozialistischen, säkularen, demokratischen Republik zu machen*
> *Und allen seinen Bürgern:*
> *Gerechtigkeit, sozialer, ökonomischer und politischer Art,*
> *Freiheit der Gedanken, des Ausdrucks, des Glaubens, des Gewissens und des Gebets,*
> *Gleichheit des Status und der Möglichkeiten zu gewähren;*
> *Und sich unter allen einzusetzen für*

Brüderlichkeit, die die Würde des Einzelnen und der Gemeinschaft und die Integrität der Nation sichert

geben uns hiermit, erlassen und setzen

In unserer verfassungsgebenden Versammlung dieses sechsundzwanzigsten Tages des Novembers 1949,

Diese Verfassung in Kraft.[3]

Die Verfassung beinhaltet Bürgerrechte, die darauf abzielen den Einzelnen vor willkürlichem Eingriff von Seiten staatlicher Autoritäten zu schützen. Fast alle diese Rechte beschränken sich jedoch nicht nur auf die Bewohner des indischen Staates. Zum Status eines indischen Staatsbürgers gehören positive Rechte (insbesondere soziale Rechte) und politische Rechte (vor allem das aktive und passive Wahlrecht). Im historischen Vergleich und in der politischen Theorie bilden sie das Ausschlusskriterium, das den vollständigen Staatsbürgerschaftsstatus von anderen Formen der Mitgliedschaft unterscheidet, besonders von dem gewöhnlicher Untertanen.

Der Status eines Staatsbürgers beinhaltet auch soziale Rechte (vgl. die Weisungsrechtsprechung zu den in der Verfassung verankerten Staatszielen, den „*Directive Principles*', und mittlerweile auch die gesamte Rechtsprechung, die sich aus der Rechtsprechung des Obersten Gerichtshofs ergibt; vgl. auch Marshall/Bottomore 1992; Dahrendorf 1994). In diesem Zusammenhang spielt auch (der) Parameter „soziale Klasse" eine wichtige Rolle in der Staatsbürgertumsdebatte. Die Auffassung, dass Staatsbürgertum als ein Status verstanden werden kann, der einem Bürger Rechte auf ein gewisses Bündel von Ansprüchen, Vergünstigungen und Verpflichtungen gewährt, geht zurück auf T.H. Marshall (1950). Marshalls Katalog bürgerlicher, politischer und sozialer Rechte beruht auf der kumulativen Logik der Kämpfe um den Ausbau der Demokratie im 19. und frühen 20. Jahrhundert. Bürgerrechte entstehen mit der Geburt des absolutistischen Staates und in ihrer frühesten und grundlegendsten Form umfassen sie den Schutz des Lebens, der Freiheit und des Eigentums, das Recht auf Gewissensfreiheit sowie bestimmte Versammlungsrechte, den Anspruch auf Rechtssicherheit im Vertragsfall und das Recht der Eheschließung. Politische Rechte im engeren Sinne beziehen sich auf das Recht der Selbstbestimmung, der Besetzung von und Wahl in Ämter(n), Meinungs- und Redefreiheit und der Gründung politischer sowie unpolitischer Vereinigungen, was auch eine freie Presse und freie Wissenschafts- und Kultureinrichtungen miteinschließt. Soziale Rechte werden von Marshall als letzte genannt, weil sie historisch gesehen erst durch den Kampf von Arbeiter-, Frauen-

---

3 Verfassung von Indien. Präambel. Verfügbar unter www.lawmin.nic.in/legislative/Art1-242%20 (1-88).doc, eigene Übersetzung.

und weiteren sozialen Bewegungen der vergangenen zwei Jahrhunderte errungen wurden. Soziale Rechte schließen das Recht ein, Gewerkschaften sowie andere Berufs- und Handelsverbände zu gründen, des Weiteren das Recht auf Gesundheitsversorgung, Arbeitslosengeld, Renten, Kinderbetreuung, Unterkunft und Bildung. Diese sozialen Rechte variieren von Land zu Land und sind von der Klassenstruktur abhängig, die in der jeweiligen wohlfahrtsstaatlichen Demokratie vorherrscht (Benhabib 2002).

Politische Rechte genießen in der indischen Verfassungswirklichkeit einen hohen Stellenwert, wovon der lebhafte Parteienwettbewerb, die lebendige Presselandschaft und Zivilgesellschaft sowie die zahlreichen Regierungswechsel zeugen; sie werden auch als solche wahr- und angenommen, wie sich an der für ein postkoloniales Entwicklungsland durchweg beachtlichen Wahlbeteiligung in den unzähligen Wahlen auf nationaler, regionaler und lokaler Ebene seit der Unabhängigkeit und dem Aufstieg neuer Parteien mit unterschiedlicher sozialer Basis ablesen lässt. Was die Verwirklichung sozialer Rechte anbetrifft, so hat der indische Staat zwar institutionelle Anstrengungen unternommen, durch Vereinigungsrechte, Sozialprogramme und Maßnahmen der positiven Diskriminierung (z. B. Reservierungsquoten für sozial Benachteiligte) seiner sozialen Verpflichtung in Ansätzen nachzukommen und die schlimmsten Auswüchse sozialer Ungleichheit (z. B. des Kastenwesens) durch gesetzliche Bestimmungen und politische Initiative zu bekämpfen; insgesamt mangelt es aber nach wie vor an einer umfassenden Implementierung sozialer Rechte, die dem Status eines Staatsbürgers in dieser Hinsicht gerecht werden würde. Gerade im Bereich der Einführung sozialer Sicherungssysteme und der Befriedigung von Grundbedürfnissen hinkt Indien den Wohlfahrtsstaaten des Westens hinterher; erst in jüngster Zeit wurden Versuche unternommen, die staatliche Verpflichtung zur Durchsetzung des staatsbürgerlichen Anspruchs auf soziale Rechte in Gesetzesform zu gießen. Unter anderem wurde im Dezember 2007 mit der *Unorganised Sector Workers' Social Security Bill* nach langen Diskussionen ein Vorhaben zur Verbesserung der Arbeits- und Lebensbedingungen der im informellen Sektor (Schattenwirtschaft) Beschäftigten in das Gesetzgebungsverfahren eingebracht, das drei Programme unter dem Dach eines Nationalen Sozialversicherungsfonds regelt: die Einrichtung einer Krankenversicherung, einer Lebens- und Arbeitsunfähigkeitsversicherung, sowie einer Rentenversicherung.[4]

---

4 Der informelle Sektor umfasst in Indien mehr als 90 Prozent aller Beschäftigten.

4.2 Rechtliche Quellen des Staatsbürgertums und die Debatten der verfassungsgebenden Versammlung

Staatsbürgertum mag seinen Ursprung in politischen Auseinandersetzungen und der politischen Philosophie gehabt haben, aber so wie die Verfassung damit umgeht, ist es im Wesentlichen ein rechtliches Konzept. Die indische Verfassung beschäftigt sich damit in Teil II (Artikel 5-11). Beim Entwerfen der relevanten Passagen versuchte die Verfassungsgebende Versammlung herauszufinden, wer im Jahre 1950 überhaupt das Recht auf die indische Nationalität und Staatsbürgerschaft hatte. Der Mangel an einem ethnischen Alleinstellungsmerkmal als notwendiger Voraussetzung für Staatsbürgerschaft wurde im Rahmen einer wichtigen Debatte in den Beratungen der Verfassungsgebenden Versammlung (*Constituent Assembly Debates*, CAD) erörtert. Es stellte sich heraus, dass die Frage nach der Kodifizierung des Staatsbürgertums eines der umstrittensten Themen war, das nahezu zwei Jahre lang diskutiert wurde und die ursprünglichen Bestimmungen mehr als 120 Änderungen während der Sitzungen der Verfassungsgebenden Versammlung erfuhren. Dieser Trend setzte sich in weiteren politischen Initiativen zum Staatsbürgertum und Debatten zu seinem Anwendungsbereich und seiner Auslegung fort.

Die Versuche, in den CADs eine Einigung zu finden, beschränkten sich darauf, sicherzustellen, dass die relevanten Artikel die Situation aufgriffen, wie sie zu jener Zeit vorherrschte. Alle anderen Regelungen wurden der Entscheidungskompetenz des Parlaments überlassen. Die relevanten Artikel zeugen von dem schwierigen Unterfangen, zu bestimmen, wer denn nun Inder sein könne. Die Staatsbürgerschaft wurde als Privileg verstanden und man unternahm reinen Gewissens den Versuch, auch jene als indische Staatsbürger zu bezeichnen, die die neu geschaffenen territorialen Grenzen Indiens ablehnten. Somit war die Auseinandersetzung mit der Idee des Staatsbürgertums in der Verfassungsgebenden Versammlung – trotz Kenntnis der Spielregeln der internationalen Gemeinschaft – in erster Linie ein Ergebnis der Teilung Britisch-Indiens und ihrer Auswirkungen auf die Frage nach einer spezifisch indischen Identität. Man versuchte vor allem zu ergründen, wie man das kulturelle Konzept der Nationalität vom politischen Recht des Staatsbürgers entkoppeln könnte.

Gleich zu Beginn gibt Artikel 5 deutlich die immer wieder vorgebrachte Meinung Dr. Ambedkars und anderer Mitglieder wieder, indem auf den Zweck der relevanten Artikel und den Wunsch verwiesen wird, sie auf die Frage nach Staatsbürgerschaft auf Grundlage der Geburt auf indischem Territorium und auf Grundlage des Wohnsitzes auf indischem Territorium zum Zeitpunkt des Inkrafttretens der Verfassung zu reduzieren. Diese Logik findet sich in Artikel 6 wieder, dem zweiten Artikel, der sich mit dem Staatsbürgertum beschäftigt und sich mit der Frage des Status der Migranten auseinandersetzt, die aus dem Gebiet des ungeteilten Indien, dem heutigen Pakistan, eingewandert sind. Das Problem des Wiederzuzugs wurde in Artikel 7 angegangen, der zwar erklärt, dass niemand, der nach Pakistan ausgewandert ist, ein Staatsbürger Indiens ist, aber dennoch vorsieht, jene einzubeziehen, die aus diesen Gebieten wieder nach Indien eingewandert waren. Die Betroffenen mussten eine von den zuständigen Behörden ausgestellte Genehmigung zur Wiederansiedlung oder dauerhaften Rückkehr vorweisen.

Interessanterweise werden die Anfänge des PIO-Gedankens (PIO = *Person of Indian Origin*) bereits in Artikel 8 sichtbar, der sich denjenigen widmet, die zur Zeit der Unabhängigkeit außerhalb Indiens wohnhaft waren. Er räumt ihnen das Recht ein, sich aufgrund ihrer (indischen) Herkunft für die Staatsbürgerschaft zu bewerben – vorausgesetzt, dass die betroffene Person in einem indischen Konsulat im Aufenthaltsland registriert ist. Die Notwendigkeit der Unterscheidung von Staatsbürgern der jeweils aus der Teilung Britisch Indiens neu entstandenen Territorien (Indien und Pakistan) ist in Artikel 9 niedergelegt, der erklärt, dass diejenigen, welche die Staatsbürgerschaft eines anderen Staates freiwillig angenommen haben, den Anspruch auf die indische Staatsbürgerschaft verlieren. Artikel 10 verdeutlicht wiederum die Bemühung, jeden einzubeziehen, dem die verfassungsgebende Versammlung nicht explizit untersagt hat, Staatsbürger Indiens zu sein oder zu bleiben. Fragen, die in den letzten Jahren bezüglich staatenloser Bürger in Indien aufkamen, müssten sich soweit wie möglich auf diesen Artikel beziehen, da sich Flüchtlinge ohne Identitätsnachweis, die zudem von benachbarten Staaten ausdrücklich nicht anerkannt werden, allzu oft in einer wenig beneidenswerten Position der Staatenlosigkeit wiederfinden.

Religion als Kriterium für die Staatsbürgerschaft wurde von der Verfassungsgebenden Versammlung ausdrücklich abgelehnt, obwohl es Mitglieder wie P. S. Deshmuk gab, die sich wünschten, Regelungen einzuführen, die die Rechte der Hindus und Sikhs stärken würden. Die Betonung lag mehr auf territorialer Loyalität als auf Religionszugehörigkeit. Dies schloss den wichtigen finanziellen Aspekt des Eigentums der nach Pakistan Ausgewanderten mit ein – vor dem Hintergrund der Tatsache, dass Rückkehrern die indische Staatsbürgerschaft gewährt wurde. All jene Fragen, die von der Verfassungsgebenden Versammlung unbeantwortet gelassen worden waren, sollten von Indiens Parlament und den Gerichten entschieden werden, die auf die aus der Frage der Staatsbürgerschaft erwachsenen Herausforderungen in ähnlicher Weise reagierten, wobei die Gerichte mitunter eine größere Flexibilität in der Handhabe dieser Herausforderungen zeigten.

4.3 Der neutrale und der „parteiische" Staat

Der indische Staat, der gleichzeitig neutral und parteiisch ist, stärkt die Fähigkeit der schwächeren Mitglieder der politischen Gemeinschaft, sich auf ihrem Weg zu mehr Würde, Gleichheit und Bürgerrechten zurechtzufinden. Dies hat Indien sehr geholfen, einen im Großen und Ganzen friedlichen und geordneten politischen Wandel zu vollziehen. Rudolph und Rudolph beschreiben diese Eigenschaft vor dem Hintergrund der multiplen Rollen des postkolonialen Staates in Indien. In ihrer Charakterisierung des Staates in Indien zeigen sie, wie es ihm gelungen ist, scheinbar gegensätzliche Werte zu verkörpern und somit einen öffentlichen Raum zu schaffen, in dem die verschiedenen sozialen Gruppen regelmäßig die Prioritäten der Tagespolitik (neu) aushandeln können:

> „Wie hinduistische Vorstellungen vom Göttlichen ist der Staat in Indien vielgestaltig, eine Kreatur mit mannigfaltigen Formen und Orientierungen. Da gibt es den Staat als ‚dritten Akteur', dessen Größe und Macht zur Bedeutungslosigkeit von Klassengegensätzen beiträgt, da gibt es den liberalen oder Bürgerstaat, eine rechtliche Einheit, deren gesetzgeberische Reichweite durch eine geschriebene Verfassung, gerichtliche Aufsicht und die Grundrechte eingeschränkt wird. Des Weiteren den kapitalistischen Staat, der die Grenzen einer ‚Mischwirtschaft' durch Besitzrechte und -interessen wahrt und schließlich den sozialistischen Staat, der öffentliche Macht dazu benutzt, Armut und Privilegien zu beseitigen und private Interessen zu zähmen. Welcher Staat oder welche Kombination von ‚Staaten' in einer bestimmten historischen Situation gerade vorherrscht, bedarf der Klärung." (Rudolph/Rudolph 1987, eigene Übersetzung)

Die vielen Rollen des postkolonialen Staates, wie sie von Rudolph und Rudolph konzeptualisiert worden sind, werden durch das dynamische neo-institutionelle Modell der Interaktion von Wirtschaft, Gesellschaft und Staat (siehe oben Abbildung 2) bestätigt, bei dem die neuen sozialen Eliten, selbst das Ergebnis eines Prozesses fairer und effizienter politischer Rekrutierung durch demokratische Wahlen, eine zweigleisige Strategie fahren und die Aufrechterhaltung von Recht und Ordnung, soziale und wirtschaftliche Reformprozesse sowie die Berücksichtigung gesellschaftlicher Identitäten als Basis von Aushandlungsprozessen innerhalb von und zwischen verschiedenen Bevölkerungsgruppen miteinander kombinieren. Die wichtigste Aufgabe dieses Modells ist die Bereitstellung einer Agenda für die empirische Forschung zum Prozess der Politikgestaltung, indem das Hauptaugenmerk auf die Elite der wichtigsten Entscheidungsträger gerichtet wird (Mitra 1999b, Mitra 2005).

Die indische Verfassung akzeptierte dank der Gegenwart einer großen Zahl von Rechtsanwälten, Politikern und anderen Freiberuflern in der Verfassungsgebenden Versammlung, die vom Fabianischen Sozialismus, der Idee der Rechtsstaatlichkeit und den Werten der Konsensfindung und Verständigung, wie sie die

Unabhängigkeitsbewegung prägten, inspiriert waren, sozialen Wandel im weitesten Sinne als das normative Ziel des modernen Staates und die auf einem methodologischen Individualismus beruhende parlamentarische Demokratie als die bevorzugte Methode, sozialen Wandel herbeizuführen. Hier zeigt sich ein Paradoxon: Wie kann ein Staat, der auf einem Bekenntnis zur Modernisierung und Demokratie basiert, ein Programm für den sozialen Wandel hervorbringen, das von einer Gesellschaft angenommen werden soll, die, zumindest zur Zeit der Verkündung der Verfassung, der indischen Tradition immer noch zutiefst verpflichtet ist? Es überrascht somit nicht, dass dieses paradoxe Nebeneinander von modernem Staat und traditioneller Gesellschaft ursächlich für die nachfolgenden Probleme der Regierbarkeit und des Staatsbürgertums war.

4.4 Stärkung der Verhandlungsmacht der schwächeren Teile der Gesellschaft

Indiens Unabhängigkeit war nicht das Ergebnis eines Revolutionskrieges, sondern langwieriger Verhandlungen zwischen den Kolonialherrschern und den Hauptakteuren der Unabhängigkeitsbewegung. Der Verhandlungsprozess war komplex, weil die Diskussionen zwischen Kolonisten und Kolonisierten von Konflikten unter den Kolonisierten durchzogen waren. Dies hatte folgenschwere Konsequenzen. Das politische Regime nach der Unabhängigkeit gründete auf der Machtteilung unter Widersachern, die im Verlauf der politischen Aushandlungsprozesse lernten, demokratische Institutionen zu nutzen, um den Machtkampf einzudämmen. Somit wurden Verhandlungen zu einem essentiellen Teil indischer Politik und auch ein integraler Bestandteil des täglichen Lebens.[5] Die ständige Gegenwart von Konflikten auf der lokalen Ebene ist demnach auch ein Ausdruck für die wachsende Neigung von Menschen, in allen Bereichen des Lebens ihr Recht auf Würde, Grundbedürfnisbefriedigung und Sicherheit zu behaupten.[6]

---

5 „Verhandlung ist ein grundlegendes Mittel ‚um das zu bekommen was man von anderen will. Es ist wechselseitiges Kommunizieren, das darauf ausgerichtet ist eine Übereinkunft zu erzielen, wenn die andere Seite und man selbst gemeinsame und gegensätzliche Interessen hat […]. Menschen verhandeln selbst wenn sie gar nicht denken, dass sie dies tun. Eine Person verhandelt mit dem Ehepartner, wohin sie zum Abendessen gehen, und mit dem Kind über die Zeit, zu der das Licht ausgemacht werden muss." (Fisher/Ury/Patton 1991: XIII; eigene Übersetzung)

6 Die Anmerkungen von Fisher, Ury und Patton sind alle hervorragend zur Beschreibung des indischen Alltags geeignet. „Jedermann möchte an Entscheidungen teilhaben, die ihn betreffen; immer weniger Menschen werden Entscheidungen akzeptieren, die ihnen von jemand anderem diktiert worden sind. Menschen sind verschieden und sie benutzen Verhandlungen, um mit ihren Unterschieden umzugehen. Ob im Geschäftsleben, in der Regierung oder in der Familie – Menschen kommen zu den meisten Entscheidungen über Verhandlungen. Sogar wenn sie vor Gericht müssen, handeln sie fast immer eine Einigung vor der Gerichtsverhandlung aus." (ebenda; eigene Übersetzung)

Die politische Kultur des Verhandelns, die sich im Zuge des Parteienwettbewerbs nach der Unabhängigkeit entwickelt hat und den Prozess der Staatsbürgerentstehung in Indien untermauert, kann am besten als Typus der „prinzipientreuen Verhandlung" beschrieben werden.[7] Die wichtigsten Prinzipien des Verhandelns sind dabei die Fähigkeit der Verhandelnden, Profil und Persönlichkeit der Akteure von den Interessen, die verhandelt werden, zu trennen und das Wissen – insbesondere bei schwächeren Verhandlungspartnern –, dass es eine akzeptable Alternative zu der Übereinkunft gibt, die ausgehandelt wurde oder im Verlauf der Verhandlungen ausgehandelt werden könnte. Dieses Wissen erlaubt es, weniger stur aber dafür selbstsicherer im jeweiligen Verhandlungsstil zu sein. Gesetze wie der *Untouchability Offences Act* von 1955, der sogar den Gebrauch des Wortes „Unberührbarer" als Anrede kriminalisierte, oder die Bestimmungen, die eine Minimum-Präsenz der früheren Unberührbaren in Parlamenten proportional zu ihrem Anteil an der Bevölkerung garantieren, haben das BATNA – das Akronym steht für „beste Alternative zu einer verhandelten Übereinkunft" – bisher marginalisierter Gruppen erhöht. Die ausgeklügelten politischen Aushandlungsprozesse, die sich in den erfolgreichen Wahlkampagnen der von Kanshi Ram gegründeten Bahujan Samaj Party (BSP) wiederspiegeln, die von ihm und Mayawati, der gegenwärtigen Ministerpräsidentin von Uttar Pradesh, geführt wird, können in diesem Zusammenhang als Ergebnis der ständig wachsenden politischen Bedeutung und der politischen Schlagkraft der früheren Unberührbaren betrachtet werden.

Auch wenn die beschriebene politische Kultur des Verhandelns im Sinne des Aushandelns (partei)politischer Tauschgeschäfte nicht institutionell abgesichert ist, sich weitgehend informell aus den Zwängen der Mehrheitsdemokratie bzw. dem Prinzip der numerischen Stärke und der notwendigen Koalitionsbildung in einer multikulturellen Gesellschaft ergibt, wird sie doch von den meisten Bevölkerungsgruppen und sozialen Einheiten geteilt. Dies zeigte sich unter anderem in der meist friedlichen Beilegung von sozialen und regionalen Konflikten und der Integration von sub-nationalen Bewegungen. Natürlich gibt es in diesem Zusammenhang auch Ausnahmen, wie der Dauerkonflikt in Kaschmir, die ethnischen Konflikte im indischen Nordosten oder der Konflikt zwischen dem indischen Staat und der Landlosenbewegung der maoistischen Naxaliten bezeugen.

---

7   Fisher, Ury und Patton beschreiben die Charakteristika der prinzipientreuen Verhandlung wie folgt: [1] „weise" und dauerhaft; [2] basierend auf Interessen, nicht auf Positionen; [3] objektiv (inter-subjektiv), nicht subjektiv; [4] Trenne Menschen von Interessen; [5] Gehe über die Wahrnehmungen hinaus, indem du dich in andere Leute hineinversetzt; und [6] Prinzipientreue Verhandlungspartner kennen ihr BATNA (Best Alternative to a Negotiated Agreement).

Die langwierigen Verhandlungen auf hohem Niveau, die in der Verfassungsgebenden Versammlung stattgefunden haben, geben einen Einblick in die Funktionsweise der indischen Politik in der wichtigen Phase des Machttransfers von der Kolonialregierung in indische Hände. Die Frage, die von jenen, die nicht mit Indien vertraut sind, in diesem Kontext gestellt werden kann, zielt nicht so sehr auf die erforderliche intellektuelle Fähigkeit ab, sondern vielmehr auf die Fähigkeit, über alle Unterschiede in Sprache, regionaler (auch städtischer vs. ländlicher) Herkunft und religiöser Zugehörigkeit hinweg kommunizieren zu können. Spielt Kultur (gemeinsame Normen) eine Rolle in Verhandlungen (der Suche nach beiderseitig akzeptablen Lösungen in einem Interessenkonflikt)? Macht die Frage nach kultureller Identität Sinn im Angesicht der Kommunikationsrevolution, der Globalisierung und der Suche nach einer globalen Gesellschaft?

Diejenigen, die mit den Verhandlungen, die die indische Politik bestimmen, vertraut sind, können auch erklären, wie im Laufe der Entwicklung der indischen Politik Verhandlungen – nicht nur innerhalb ethnischer Gruppen, sondern auch zwischen ihnen – mittlerweile zu einem wesentlichen Bestandteil indischer Politik geworden sind. Weitere Verweise auf die wissenschaftliche Literatur zu Verhandlungen helfen uns, die ständigen und kontinuierlichen Verhandlungsprozesse zu verstehen, die hinter der Kulisse formeller, nach außen gerichteter Handlungsmacht ablaufen. Die Literatur zeigt uns konkrete Beispiele auf, wie Verhandlungen im Sinne von zeitlichen Abfolgen funktionieren (vgl. Zartman/Berman 1982).

4.5 Justizialisierung des Staatsbürgertums

Als Ergebnis des Sichbewusstwerdens der Interessen, über die verhandelt wird, hat der politische Prozess, der aus schwachen Akteuren mit Hilfe der entsprechenden Gesetzgebung Vetoakteure mit Verhandlungsmacht macht, das (politische) Wissen und das Selbstbewusstsein der ehemals Unberührbaren gestärkt. Die Gerichtsverhandlung zum Fall *Izhar Ahamd Khan vs. Indische Union (UOI)* beschäftigte sich detailliert mit folgenden Fragen: dem Recht auf Staatsbürgerschaft und dem mit der Staatsbürgerschaft verbundenen Recht; den Problemen, die sich aus der Teilung Britisch-Indiens für die Frage der Staatsbürgerschaft ergeben; dem Wert eines Passes zur Bestimmung der Staatsbürgerschaft und der Frage von dauerhaftem Aufenthaltsort vs. Staatsbürgerschaft. Das Problem war in diesem Fall die verfassungsrechtliche Gültigkeit von Paragraph 9 (2) des Staatsbürgerschaftsgesetzes von 1955, das sich mit der Frage der Aberkennung der Staatsbürgerschaft auseinandersetzte. Dieser Fall verdeutlichte die vorherrschende politische Praxis, die mehrfache oder auch nur doppelte Staatsbürgerschaft zu verhindern suchte und darauf bestand, dass jeder indische Bürger, der – wie auch immer – die Staatsbürgerschaft eines anderen Landes annimmt, automatisch die indische verliert. Die im Jahre 2003 erfolgte Änderung des Staatsbürgerschaftsgesetzes macht nun die zahlreichen Gerichtsentscheidungen, die auf diesem Fall basieren, obsolet und lässt sie zugleich zu einer wichtigen Grundlage richterlicher Entscheidungen werden.

Der Oberste Gerichtshof hat die relevanten Artikel der Verfassung und das Staatsbürgerschaftsgesetz sowohl strenger als auch großzügiger ausgelegt und somit keine eindeutige Bestimmung der rechtlichen Haltung gegenüber der Frage der Staatsbürgerschaft erkennen lassen. Er spiegelte dabei die politische Praxis und die Gefühlslage der Zeit wider. Die Aufgabe, die Konturen einer nationalen Identität abzustecken, war nur unzureichend von der Legislative angegangen worden, wurde durch die späteren Auslegungen der relevanten Abschnitte der Verfassung und des Staatsbürgerschaftsgesetzes durch die Gerichte aber konkretisiert. Die Frage nach dem dauerhaften Aufenthaltsort und nach territorialen Bindungen wurde in diesem Zusammenhang immer wichtiger. Internationale Abkommen zur Frage des dauerhaften Aufenthaltsortes sowie Ideen zur Staatsbürgerschaft als politischem Privileg wurden nur insofern akzeptiert, als sie Vorstellungen widerspiegelten, die nach Meinung der Richter im Einklang mit Indiens neuem historischem Hintergrund waren. *Chakma*-Flüchtlingen aus Bangladesch, von denen behauptet wurde, sie würden in den Gebieten, in denen sie siedelten, für Unruhe sorgen, wurden Aufenthaltsrechte und die Anerkennung der Staatsbürgerschaft nach dem Aufenthaltsortprinzip verwehrt. Natürlich war schon die Diskussion darüber an sich, was als dauerhafter Aufenthaltsort gelten sollte, schwierig zu beantworten. Diese Diskussion hatte ihren Ursprung in den Debatten des Komitees zum Verfassungsentwurf, in denen Alladi Krishnaswamis Anmerkungen darüber, wer ein Staatsbürger sein sollte, und über entsprechende Vorkehrungen, die in der Verfassung niedergeschrieben werden sollten, in knappen Worten die Denkweise von Politikern und später dann auch der Justiz veranschaulicht wurden. Auch wenn die Erfordernisse der politischen Lage Indiens einige Einschränkungen der herkömmlichen Vorstellungen zum Staatsbürgertum notwendig erscheinen lassen, darf man deshalb aber nicht ins andere Extrem verfallen. Es ist das Verdienst der derzeitigen Bestimmungen zur Staatsbürgerschaft, dass – bei Beibehaltung des Geburtsnachweises – die persönliche Bindung an Indien, wie es die Verfassung bestimmt, als notwendige Bedingung für die Anerkennung der Staatsbürgerschaft betont wird.

4.6 Föderalismus: Selbstverwaltung und gemeinsame Herrschaft als Methode der sozialen Integration

Indien hat klassische Normen des Föderalismus durch eine Reihe besonderer Eigenheiten an den indischen Kontext angepasst, die die Identität und die spezifischen Interessen bestimmter Bevölkerungsgruppen anerkennen, während sie gleichzeitig für ein ausreichendes Maß an zentralstaatlicher Koordination und Hilfeleistung im Interesse nationaler Integration und Sicherheit Sorge tragen. Die Architekten der indischen Verfassung waren vom Föderalismus als zweckmäßigem Instrument zur Schaffung einer indischen Nation und eines starken, geeinten Staates überzeugt. Die führenden Politiker ihrer Zeit sahen sich unmittelbar nach der Unabhängigkeit mit internen und externen Bedrohungen der Sicherheit Indiens konfrontiert und stellten sich gleichzeitig der Herausforderung, wirtschaftliche Entwicklung zu forcieren, indem sie das Prinzip der zentralisierten Wirtschaftsplanung einführten. Somit schien die Institutionalisierung des Föderalismus im politischen System Indiens sowohl aus konstitutionellen wie aus politischen Gründen gleich zu Beginn der post-kolonialen Entwicklungsgeschichte ernsthaft gefährdet gewesen zu sein. Tatsächlich war die Angst vor spaltenden Tendenzen und einer „Balkanisierung" Indiens unter den Indienkennern und politischen Beobachtern so groß, dass die Experten eine ziemlich düstere Prognose für die Zukunft der indischen Demokratie und des indischen Föderalismus abgaben. Trotzdem gelang es, den politischen Prozess an das föderale Institutionenarrangement anzupassen und es – wenn notwendig – in vielen, wenn auch nicht allen Fällen, zu modifizieren, um regionale Interessen zu schützen.

Die erste Phase des indischen Föderalismus dauerte von der Unabhängigkeit bis zur Mitte der 1960er Jahre. Nehru nahm die Demokratie ernst genug, um der enorm angewachsenen indischen Wählerschaft in den ersten Nationalwahlen im Jahre 1952 gegenüberzutreten. Das Wahlvolk umfasste nicht wenige Hindu-Nationalisten, aus deren Mitte der Mörder Mahatma Gandhis entstammte, und zahlreiche Kommunisten, die kurz zuvor einen bewaffneten Aufstand in der Region Telengana in Südindien angezettelt hatten. Nehru nahm auch die Ministerpräsidenten der indischen Bundesstaaten so ernst, dass er in der Absicht, einen nationalen Konsens herbeizuführen, jedem von ihnen monatlich schrieb, um sie auf dem Laufenden zu halten und um ihre Meinung zu fragen.[8] Der indische Nationalkongress, der die Idee des Föderalismus bereits verwirklicht hatte, indem er eine Komiteestruktur in den einzelnen indischen Provinzen entlang regionaler Sprachengrenzen aufgebaut hatte, institutionalisierte die für ein föderales Sys-

---

8 Diese Briefe, die eine wahre Fundgrube der Politik der frühen Dekaden nach der Unabhängigkeit darstellen, sind nun in vier Bänden erhältlich (Nehru 1985).

tem notwendigen Prinzipien der Konsultation, gegenseitigen Berücksichtigung und der Konsensfindung durch ein vorsichtiges Ausbalancieren der verschiedenen Parteigruppierungen innerhalb des sogenannten Kongresssystems (Kothari 1970). Er integrierte zudem lokale und regionale Führer in die nationalen Machtstrukturen (Lijphart 1996) und entsandte aus der Parteizentrale in Delhi „Beobachter", um zwischen rivalisierenden Parteigruppierungen in den Provinzen zu vermitteln, und sicherte so gleichzeitig die Legitimität der provinziellen Machtstrukturen bei der Organisation der eigenen politischen Angelegenheiten sowie die Rolle Parteizentrale bei der Vermittlung von innerparteilichen Konflikten auf lokaler und regionaler Ebene.

Die zweite Phase des indischen Föderalismus begann mit den vierten Nationalwahlen 1967, die auf drastische Weise die bisher überwältigende parlamentarische Stärke der Kongresspartei auf eine einfache Mehrheit reduzierten und dazu führten, dass die Kongresspartei in der Hälfte der indischen Bundesstaaten von Oppositionsparteien oder alternativen Regierungskoalitionen abgelöst wurde, was eine radikale Änderung in den Beziehungen zwischen Zentrum und Bundesstaaten zur Folge hatte. Von da an konnte kein gebieterischer Kongress-Premierminister mehr „wohlwollend" einem loyalen Ministerpräsidenten die Regierungsgeschäfte „diktieren". Aber auch als der Ton zwischen Zentralstaat und Bundesstaaten schärfer wurde – die grundlegenden Prinzipien der Konsultation und gegenseitigen Berücksichtigung wurden auch in der wichtigen Phase des Übergangs von 1967 bis 1969 aufrechterhalten. Die weiterhin vom Kongress dominierte nationale Ebene begann sich im politischen Miteinander auf regionaler Ebene mit den Oppositionsparteien zu arrangieren. Dieses fragile Gleichgewicht ging jedoch verloren, als sich die Kongresspartei 1969 spaltete und Indira Gandhi, deren Partei auf eine Minderheit im Parlament reduziert worden war, begann, eine Strategie der radikalen Rhetorik und der autoritären Führung zu verfolgen. In der Folge begann sich das gegenseitige Geben und Nehmen zwischen nationaler und regionaler Ebene, das durch die interne Föderalisierung der Kongresspartei möglich gewesen war, aufzulösen. Nach dem autoritären Zwischenspiel der Jahre 1975 bis 1977 (das sowohl gesetzlich als auch faktisch Indiens föderales System in einen unitarischen Staat transformierte) fiel das System in das frühere Stadium der schwach ausgeprägten Kooperation zwischen Zentrum und Bundesstaaten zurück.

Die dritte Phase des Föderalismus in der indischen Politik begann Ende der 1980er Jahre. Regionale Parteien wie die Dravida Munnetra Kazhagam (DMK) in Tamil Nadu und die Rashtriya Janata Dal (RJD) in Bihar haben in den vergangenen eineinhalb Jahrzehnten der Koalitions- und Minderheitenregierungen ihre Interessen lautstark vorgebracht. Selbst die hindunationalistische Bharatiya Janata Party (BJP), die bis 2004 die Regierungskoalition der dreizehnten Parlamentsperiode anführte, musste sich – zumindest symbolisch – an die Einhaltung der von ihren Vorgängerregierungen aufgestellten Normen in den Beziehungen zwischen Zentralstaat und Bundesstaaten halten. Dies trat am deutlichsten in der Tatsache zu Tage, dass die BJP schließlich die Drei-Sprachen-Regelung akzeptierte, obwohl sie in den langen Jahren der Opposition für Hindi als Indiens Nationalsprache eingetreten war.

Die wichtigste Phase des indischen Finanzföderalismus begann mit dem „Big Bang" der Liberalisierung der indischen Wirtschaft. Er durchlebte einen radikalen Wandel von der früheren Praxis der Verbrüderung der Bundesstaaten gegenüber dem Zentrum hin zu einem für alle Akteure des föderalen Prozesses (Zentralstaat, Bundesstaaten und Mega-Städte) offenen Wettbewerb mit dem Ziel, attraktive Bedingungen für Investitionen aus dem In- und Ausland zu schaffen. Dies führte zum Niedergang des vom Zentralstaat dominierten Entwicklungsmodells, das nach der Unabhängigkeit eingeführt worden war. Indem der staatliche Einfluss auf den Entwicklungsprozess und damit auch zahlreiche Funktionsbereiche der Zentralregierung zurückgefahren wurden, machte die Liberalisierung der Möglichkeit des Rückgriffs auf zentralstaatliche Hilfe, von dem die Regionalregierungen bisher abhängig waren, ein partielles Ende. Somit forderte der Prozess der Liberalisierung den Widerstand verschiedener Landesregierungen heraus, auch wenn diese neu erwachsene Opposition letztendlich an einer effektiven Umsetzung scheiterte. Rob Jenkins argumentiert sogar, dass ein Teil des Impulses für eine weitergehende Liberalisierung von den indischen Bundesstaaten ausgeht (Jenkins 1999).

Die Politik der Liberalisierung, die 1991 in Angriff genommen wurde und das drakonische Regime der früheren Kommandowirtschaft langsam zu ersetzen begann, erforderte auch ein neues System, das in der Lage war, die notwendige Koordination in einem sich schnell wandelnden finanziellen Umfeld zu gewährleisten. Der Wegfall von Substitutionen und Zuwendungen rief eine Antireform-Koalition linker Parteien hervor, die sich des Mangels an öffentlicher Unterstützung für wirtschaftliche Reformen wohl bewusst waren. Warum gelang es dieser Antireform-Bewegung trotz gegenteiliger Rhetorik ihrer Führer aber nicht, die Reformen zu blockieren? Die wirtschaftlichen Reformen haben Jenkins zu Folge die wirtschaftliche Entwicklung der einzelnen Bundesstaaten voneinander abgekoppelt, und so zur Entstehung einer Form von „regionalem Darwinismus" beigetragen, der „die Effektivität des Widerstands unter regionalstaatlichen politischen Eliten verringert hat" (Jenkins 1999: 132-33, eigene Übersetzung). Somit wurden Konflikte zwischen Zentralstaat und Bundesstaaten zumindest teilweise durch zwischenstaatlichen Wettbewerb um in- und ausländische Investitionen ersetzt. Lawrence Saez verweist in diesem Zusammenhang auf substantielle Veränderungen im Institutionenarrangement und der politischen Koordination der Wirtschaft. „Der bedeutendste Wandel im föderalen System Indiens wird durch den allmählichen Übergang von inter-gouvernementaler Kooperation zwischen der Zentralregierung und den Bundesstaaten hin zu einem meist gerichtlich ausgetragenen Wettbewerb der Bundesstaaten untereinander veranschaulicht." (Saez 2002: 215, eigene Übersetzung)

In Folge dieser Entwicklung haben sich – natürlich auch historisch bedingt – sogenannte *„forward states"* (Bundesstaaten mit progressiver Wirtschaftsentwicklung) und *„backward states"* (rückständige Bundesstaaten) herausgebildet. Zu ersteren zählen beispielsweise die sogenannten „BIMARU-Staaten" (*bimaru* bedeutet „krank" auf Hindi und bezeichnet die im Hindi-sprachigen Norden des Landes gelegenen Staaten: Bihar, Madhya Pradesh, Rajasthan und Uttar Pradesh), aber auch der indische Nordosten, Andhra Pradesh im Südosten, Orissa und Teile Westbengalens im Osten, Teile Maharashtras (außer dem Großraum Mumbai) oder Karnatakas. Zu letzteren zählen in erster Linie die Bundesstaaten im Süden (Tamil Nadu, Kerala) und im Westen (Gujarat, Maharashtra) aber auch Punjab und Haryana im Norden.

Diese Unterscheidung kann aber nur als eine flüchtige Zustandsbeschreibung verstanden werden. Mit der zunehmenden wirtschaftspolitischen Selbständigkeit der Bundesstaaten im Verlaufe des Liberalisierungsprozesses (der eigenständigen Ausgestaltung eines günstigen Investitionsklimas, insbesondere wenn es darum geht, ausländische Direktinvestitionen anzulocken; der selbständigen Aushandlung von Krediten und Investitionen mit internationalen Finanzagenturen wie Weltbank, IWF oder der asiatischen Entwicklungsbank) ändern sich auch Industrie- und Produktionsstrukturen, Urbanisierungsgrad oder Arbeitsnachfrage. In puncto Urbanisierungsgrad muss beispielsweise der BIMARU-Staatengürtel nach Osten verlagert werden; die stagnierenden Regionen umfassen mittlerweile vor allem das östliche Uttar Pradesh, Madhya Pradesh, Bihar, Westbengalen und Orissa.

Bisher halten sich die aus dem zwischenstaatlichen Wettbewerb erwachsenden Konflikte noch in Grenzen, zumal ein zu starkes Abdriften einzelner Bundesstaaten in die Unregierbarkeit durch die nach wie vor existierenden zentralstaatlichen Interventionsmöglichkeiten (finanziell wie verwaltungstechnisch) verhindert wird. Für die Zukunft birgt die beschriebene Entwicklung aber reichlich Konfliktpotential.

4.7 Politische Parteien und soziale Integration

Ein kompetitives Parteiensystem bildet den entscheidenden Hintergrund für die politische Artikulation konkurrierender Interessen. Somit ist es ein wichtiger Indikator für eine funktionierende Zivilgesellschaft. Der Parteienwettstreit schafft den politischen Raum, in dem soziale Gruppen zusammenkommen, um sich am Wettbewerb um die Verteilung knapper öffentlicher Ressourcen zu beteiligen und für die Durchsetzung ihrer kollektiven Identität und Werte im öffentlichen Raum einzutreten. Ein nicht-kompetitives Parteiensystem bezeugt das Vorhandensein sozialer Ausgrenzung, eines beschränkten öffentlichen Raums und das Vorherrschen elitärer Werte und Interessen, die über der Politik stehen. Kann von der Existenz eines Parteiensystems überhaupt nicht gesprochen werden, ist auch die notwendige Basis für einen effektiven und dauerhaften Dialog und das Aushandeln zwischen sozialen Interessen und dem Staat nicht vorhanden.

Das Parteiensystem des heutigen Indien ist das Ergebnis von sechs Jahrzehnten der Institutionalisierung unter britischer Herrschaft bereits vor der Unabhängigkeit. Seine institutionellen Grundlagen wurden dann durch die politische Mobilisierung aller Teile der Gesellschaft im Lauf der vergangenen sechs Jahrzehnte weiter nachhaltig gestärkt. Es handelt sich um ein recht komplexes System, welches Experten der vergleichenden Parteiensystemforschung wegen der andauernden, einflussreichen Präsenz der Kongresspartei auf der nationalen politischen Bühne, des Aufstiegs einer wirkungsmächtigen hindunationalistischen Bewegung, der Welt längster, gewählter kommunistischer Regierung auf regionaler Ebene im Bundesstaat Westbengalen und des gelegentlichen Abgleitens in autoritäre Herrschaft nur schwer zu charakterisieren vermögen. Die Einordnung des indischen Parteiensystems fällt aber viel leichter, wenn wir die postkoloniale Entwicklung des Parteiensystems in eine Phase der Einparteiendominanz (1952-1977) und eine Phase der Transformation hin zu einem Mehrparteiensystem (1977-2008) einteilen.

Der indische Nationalkongress war als Nachfolger der antikolonialen Freiheitsbewegung die dominierende Partei während der ersten Phase, regierte sowohl auf Bundes-, als auch auf regionaler Ebene, mit Ausnahme des südindischen Bundesstaates Kerala, der in den 1950er Jahren kurzzeitig von den Kommunisten regiert wurde. Linke und rechte Parteien nahmen regelmäßig an Wahlen teil, die im Großen und Ganzen frei und fair verliefen, aber die Zersplitterung innerhalb des oppositionellen Spektrums in Kombination mit dem Mehrheitswahlrecht in Einerwahlkreisen führte automatisch zu einer Kongressmehrheit im Parlament. Der Vorherrschaft des Kongresses verdankt dieser Zeitabschnitt die Beschreibung als Periode der Einparteiendominanz. Die ideologischen Kerndoktrinen der Kongresspartei wie Säkularismus, demokratischer Sozialismus und Blockfreiheit bildeten die wesentlichen Parameter des politischen Prozesses in dieser Phase. Die Oppositionsparteien spielten eine aktive Rolle im Parlament und in der nationalen Politik, aber diese Rolle war eher darauf beschränkt, die Politik von den Rändern des institutionellen Prozesses her zu beeinflussen, als aktiv Politikgestaltung zu betreiben und sich mit der Kongresspartei an der Regierung abzuwechseln.

Die Dominanz der Kongresspartei begann in den vierten Nationalwahlen von 1967 zu bröckeln, als die ersten Koalitionen linker und rechter Parteien auf regionaler Ebene entstanden, die zum Niedergang der Vorherrschaft der Kongresspartei in mehreren Bundesstaaten führten. Diese Oppositionskoalitionen waren in Bundesstaaten wie Kerala und Westbengalen erfolgreich und läuteten die Entwicklung hin zu einem Mehrparteiensystem mit regelmäßigen Regierungswechseln auf regionaler Ebene ein. Die Kongresspartei wurde zu einer Partei wie jede andere. Auf nationaler Ebene dominierte die Kongresspartei aber weiterhin den Parteienwettbewerb, wenn auch mit einer geringeren Mehrheit. Die Situation änderte sich nach der Spaltung der Kongresspartei 1969 in den „Kongress (Requisitionist)" und den „Kongress (Organisation)" grundlegend. Die Faktion, die von Indira Gandhi angeführt wurde (Kongress (Requisitionist)), führte radikale Änderungen der programmatischen Ausrichtung der bis dato zentristischen Kongresspartei herbei. Eine Reihe neuer, linker Politikinhalte, wie die Verstaatlichung des Bankenwesens, die Abschaffung besonderer Privilegien der indischen Fürsten und die engere Bindung an die Kommunisten, wurden durch einen deutlich populistischeren Führungsstil ergänzt. Diese politische Neuorientierung bescherte der Partei 1971 einen großen Wahlerfolg, führte jedoch zur Erosion ihrer organisatorischen Anbindung an die Wählerschaft.

Im Rückblick kann der Zeitraum 1967-77 als eine Zeit des Übergangs von der Einparteiendominanz zur Mehrparteiendemokratie angesehen werden. Der Rückschlag, den die Kongresspartei in den Wahlen von 1967 erlitt, verdeutlichte die Verwundbarkeit des zentristischen Kongresses gegenüber breiten Wählerkoalitionen der Linken und der Rechten. Nach diesem anfänglichen Rückschlag jedoch schlug der Kongress unter Indira Gandhis starker Hand aus seiner neuen Politik der radikalen, populistischen Führung politisches Kapital. Die ersten Erfolge dieser Strategie in den Nationalwahlen 1971 konnten in den Regionalwahlen von 1972 weiter ausgebaut werden, als Indira Gandhi Indiens erfolgreiches Eingreifen in den Befreiungskrieg in Ostpakistan – der zur Entstehung Bangladeschs führte – zur Grundlage des Wahlkampfs der Kongresspartei machte. Die radikale Rhetorik wirkte sich aber negativ auf die Partei aus: Eine Reihe von Interessengruppen, z.B. Industriearbeiter, Eisenbahnangestellte und Studenten, begannen, gegen die Kongresspartei zu agitieren. Die politischen Unruhen wuchsen und mündeten schließlich in das autoritäre Zwischenspiel von 1975 bis 1977. Die von den Leitideen der Verhandlung, Übereinkunft und des Konsens geprägte politische Kultur, die Indiens Parteiensystem zu Grund lag, überlebte aber die 21monatige Zeit des Notstandsregimes in den Jahren 1975-77 und kam 1977 in neuem Gewand wieder zum Tragen, als nach den Wahlen die Janata-Plattform die Macht übernahm, die die früheren Oppositionsparteien in einer breiten Regierungskoalition zusammenbrachte. Dieses Experiment der Koalitionspolitik war zwar von kurzer Dauer, aber die neue Form der Politik und des Regierens in Koalitionen hatte sich in den Köpfen der politischen Elite Indiens eingebrannt.

Die Nationalwahlen von 1977 leiteten ein neues Zeitalter indischer (Partei-)Politik ein. Mit diesen Wahlen ist die indische Politik in eine Ära breit angelegter Koalitionen eingetreten, die Teil eines instabilen Mehrparteiensystems sind. Diese zweite Phase in der Entwicklung des indischen Parteiensystems zeichnete sich dadurch aus, dass relativ stabile Koalitionen auf regionaler Ebene einem breit angelegten Koalitionssystem auf nationaler Ebene gegenüberstehen. Dennoch hat Indien während dieser Zeit der Koalitionspolitik trotz vieler Regierungswechsel ein hohes Maß an Stabilität und Kontinuität der Politikgestaltung bewiesen und in der Koalitionspolitik ein Mittel gefunden, um einerseits andauernde Bindungen zwischen Wählerschaft und Parteien zu gewährleisten und andererseits effektive Politikgestaltung sowie politische Stabilität sicherzustellen. Die indischen Parteien haben sich somit als ein probates Mittel erwiesen, um die Gesellschaft zusammenzuhalten und den Weg für wichtige soziale und wirtschaftliche Reformen zu ebnen, obwohl das indische Parteiensystem nicht von den Vorteilen einer graduellen, aus industrieller Revolution und nationaler Integration erwachsenen Tradition der Parteipolitik profitieren konnte.

Die ursprüngliche Konfiguration des Parteiensystems, d.h. die lange Periode der Einparteiendominanz, muss dabei als entscheidende Erklärungsvariable in die Analyse des Nexus von gesellschaftlichen Konfliktlinien und Parteiensystemen einbezogen werden; sie hatte wesentliche Implikationen für die Strukturierung des Parteiensystems, insbesondere für den Zeitpunkt der Übersetzung von Konfliktlinien in das Parteiensystem. Ohne diese Phase der Einparteiendominanz hätte die aktuelle Orientierung der indischen Parteien an zentralen gesellschaftlichen Konfliktparametern (Kaste bzw. Ethnie, säkulare Orientierung vs. kultureller Nationalismus und soziale Gerechtigkeit vs. Marktfreiheit) früher eingesetzt und aller Wahrscheinlichkeit nach die indische Parteiendemokratie in Bedrängnis gebracht bzw. die strukturierende Wirkung des Parteienwettbewerbs aufgehoben.

5. Schlussfolgerung: ‚Negotiating Citizenship' in multikulturellen Gesellschaften

Paradoxerweise ist die Idee des Staatsbürgertums – im siebzehnten Jahrhundert das Totem exklusiver politischer und ökonomischer Rechtsansprüche, allerdings beschränkt auf das begrenzte Territorium des Nationalstaates[9] – im Zeitalter der Globalisierung wieder als ein herausragendes und komplexes Problem des politischen Diskurses in Erscheinung getreten. Die weltweite Mobilität von Ideen und Menschen – legal wie illegal, bewusst wie unterbewusst – ist zu einer Herausforderung für die politische Ordnung in stabilen, liberalen Demokratien geworden, in denen Immigranten, die oft einen religiösen Hintergrund aufweisen, der von den vorherrschenden kulturellen Normen stark abweicht, einen der indigenen Bevölkerung gleichgestellten rechtlichen Anspruch auf Staatsbürgertum *und* die Anerkennung ihres „ethnischen" Rechts auf Differenz im öffentlichen Raum einfordern.[10] In im Umbruch begriffenen Gesellschaften, die vielfach die Idee der territorial begründeten Staatsbürgerschaft nach der Unabhängigkeit angenommen haben, fordern dagegen transnationale Netzwerke und neue kulturelle Strömungen bzw. Bewegungen diese Idee heraus – bisweilen mit gewaltsamen Konsequenzen.[11] Insgesamt haben der Terrorismus, die neue Kommunikationstechnologie, transnationale Kapitalströme und Arbeitsmigration bzw. -teilung und weltweite Menschenrechtsnormen die exklusiven Rechte des Territorialstaates „auf seine Bürger" in Frage gestellt.

Einige der konkreten und spezifischen Aspekte der globalen Dimension, die der Problematik des Staatsbürgertums zu Grunde liegt, sind in der vorangegangenen Analyse Indiens sichtbar geworden. Die indische Verfassung akzeptiert und anerkennt Staatsbürgerschaft auf der Grundlage von Geburt, Abstammung und Einbürgerung. Die Frage „Wer ist ein Inder?" ist dennoch äußerst schwierig zu beantworten. Sie wird durch die rasante Internationalisierung von Staatsgebiet und Individuum auch nicht weniger komplex. Somit ist es schwierig, wenn nicht gar unmöglich, der Idee des Staatsbürgertums eine genaue Definition zuzuweisen. Als Annäherung kann zumindest die verwandte Vorstellung von ‚Identität' als zweigeteilt verstanden werden, als Existenz einer privaten wie einer öffentlichen Identität, einer individuellen Identität, die sich im Kontext von Ländern und Na-

---

9 Dies wird dem Westfälischen Frieden von 1648 zugeschrieben, der zur Anerkennung des territorialen Staates als der höchsten, souveränen Einheit in der nationalen und internationalen Politik geführt hat.
10 Vgl. den Fall der nordafrikanischen Immigranten in den Pariser Vorstädten und den Kopftuchstreit in Frankreich und Deutschland.
11 Z.B. im Kontext der bengalischen Sprachbewegung, die zur gewaltsamen Abspaltung Bangladeschs von Pakistan führte, oder im Kontext des andauernden Bürgerkriegs auf Sri Lanka.

tionen äußert, und einer Identität, die die Öffentlichkeit auf den Einzelnen überträgt. Die Idee einer doppelten Staatsbürgerschaft wurde in der Verfassungsgebenden Versammlung nicht sehr ausführlich diskutiert, wahrscheinlich weil die vormalige „Nationalität" des Subkontinents dem Land den Blick auf (neue) Nationalitätsfragen verstellt hatte. Der Verlust der indischen Staatsbürgerschaft aufgrund der Annahme der Staatsbürgerschaft eines anderen Landes wird jedoch in Artikel 9 ausdrücklich erwähnt. Die Folgen der Teilung Britisch-Indiens erforderten zuallererst die Staatsbürgerschaftsfragen der damaligen Zeit zu lösen und deshalb wird auch in den CAD häufig und ausdrücklich erwähnt, dass es die Aufgabe der Verfassungsgebenden Versammlung sei, sich mit der Problematik *zur Zeit* der Ausarbeitung der neuen Verfassung auseinanderzusetzen.

Staatsbürgerschaft hat sich von einem politischen Recht, durch das ein Staat das von ihm regierte Volk kennzeichnet, zu einem Maßstab der Identität entwickelt bzw. im heutigen globalen Kontext zu einem Parameter der zahlreichen Identitäten, die das Individuum geltend zu machen sucht. Die Vorstellung davon, was einen Staatsbürger ausmacht, ist in den vergangenen Jahrzehnten umfassender und weniger trennscharf geworden. Neben der Existenz von doppelten oder gar multiplen Staatsbürgerschaften – vielleicht der tolerantesten Idee unter den Staatsbürgerschaftsideologien – gibt es nun auch Konzepte unterschiedlicher Staatsbürgerschaftstypen. So ergründen zum Beispiel die EU mit ihren sich ständig erweiternden und verändernden Vorstellungen von Staatsbürgerschaft und Indien mit seiner Erweiterung des Staatsbürgerschaftsrechts, das nun für bestimmte Diasporagemeinden sowohl Einzel-, als auch doppelte Staatsbürgerschaft anerkennt, die Möglichkeiten, mit denen sich ein bisher weitgehend in Dichotomien funktionierendes, territoriales Konzept in ein nuancierteres, vielschichtigeres umwandeln lässt, das die getrennten Welten der Heimat und der Fremde zu überbrücken sucht und sich ethnischer Kategorisierung im strengen Sinne widersetzt, aber gleichzeitig sensibel auf Fragen der Ethnizität reagiert. Diese neuen Konzepte von Staatsbürgerschaft ziehen mehr und mehr die sich mittlerweile durchsetzende Einsicht in Betracht, dass die Entscheidung für oder gegen eine Staatsbürgerschaft als eine bewusste Entscheidung verstanden werden muss, die eher auf individuellem Willen als auf dem Vorhandensein irgendwelcher staatlicher Gesetze beruht.

Die CAD und die nachfolgenden Debatten darüber, was einen Staatsbürger Indiens ausmacht oder wer das Recht hat, Staatsbürger zu sein, waren zu keiner Zeit mit der Frage der Herkunft oder ethnischen Zugehörigkeit verknüpft. Die Kategorie Geschlecht spielte insofern eine Rolle, als das indische Erbfolgegesetz die internationale Konvention akzeptiert, nach der bei der Frage nach dem Aufenthaltsort der Ehefrau zunächst davon ausgegangen wird, dass er mit dem Wohnsitz des Ehemannes identisch ist, wobei diese Bestimmung auch nicht strikt angewendet wurde. Neuere Überlegungen haben die psychologische Bindung an das (Heimat)land sowie ein pragmatisches Verständnis der Vielschichtigkeit der Staatsbürgerschaftsfrage auf dem Subkontinent berücksichtigt, die der Teilung Britisch-Indiens auch eine physische Form verleihen. PIOs waren insofern Gegenstand der Debatte, als es Diskussionen über die Einführung einer Art doppelten Staatsbürgerschaft für davon betroffene Personen gab, genauso wie etwas später auch den Versuch, einfachere Verfahren der Anerkennung der Staatsbürgerschaft für diejenigen einzuführen, die die indische Staatsbürgerschaft wieder erlangen wollten. Diese Diskussionen wurden von der Legislative in den vergangenen sechzig Jahren nicht wieder aufgenommen, aber nun gibt es Versuche, sie in der Gesetzgebung zu berücksichtigen.

Im politischen Raum Indiens ist es den verschiedenen Bevölkerungsgruppen heute möglich, sich als eigenständige Gemeinschaft zu formieren und sich wieder aufzulösen, um als Teil anderer Gemeinschaften wieder in Erscheinung zu treten. Aus zeitlicher und räumlicher Distanz betrachtet, hat der politische Prozess die unterschiedlichsten Formen angenommen, von den regelmäßig stattfindenden Wahlen über politische Lobbyarbeit hin zu Protestbewegungen und letztlich auch gewaltsamem Konflikt. Diese unterschiedlichen Formen haben wiederum das Wissen um die Entstehungsfaktoren von Gewalt erweitert und dabei ein größeres Verständnis füreinander und für die Notwendigkeit der Akzeptanz kultureller und religiöser Unterschiede erzeugt. Kasten, religiöse Gemeinschaften und ethnische Gruppen haben die Prinzipien der politischen Willensbildung und der Koalitionsbildung mittlerweile verinnerlicht. Damit hat sich auch eine deutliche Stärkung der Minderheiten vollzogen.[12]

In Indiens multikultureller Gesellschaft sind Mitglieder der verschiedenen Bevölkerungsgruppen, Kasten und Sprachgruppen in die höchsten Ämter aufgestiegen, im öffentlichen Dienst wie in Sport, Film oder Wissenschaft. Die düsteren, regelmäßig wiederholten Vorhersagen einer „Balkanisierung" der indischen Gesellschaft haben sich nicht bestätigt. Das indische Modell eines multikulturellen Schmelztiegels, in dem innergesellschaftliche Differenzierungen auf dem stetigen Feuer der Demokratie hinweg schmelzen, scheint allmählich den Prototyp eines indischen Staatsbürgers zu erschaffen – ein Prozess ähnlich dem, wie

---

12 Auf die Frage „Angenommen es gäbe keine Parteien oder Versammlungen, und Wahlen würden nicht abgehalten – glauben Sie, dass die Regierung in diesem Land besser geführt werden könne?" antworteten 69 Prozent der befragten Inder in einer landesweiten Umfrage mit Nein. Die Anzahl der befragten Muslime, die in der gleichen Umfrage die Notwendigkeit des Erhalts demokratischer Strukturen bejahen, liegt mit 72 Prozent sogar noch über dem Durchschnitt.

er sich in den USA über Jahrhunderte hinweg seit der Staatsgründung vollzogen hat. Die Integration von Nation, Region und Gemeinschaft erinnert dabei auch an die Schweizer Lösung, die Überwindung sprachlicher und religiöser Konfliktlinien innerhalb eines kantonalen Institutionenarrangements.

Abbildung 3: Das „Aushandeln" von Identität in multikulturellen Gesellschaften

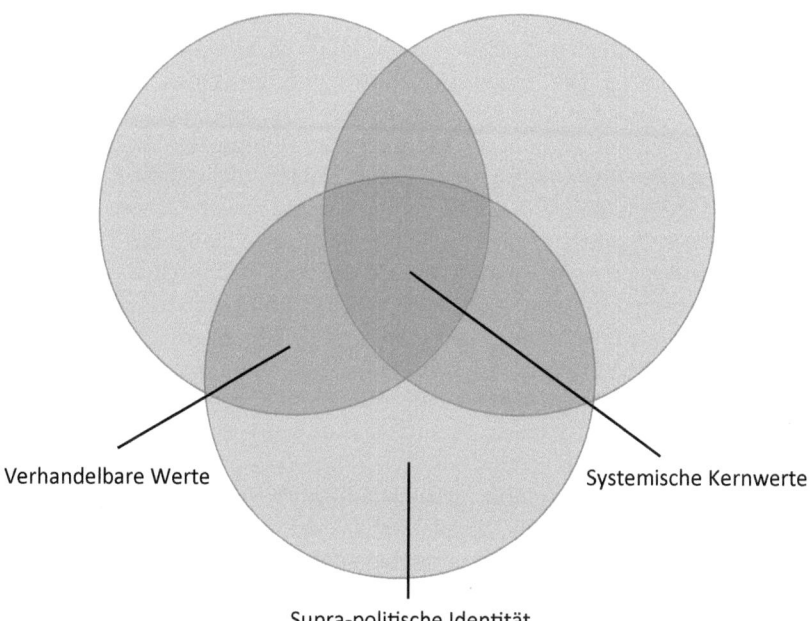

Verhandelbare Werte   Systemische Kernwerte

Supra-politische Identität

Die lang anhaltende Kontroverse um Indiens Personenstandsrecht zeigt, wie verschiedene (Religions)gemeinschaften, die ihre Gesetze zu Heirat, Scheidung, Adoption und Erbfolge als essentiellen Bestandteil ihrer Identität erachten, dennoch einen gemeinsamen territorialen Raum teilen können. Abbildung 3 (oben) verdeutlicht, wie separate und widerstreitende Identitäten dennoch eine Reihe von Kernwerten teilen können, die allen Parteien gemeinsam und für die Rechtsprechung offen sind. Ist dieser Zustand einmal erreicht, wie im Falle der unterschiedlichen Personenstandsrechte, die Bestandteil derselben Verfassung sind, kann die

Privatsphäre, die sich auf Individuen und Gruppen beschränkt, Legitimität und Akzeptanz seitens aller Betroffenen erfahren. Sind solche unumstößlichen Kernwerte vorhanden, können verschiedene Gemeinschaften die Bedingungen aushandeln, unter denen sie denselben territorialen Raum teilen (siehe schraffierte Fläche in Abbildung 3), wenn es zum Beispiel um die Frage geht, welche Route hinduistische Prozessionen in einem multireligiösen Dorf wählen, um Störungen von Recht und Ordnung zu vermeiden, oder auch, wie viel Platz auf öffentlichen Straßen für Freitagsgebete eingenommen werden kann.

Letzten Endes hat die Globalisierung, die nationale Grenzen eigentlich zunehmend weniger deutlich hervortreten lassen sollte, tatsächlich deren Bedeutung wieder aufleben lassen. Die Agenda gegenwärtiger internationaler Politik quillt über von konkurrierenden Ansprüchen des Staates und suprastaatlicher Organisationen gegenüber der Loyalität von Individuen und ethnischen Gruppen. In Ermangelung globaler Regierungsgewalt bleiben Staaten, die in ihrer Eigenschaft als kollektive Stimme ihrer Bürger handeln, die wichtigsten Rechenschaftsorgane und Vollstreckungsinstrumente. Der komplexe Prozess, durch den Untertanen und Immigranten zu Staatsbürgern werden, propagiert Territorialität und Ethnizität als konkurrierende Normen für den Anspruch auf Staatsbürgerschaft. Dieses Dilemma hat die Idee des Staatsbürgertums zu einer umstrittenen Kategorie und einem politischen Problem von globaler Bedeutung werden lassen.

Obwohl die vorangegangenen Ausführungen auf einer länderspezifischen Analyse basieren, hat sich die Forschungsfrage aus vergleichender und nationenübergreifender Perspektive heraus entwickelt. Der indische Fall eröffnet einen analytischen Rahmen für die vergleichende und generelle Dimension des Problems des Staatsbürgertums. Am Beispiel Indiens sieht man, dass für das citizen-making im postkolonialen Kontext Verfassung und Gesetz auschlaggebend sind, Politik aber genauso eine Rolle spielt, und dass vor allem die Geschichte (Pfadabhängigkeit) von Bedeutung ist. Indiens relativer Erfolg bei dem Unterfangen, Untertanen in Staatsbürger zu verwandeln – erfolgreicher zumindest als die Nachbarstaaten Pakistan oder Sri Lanka –, ist seiner politischen Struktur, dem politischen Prozess und historischen Gedächtnis zu verdanken, die in einem Institutionenarrangement miteinander verwoben sind, das sich sowohl aus den Prinzipien des modernen Staates als auch den Werten einer traditionellen Gesellschaft speist. Der Beitrag hat sich weitgehend mit allgemeinen Faktoren beschäftigt. Eine tiefer gehende und detaillierte Beschäftigung mit weiteren Kontextfaktoren, die für Indien spezifisch sind und ebenfalls eine wichtige Rolle spielen, wie z. B. die unbestimmte Natur der Göttlichkeit im Hinduismus, hätte den Rahmen gesprengt, müssten jedoch für eine genauere Untersuchung der Rolle, die Religion, Kultur und Kontext bei der Ausgestaltung des Staatsbürgertums in multikulturellen Gesellschaften spielen, in Betracht gezogen werden.[13]

Literatur

Appadurai, Arjun (2000): Grassroots Globalization and the Research Imagination. In: Public Culture 12. Nr 1. 1-20

Benhabib, Seyla (2002): Political Theory and Political Membership in a Changing World. In: Katznelson/Milner (2002)

Bernard, H. Russell (Hrsg.) (1998): Handbook of Methods in Cultural Anthropology. Walnut Creek et al.: Altamira Press

Brass, Paul (2003): The Production of Hindu-Muslim Violence in Contemporary India. Seattle: University of Washington Press

Dahrendorf, Ralf (1994): The Changing Quality of Citizenship. In: Steenbergen (1994)

Fisher, Roger/Ury, William/Patton, Bruce (1991): Getting to Yes. Negotiating an Agreement Without Giving In. London et al.: Random House

Glick Schiller, Nina/Basch, Linda/Szanton Blanc, Cristina (1997): From Immigrant to Transmigrant. Theorizing Transnational Migration. In: Pries (1997). 121-140

Hannerz, Ulf (1998): Transnational Research. In: Bernard (1998)

Harrison, Selig (1960): India. The Most Dangerous Decades. Princeton: Princeton University Press

Isin, Engin F./Turner, Bryan S. (2002): Citizenship Studies. An Introduction. In: id. (Hrsg.) (2002). 1-10

Isin, Engin F./Turner, Bryan S. (Hrsg.) (2002): Handbook of Citizenship Studies. London et al.: Sage

Jacobsen, David (1996): Rights Across Borders. Immigration and the Decline of Citizenship. Baltimore/London: Johns Hopkins University Press

Jenkins, Rob (1999): Democratic Politics and Economic Reform in India. Cambridge: Cambridge University Press

Katznelson, Ira/Milner, Helen V. (Hrsg.) (2002): Political Science. The State of the Discipline III. Washington, D.C.: American Political Science Association

Kothari, Rajni (1970): Politics in India. Boston: Little, Brown & Co.

Kulke, Hermann/Schnepel, Burkhard (Hrsg.) (2001): Jagannath Revisited. Studying Society, Religion and the State in Orissa. New Delhi: Manohar

Kymlicka, Will (1995): Multicultural Citizenship. A Liberal Theory of Minority Rights. Oxford: Oxford University Press

Lijphart, Arend (1996): The Puzzle of Indian Democracy. A Consociational Interpretation. In: American Political Science Review 90. 258-68

---

13 Siehe Mitra (2001) für eine Analyse des Jagannath-Kultes, der ein Beispiel interkommunitären Miteinanders darstellt, und die Rolle, die er dabei spielt, denjenigen, die früher aus der Mitte der Gesellschaft im südöstlichen Bundesstaat Orissa ausgeschlossen waren, ein Gefühl von Würde zu vermitteln.

Mahajan, Gurpreet (2002): The Multicultural Path. Issues of Diversity and Discrimination in Democracy. New Delhi: Sage
Marshall, Thomas H./Bottomore, Tom (1992): Citizenship and Social Class. London: Pluto Press
Mitra, Subrata K. (1995): The Rational Politics of Cultural Nationalism. Sub-National Movements in Comparative Perspective. In: British Journal of Political Science 25. Nr. 99. 57-78
Mitra, Subrata K. (1999a): Culture and Rationality. The Politics of Social Change in Post-Colonial India. Delhi: Sage
Mitra, Subrata K. (1999b): Caste and the Politics of Identity. Beyond the Orientalist Discourse. In: id. (1999a)
Mitra, Subrata K. (2001): Kashipur Revisited. Social Ritual, Electoral Politics and the State of India. In: Kulke/Schnepel (2001)
Mitra, Subrata K. (2005): The Puzzle of India's Governance. Culture, Context and Comparative Theory. London: Routledge
Nehru, Jawaharlal (1985): Letters to the Chief Ministers. 1947-1964. Delhi: Oxford University Press
Ong, Aihwa (1999): Flexible Citizenship. The Cultural Logics of Transnationality. Durham: Duke University Press
Pries, Ludgar (Hrsg.) (1997): Transnational Migration. Baden-Baden: Nomos
Rudolph, Lloyd I./Hoeber Rudolph, Susanne (1987): In Pursuit of Lakshmi. The Political Economy of the Indian State. Chicago: University of Chicago Press
Saez, Lawrence (2002): Federalism Without a Center. The Impact of Political and Economic Reform on India's Federal System. Delhi: Sage
Steenbergen, Bart van (Hrsg.) (1994): The Condition of Citizenship. London: Sage
Soysal, Yasemin N. (1994): Limits of Citizenship. Migrants and Postnational Membership in Europe. Chicago: University of Chicago Press
Varshey, Ashutosh (2002): Ethnic Conflict and Civic Life: Hindus and Muslims in India. New Haven: Yale University Press
Young, Iris Marion (1989): Polity and Group Difference. A Critique of the Ideal of Universal Citizenship. In: Ethics 99. Nr. 2. 250-274
Zartman, Ira William/Berman, Maureen R. (1982): The Practical Negotiator. New Haven: Yale University Press

Autorinnen und Autoren

Prof. Dr. Maurizio Bach, Professor für Soziologie an der Universität Passau

Prof. Dr. Dieter Freiburghaus, Professor em. für European Studies am IDHEAP Lausanne

Nina Gerstenkorn, Wissenschaftliche Mitarbeiterin an der Universität Augsburg

Dr. Saskia Hieber, Dozentin an der Akademie für Politische Bildung Tutzing

Prof. Dr. Stefan Hradil, Professor für Soziologie an der Universität Mainz

Prof. Dr. Stefan Immerfall, Professor für Soziologie an der PH Schwäbisch-Gmünd

Dr. Stefan Köppl, Consultant bei der LEITWERK Consulting GmbH, München

Prof. Dr. Margareta Mommsen, Professorin em. für Politikwissenschaft an der LMU München

Prof. Subrata Kumar Mitra, PhD, Professor für Politikwissenschaft Südasiens an der Universität Heidelberg

Prof. Dr. Ursula Münch, Direktorin der Akademie für Politische Bildung Tutzing und Professorin für Politikwissenschaft an der Universität der Bundeswehr München

Dr. Dirk Rochtus, Dozent an der Lessius Hochschule Antwerpen

Prof. Dr. Rainer-Olaf Schultze, Professor em. für Politikwissenschaft an der Universität Augsburg

Dr. Rüdiger Wersich, Mitarbeiter am Zentrum für Nordamerika-Forschung der Universität Frankfurt

Neu im Programm Politikwissenschaft

Alemann, Ulrich von
Das Parteiensystem der Bundesrepublik Deutschland
Unter Mitarbeit von Erbentraut, Philipp / Walther, Jens
4., vollst. überarb. u. akt. Aufl. 2011. 274 S. (Grundwissen Politik) Br. EUR 24,95
ISBN 978-3-531-17665-9
In der parlamentarischen Demokratie nehmen Parteien eine zentrale Vermittlerrolle zwischen Staat und Gesellschaft ein. Deshalb ist es wichtig, ihre historische Entwicklung, die rechtlichen Rahmenbedingungen sowie ihre soziologischen Besonderheiten näher zu beleuchten. Über diese Grundfragen hinaus widmen sich die Autoren des Lehrbuchs auch aktuellen Herausforderungen, wie etwa der Parteienverdrossenheit oder der Diskussion um eine gerechte Parteienfinanzierung. Damit bietet dieses Standardwerk eine fundierte, aber zugleich kompakte und verständliche Einführung in das Parteiensystem der Bundesrepublik Deutschland.

Beyme, Klaus von
Das politische System der Bundesrepublik Deutschland
Eine Einführung
11. Aufl. 2011. 477 S. Br. EUR 24,95
ISBN 978-3-531-17728-1
Der seit vielen Jahren in Lehre und Studium bewährte und für die 11. Auflage vollständig neubearbeitete Band ist vor allem dem schwierigen Prozess der deutschen Einigung gewidmet. Außen- und innenpolitische Hindernisse des Prozesses werden dargestellt. Die Schwierigkeiten des Zusammenwachsens von Ost- und Westdeutschland werden mit der Analyse der Institutionen – Parteien, Bundestag, Regierung, Verwaltung, Verfassungsgerichtsbarkeit und Föderalismus – und der politischen Prozesse – Wahlverhalten, Legitimierung des Systems, Durchsetzung organisierter Interessen und Führungsauslese – verknüpft.

Rudzio, Wolfgang
Das politische System der Bundesrepublik Deutschland
8. Aufl. 2011. 563 S. Br. EUR 16,95
ISBN 978-3-531-17582-9
Das Studienbuch führt ein in Selbstverständnis, institutionellen Aufbau und Praxis des politischen Systems der Bundesrepublik unter Berücksichtigung seines Wandels im Zuge der europäischen Integration. Es gibt einen problemorientierten Überblick über die verfassungs- und außenpolitischen Grundentscheidungen, die die deutsche Demokratie konstituiert haben; das politische Kräftefeld, das durch Interessengruppen, Bürgerinitiativen, Parteien und Massenmedien gebildet wird; die politischen Institutionen in Bund, Ländern und Kommunen; die gesellschaftliche Reichweite und administrative Durchsetzung politischer Entscheidungen; die politische Kultur einschließlich der Struktur der politischen Führungsschicht.

Erhältlich im Buchhandel oder beim Verlag.
Änderungen vorbehalten. Stand: Juli 2011.

Einfach bestellen:
SpringerDE-service@springer.com
tel +49(0)6221/345–4301
springer-vs.de

MIX
Papier aus verantwortungsvollen Quellen
Paper from responsible sources
FSC® C105338

If you have any concerns about our products,
you can contact us on
ProductSafety@springernature.com

In case Publisher is established outside the EU,
the EU authorized representative is:
**Springer Nature Customer Service Center GmbH
Europaplatz 3, 69115 Heidelberg, Germany**

Printed by Libri Plureos GmbH
in Hamburg, Germany